СТО СОВЕТОВ УЧИТЕЛЮ

给教师的建议

【全译本】

〔苏〕

苏霍姆林斯基

著

萧杭 译

江苏凤凰文艺出版社
JIANGSU PHOENIX LITERATURE AND ART PUBLISHING

图书在版编目（CIP）数据

给教师的建议 /（苏）苏霍姆林斯基著；萧杭译
. — 南京：江苏凤凰文艺出版社，2022.9（2024.4 重印）
ISBN 978-7-5594-7092-8

Ⅰ. ①给… Ⅱ. ①苏… ②萧… Ⅲ. ①苏霍姆林斯基
（Suhomlinskii, Vasilii Aleksanlrovich 1918-1970）-
教育思想 Ⅳ. ①G40-095.12

中国版本图书馆 CIP 数据核字（2022）第 146582 号

给教师的建议

[苏] 苏霍姆林斯基 著　萧杭 译

责任编辑　白　涵
选题策划　麦书房文化
封面设计　付诗意
责任印制　冯宏霞
出版发行　江苏凤凰文艺出版社
　　　　　南京市中央路 165 号，邮编：210009
网　　址　http://www.jswenyi.com
印　　刷　北京中科印刷有限公司
开　　本　880 毫米 × 1230 毫米　1/32
印　　张　9.5
字　　数　255 千字
版　　次　2022 年 9 月第 1 版
印　　次　2024 年 4 月第 4 次印刷
书　　号　ISBN 978-7-5594-7092-8
定　　价　39.80 元

代序

我在帕夫雷什中学工作期间，与刚踏上教学岗位的年轻教师们进行了无数次会面和谈话，还收到了数以千计的来信。正是以上这些，促成了这本书的诞生。

我接触过几十种职业的劳动者，可以肯定的是，没有任何一种职业会比教师更有求知精神、更积极进取、更充满创造性。我永远也无法忘记，那个来自遥远的卡巴尔达乡村的年轻女教师。她大学毕业后去教英语，第一年就遇到了很多困难。这个姑娘迫不及待地想要迈出创造性劳动的第一步，期盼着与学生进行愉快的沟通和交流，结果发现自己似乎没有从事教育行业的才能，做了一份难以胜任的工作。她给我写了一封封充满焦虑的信，信中不断提出同样的问题：究竟什么是才能？如何确认自身的才能？如何确认并培养自己对这份事业的热爱？我的回复未能让她满意，她便亲自来找我，要和我面谈，希望能解决内心的困扰。这位年轻的女教师说："我想多去几所学校，多见一见其他教师，但我仍需要知道，我究竟有没有和孩子打交道的才能。"

创造性劳动所带来的快乐和生活的充实，是每一位有文化和修养的人都应该追求的。至于如何在教育下一代的崇高事业中施展才能，如何在这个最有意义、最复杂、最具人性关怀的职业中明确志向，则是一个值得深思的问题。在我收到的无数封信件和参与的无数次座谈中，这个问题曾被反复提及。无论是刚刚师范毕业的十七岁姑娘，还是已经有过成功和失败体验的教师，都在苦苦探寻这个问题的答案。我将以这个问题为切入点，向教师们提供一百条切实可行的建议。

目录

上篇

① 教师的才能是什么？它是如何形成的？ 003
② 关于教育工作的快乐——教师健康又充实的精神世界 008
③ 如何在日常工作中预防神经衰弱？ 012
④ 要善意待人 016
⑤ 请记住，没有也不可能有抽象的学生 020
⑥ 时间从哪里来？一天只有二十四小时 024
⑦ 教师的时间和各个教学阶段的相互依存 027
⑧ 基础知识在学生记忆中的存储 030
⑨ “双教学大纲”，培养学生思维 033
⑩ 如何做好“后进生”的工作？ 036
⑪ 知识是目的，也是手段 039
⑫ 知识的获取 042
⑬ 如何引导学生从现象走向抽象的原理？ 045
⑭ 第一次学习新内容 048
⑮ 思考新内容是课堂教学的一个阶段 051
⑯ 如何让检查家庭作业成为有效的脑力劳动？ 054
⑰ 评分应当有分量 056
⑱ 不要把学习之母变成继母 058
⑲ 如何批改作业？ 060
⑳ 教学中需要学生积极参与的部分 062

21 教会学生观察和发现 064
22 怎样通过阅读扩充知识？ 066
23 阅读是对“学困生”进行智力教育的重要手段 068
24 不要让能力和知识不匹配 070
25 兴趣的奥秘何在？ 074
26 要努力吸引学生的思想和心灵 077
27 怎样把思想和人的自尊融为一体？ 082
28 传播知识与参与社会生活 084
29 如何按季节安排学生的学习？ 086
30 谈谈学生的智力活动 089
31 要消除负担过重的现象，就必须让学生有自由支配的时间 091
32 教会孩子利用自由支配的时间 094
33 引导每个学生找到自己的爱好 096
34 用劳动来教育学生 098
35 怎样才能让学生注意力集中？ 102
36 直观性是认知之路，也是指路明灯 105
37 给刚踏上工作岗位的教师的建议 109
38 给准备教一年级的教师的建议 113
39 怎样研究学龄前儿童的思维？ 115
40 如何发展孩子的思维和智力？ 119
41 如何培养记忆力？ 120
42 请呵护并发展青少年的记忆力 122
43 请培养孩子对绘画的热爱 124
44 如何训练孩子流利地书写？ 126
45 教孩子用左右手工作 128
46 给在规模较大的学校工作的教师的建议 130
47 给单班制学校教师的建议 133
48 教师需要制订哪些计划？ 135
49 关于教师日记的建议 137
50 关于自己孩子的教育问题 140

下篇

51 是谁在教育孩子？怎么教育孩子？
在教育中，教师决定着什么？其他教育者又决定着什么？ 145
52 如何让父母参与孩子的家校教育？ 149
53 怎样才能让学生听得进教育者的话？ 154
54 怎样让作为教育者的父母保持一致？ 158
55 情感教育应该是什么样的？ 162
56 怎样才能让孩子愿意好好学习？ 165
57 怎样随着孩子的成长和发展，加强针对家长的教育工作？ 168
58 怎样与家庭共同指导孩子劳动？ 171
59 怎样通过劳动培养高尚的心灵和人性？ 173
60 怎样与家长一起培养未来的父母？ 175
61 怎样培养学生对女性——女孩、母亲的尊重？ 177
62 教师应该具备哪些品质？ 179
63 作为教育工具的集体是如何形成的？又是如何维持的？ 183
64 怎样通过集体让个人全面发展？ 187
65 怎样培养服从和领导的能力？怎样培养严格要求的精神？ 190
66 怎样培养少年列宁主义者？
教师在少先队生活中有什么作用？ 192
67 怎样让共产主义思想深入少年列宁主义者的头脑和心灵？ 196
68 怎样才能让青年在领到印有伟大列宁肖像的
红色共青团员证时满心激动，进而珍惜共青团员的称号？ 199
69 怎样培养共青团员的上进心？ 203
70 怎样激励人们不断发展和完善道德？ 205
71 怎样教育青年不要冷漠地看待生活和斗争？ 207

72 怎样用社会主义祖国的思想充实共青团员的精神生活？ 211
73 青少年的心智是怎样走向成熟的？ 213
74 不要惧怕困难，去面对它吧，
没有困难就无法对青少年进行思想教育 216
75 请保护青少年热忱内心的纯洁性 217
76 怎样教育共青团员关注社会公共利益？ 219
77 怎样在学校集体中建立劳动关系？ 222
78 不能随意组建跨年龄的集体 224
79 请让你的学生也成为教育者 226
80 请教育集体不要对孤独视若无睹 228
81 要教育学生不说空话 230
82 怎样教导学生进行自我教育？ 232
83 请掌握与学生单独谈话的艺术 235
84 怎样激发学生在道德层面进行自我教育？ 239
85 怎样在劳动和学习中激发学生进行自我教育？ 244
86 怎样在脑力劳动中培养自律？ 248
87 怎样在体育活动中进行自我教育？ 252
88 在什么条件下，集体能够有效地发挥对个人的教育作用？ 254
89 在学校集体中，什么可以讨论，什么不可以讨论？ 258
90 集体的自主活动是什么？ 261
91 什么是课堂上的思想教育？ 264
92 怎样让时代精神深入青少年的头脑和心灵？ 269
93 要善于让美德具有吸引力 272
94 教师的权威是什么？应该如何体现？ 274
95 怎样珍惜儿童的信任？ 277
96 请用书籍、理智和信念管理学生的心灵 281
97 怎样制订教育工作计划？ 283
98 怎样与集体进行教育谈话？ 286
99 怎样与懒惰作斗争？ 290
100 最后一条建议——保密…… 294

上篇

1 教师的才能是什么？它是如何形成的？

与其他任何一种目标明确，有计划性、专业性和系统性的工作一样，教书育人也是一种职业、一项专长，但它又有其他任何工作都无法比拟的特殊性，具有以下特点：

（1）我们的工作是与生活中最复杂、最无价、最珍贵的“人”打交道。他们的生活、健康、智力、性格、意志、行为举止、精神面貌、生活中的地位和身份，都取决于我们，与我们的能力、水平、才华和智慧息息相关。

（2）教育工作不是一朝一夕之功，而是要经过一个漫长的过程。我们教授给孩子的知识和技能，可能要过上五年、十年才会显现出来。

（3）生活中，很多人和事都会对孩子产生影响。父母、同学、所谓的“街头玩伴”、读过的书和看过的电影（这些你可能也不了解），甚至与某个人的不期而遇，都可能影响孩子幼小的心灵。这些影响可能是积极的，也可能是消极的。有些家庭时常笼罩着阴郁、沉重的氛围，会给孩子带来一生都无法磨灭的印记。亲爱的同行们，我们最重要的任务，也是学校的使命，就是为人而奋斗，不断消除消极影响，扩大积极影响。为此，教师必须对学生的个性发展施加最为鲜明、有效且有益的影响。德·伊·皮萨列夫[1]说过：“人的天性是如此丰富、强大

〔1〕 德·伊·皮萨列夫（1840—1868）：俄国著名的哲学家、政论家和文艺评论家。

和坚韧，能够在最糟糕的环境中保持自己的纯粹与美。”不过，只有在遇到聪明、能干且富有智慧的教师时，孩子的天性才能够得到充分展现。

（4）我们在工作中所面对的是人的个性形成过程中最细腻的精神领域——思维、情感、意志、信念和自我意识，只能通过同样的东西对其施加影响。要对学生的精神世界产生影响，最重要的工具是教师的话语、周围的世界和艺术的感召，还要营造一定的氛围，让人际关系中的全部情感都能得到充分表达。

（5）教师创造性劳动最重要的一个特点是，教师的工作对象是孩子——时刻都在变化、每天都以新面貌出现的孩子。我们的使命就是培养人，这赋予了我们一种无可比拟的责任感。

这些就是教育工作的特点。那么，教师的才能到底是什么呢？要培养、建立、发展这些才能，有哪些客观条件是必须掌握的呢？

与人交往，在交往过程中获得快乐和生活的充实，是每个人固有的精神需求。然而，出于各种各样的原因，一部分人的这种需求并不明显，另一部分人的这种需求则会成为其显著的性格特点。人们常说，有些人天性孤僻、内向、沉默寡言，喜欢独处或者社交圈很小（实际上，这和天性无关，起决定性作用的还是教育，尤其是儿童早期的教育）。如果与人交往会让你感到头痛，如果相较于在大的团体工作，你更喜欢独自工作或与三两个朋友一起工作，那就请你不要选择教师这个职业。

教育是一门研究人的科学，需要不断探索人的复杂的精神世界。它的显著特点是，不断发掘人身上新的东西，并对这些新的东西保持好奇，能够看到人的成长过程，这是滋养教师才能的源泉。我坚信，这一源泉是在人的童年和少年时期形成的，是在家庭和学校中形成的，父母和老师的关怀，可以滋生孩子爱人、敬人的品质。

如果你心中有了成为教师的梦想，那么请先检验一下自己。比如你在读九年级或十年级的时候，向共青团委员会申请担任少先队或十月小组[1]的辅导员。这样，你将会面对四十个孩子——一眼望过去，你会觉得他们长得都很相似，但到了第三天、第四天、第五天，去过几次森林和田野之后，你突然发现，每个孩子都是独一无二的世界，他们性格迥异、各有千秋。当他们的世界向你敞开大门，如果你能感受到每个孩子的独特个性，如果每个孩子的快乐和悲伤都能打动你的心，并引发你的思考、关怀和担忧，那么请选择教师这个崇高的职业吧，你一定能够从中获得创造的喜悦。因为我们工作的创造性（我还会谈到这个话题）首先就在于认识和了解人，对人性的丰富和深邃保持好奇。

反之，如果你觉得四十个孩子是一模一样的，如果你很难记住他们的面孔和名字，如果你无法从孩子的眼睛中看到他们各自的个性和特点，如果你无法分辨从花园深处传来的是哪个孩子的声音，甚至在一周之后、一个月之后，仍然无法辨别是谁在喊，喊的又是什么——那么，我劝你慎重考虑是否要做教师。因为没有任何一条教育规律和准则，可以完全适用于所有的孩子；因为实践教育学不仅要求具备高水平的知识和能力，还要求有一定的艺术水准；因为对人的教育首先是要了解人的内心，发现并感知他的个人世界。

“如果我手中握有权力，但凡谁声称‘人是无法改变的’，我定会割了他的舌头。”伟大的思想家阿拜·库南巴耶夫[2]的这句话直击我的内心。每当我思考教育的使命时，每当我与年轻教师聊起他们工作中的悲喜和成败时，这句话就如同火焰一般，在我眼前熠熠生辉。如果你想把一生都献给伟大的教育事业，那么你心中就应该充满对人和人性本善的无限信任。不是信任某个抽象的人（这种人在现实中是不存在的），而是信任成长于社会主义社会的苏联儿童。

教师才能的根基，就是坚信能成功教育每一个孩子。我不相信这

---

〔1〕 十月小组：苏联学校少先队下属的活动组织。

〔2〕 阿拜·库南巴耶夫（1845—1904）：哈萨克斯坦诗人、作家、思想家和哲学家。

个世界上会有无药可救的儿童、少年和青年。要知道，我们面对的是一个个活生生的人，世界的大门刚刚为他们开启，我们所能做的，就是尽力不去遏制、摧残、抹杀孩子身上的任何一种美好、善良的天性。因此，每一个决心投身教育事业的人，都应该对孩子保持宽容。当你仔细观察他们，用情感而不是只用理智分析他们，你就会发现，他们的不足是那么微不足道，完全不值得生气、愤怒和惩罚。不要认为我是在倡导忍让——不切实际地忍让，我也不是在号召教师隐忍地“背上十字架”，我想说的完全是另外一回事，是父母、师长所应采取的睿智举措，即理解和感受孩子犯错最细微的动机和原因。要意识到犯错误的是孩子，不要把孩子和大人一概而论，也不要向孩子提出和大人一样的要求。要理解孩子的行为和孩子集体关系的复杂性，但也不要把自己降到和孩子一样的水平。

如果孩子的顽皮让你感到烦心，如果你觉得孩子的顽皮已经到了极限，应该采取一些特殊的“灭火”措施，那么请你再考虑一下，是否要做教师。如果你和孩子之间冲突不断，则说明你并不适合做一名教师。要有能力消除矛盾，首先要明白，你是在跟孩子打交道。这种能力是滋养教师才能的源泉——要理解并充分感受，孩子是一个时刻都在发生变化的个体。

在我看来，教师才能还有一点不可或缺，我把它称为情感与理智的和谐。除了教师和医生，未必还会有其他职业需要如此的热忱。你要教的学生可能不止四十个。如果你教的是高年级，你的学生可能会有一百个，甚至一百五十个。你要把自己的关怀倾注到每个学生身上，把他们的喜怒哀乐都铭记于心。有同理心、能真正关怀孩子，这正是教师才能的血和肉。教师不应该是冷漠无情的人。对一切冷眼相待、过于理性、对发生的事情过度较真、总是担心孩子没有遵守各种规章制度，都会让孩子对教师心存戒备，甚至不信任。孩子不仅不喜欢过度理性的老师，也不会向其敞开心扉。

在任何情况下，都要跟随内心最初的热情，这份初心永远是最崇高的。但同时，教师还应该学会用理智控制内心的冲动，不要受情绪的支配。在学生做出错误、冒失的行为，你需要采取相应的措施时，这一点尤为重要。

教师的艺术和造诣，恰恰就表现在是否善于将情感和理智相结合。

有时候，你需要暂缓行动，让情绪“降降温”。每当学生做出一些反映其复杂内心矛盾的行为，需要与之进行谈话的时候，我都会故意拖延几天。亲爱的同行们，请相信我，这样会让你对学生说的话更有感染力，让你对学生情感和理智的交流更加深入，因为在这种情况下，情感似乎会因为你英明的决策变得更加高尚。这时候，你做出的举措、说出的话，都会直抵学生的心灵深处，因为它们饱含情感，充满了你的关切之情。与学生，尤其是与未成年人进行亲切的交谈，这是一种能力，也是每个教师应该掌握的非常重要的教育手段。要培养自己的这种能力，并不断完善它、打磨它，让它变得更为细致、有效。

要培养这种能力，必须深入孩子的内心，仔细分析他们在关注什么，他们是如何看待这个世界的，周围人又会对他们产生怎样的影响。

我亲爱的同行们，要想成为一名真正的教师，就必须历经“热爱”的考验——在漫长的时间里，用心去关注学生的一切，了解他们在想什么，为何高兴，又为何忧愁，这是教育工作最细腻的部分。如果你能牢牢掌握这种能力，你就可以成为一名出色的教育工作者。

2 关于教育工作的快乐——教师健康又充实的精神世界

我想起一场欢送某位退休教师的晚会。邀请我的那位要退休的女教师年纪并不算大，她二十岁参加工作，退休时只有四十五岁。为什么阿纳斯塔西娅·格利高里耶夫娜要退休呢？所有人都很疑惑。更奇怪的是，她选择退休的那一天，刚好是她工龄满二十五年的日子，看得出来，她多一天都不想干了。在给我们这些年轻教师的告别词中，阿纳斯塔西娅·格利高里耶夫娜解开了大家的疑惑。她说："亲爱的朋友们，我之所以选择退休，是因为学校的工作并不是我热爱的事业。这份工作没有给我带来满足感，也没有给我带来任何快乐。相反，它是我生命中的不幸和悲剧。我每天都在期待能够快点下课，远离眼前的喧闹，能够一个人清静一下。你们一定很惊讶，一个身体还很健康的女人，居然在四十五岁就退休了。不，事实上，我的身体并不健康，它很糟糕。因为工作不能给我带来快乐，我的心脏一直很痛苦。年轻人，我建议你们好好审视一下自己，如果这份工作不能给你们带来快乐，那么就请离开学校吧，去选择更合适的生活，找到自己热爱的事业。否则，工作于你而言只会是无尽的煎熬。"

亲爱的朋友，让我们来反思一下这个悲伤的故事。身心的健康、充实的精神生活、创造性劳动的快乐、热爱的事业带来的满足，它们之间紧密相关、相互依存。其中，最重要的就是身心的健康和充实的精神生活之间的和谐。健康对于教师的重要性不言而喻，如果教师突然得了某种难以救治的重病，这对于他的生活将是多么大的打击！而这种情况并不少见，一个才四十五六岁的教师，一旦得了重病，他的生命便枯竭了。原本刚攀上教育生涯的顶峰，掌握了教育技巧和艺术的奥秘，形成了自己的教育信念，结果用来支撑这些的力量却没有了。一位从十六岁便开始从事教育工作、有着二十五年教龄的教师在信中说："我很担心不到四十五岁就成为'主席团荣誉成员'或'退伍的将军'。怎样才能在不损害健康的前提下开展工作呢？要知道，对于工作和创造来说，健康是排在第一位的；而没有工作，同样也不会觉得幸福。"

我曾经和四百多位年龄在四十五岁到五十岁的教师交流过。在谈到健康问题时，很多人都会抱怨"心脏不太好""心脏有点毛病"。心脏和神经活动失调、心脏功能衰弱，这类疾病潜伏在教师身上，不仅会影响他们教学，甚至会让他们完全无法工作，迫使他们提前退休。教师要保护好自己的心脏和神经，一直到六十岁之前，都要保持健康、乐观的工作状态。对于教师来说，如果头脑充满智慧和思想，身体却无力支撑，还有比这个更让人痛心的事情吗？

但是，要如何保护心脏和神经呢？不是让你断绝一切能引起情绪波动的事，也不是让你就此变得冷漠无情。在这里，首先要考虑的是我们工作的职业特性。

我们的工作避免不了劳心劳神，可以说时刻都需要消耗大量的精力。我们的工作要面对不断的变化，这些变化既会让我们紧张激动，也会让我们压抑万分。因此，自我掌控、自我克制成了一项必备的技能，它关系到你教师工作的成败，也关系到你的健康状况。不会正确控制每时每刻的情绪，不会掌控局面，就会对教师的心脏造成损害，其神经系统也会极度疲劳。

那么，如何才能培养这一能力呢？首先，你需要了解自己的健康状况，清楚自己心脏和神经系统的状态。人的神经系统原本就非常灵活，教师应该善于利用这种灵活性来控制情绪。我是这样培养这项能力的：杜绝那些消极现象的萌芽，比如愁眉苦脸、放大别人的缺点、夸大孩子"不正常的"想法和行为（这很难用语言来描述，却是我们的修养和教育工作方法中的巨大不足），还有像要求大人一样要求孩子，把孩子培养成爱耍嘴皮子的人，或者听不进任何劝导和训诫的麻木"机器"。我一直努力不让自己激动，也不给自己压力，想办法排解情绪。为此应该如何做？如何避免经常性地被迫克制自己？最根本的办法就是，把整个教师团队的精力转移到需要统一精神、集体创造、团结协助、互相交流经验的事情上。我的经验表明，这样的集体活动可以缓解情绪上的剧烈波动，不再向外发泄激动和愤怒，就像释放掉被迫施加在弹簧上的压力。如果不放松这些弹簧，让精神一直处于高度紧绷的状态，就会容易受到刺激，变得过度紧张、心神不宁。在工作中，当我们的情绪过度放纵，或者反过来被极度压制时，这种危险的状况便会出现。

我和孩子们一起到森林里去。在孩子们中间，有一个叫尤尔科的小男孩，长着一只翘鼻子和一双蓝眼睛，脸蛋上还有些许雀斑。尤尔科生性调皮、活泼好动，当孩子们聚集在林间空地上，听我讲接下来要怎么走，以及如何才能在森林里不迷路时，他却跑进灌木丛，躲进某个小山坳里大声呼喊，故意让大家都听到。乍一看，这个小男孩像是故意捣蛋，想扰乱这次森林之旅。但我告诉自己，不能夸大孩子的意图。要知道，尤尔科只是个二年级的小男孩，不可能有这么深的心机。我没有烦躁，也没有生气、恼怒，而是借机安排了一个有趣的游戏。"孩子们，大家都别说话，我们快藏起来，别让尤尔科发现。现在不是我们去找他，而是让他来找我们。"大家都静悄悄地，不把脚下的草弄响，钻进森林里一个我熟悉的洞穴，躲在里面，孩子们都在兴奋地观察这个藏身之所。尤尔科喊了几声之后便不吭声了，他去了别的地方，又开始模仿黄鹂的叫声，然后慢慢靠近我们刚才所在的空地。他又呼喊起来，这一次我从他的声音里听到了恐慌。他来到那片空地，不再呼喊，也不再学小鸟叫，而是惊慌地呼唤我们："你们在哪儿？回答我！”

与其强行压制内心的激动，不如换另外一种方式巧妙处理，从而释放你内心“弹簧”的压力。用好玩的方式处理不愉快的、恼人的事情，会使你成为整个集体思想和情感的主导者。

要想消除激动和易怒的情绪、缓解压力，还有第二个方法——幽默。如果你具有幽默感，那么那些经常引发你愤怒的紧张局面就有可能被化解。孩子们喜欢并尊敬那些乐观向上、心态豁达的老师，因为他们本身就是快乐、幽默的人。他们善于发现生活中那些微不足道的、有意思的东西。能够温和、善意地嘲笑一下负面的东西，用玩笑的方式去支持、鼓励正面的东西，这是优秀的老师和学生都应该具备的重要能力。

如果教师缺乏幽默感，就会在师生之间竖起一道隔阂的高墙——老师不理解学生，学生也不理解老师。当你觉得孩子不理解你，就会感到气愤，这种情绪教师常常无法摆脱。亲爱的同行们，请相信我，那些让校园生机不再、让学生集体生活不愉快的冲突，往往就潜藏在这样的隔阂之中。

教师工作的特点，就是在脑力高度紧张和相对平静两种状态之间反复交替。多年的实践经验表明，教师的心脏和神经系统必须定期休养，补充新的能量，以消弭精神和心力上的损耗。补充能量的一个必要条件就是合理地安排休息时间。正确的休息——尤其是在夏天和冬天——可以改善和增强神经系统的协调能力，更好地培养自制力，保持沉着稳重，从而使情绪波动处在理智的管控之下。许多已经有三四十年甚至更长从教经验的教师声称，沉着、冷静的自制力源于对自然的感应，这种感应能够使身体的紧张与观察、思考相结合。

与此同时，在日常工作中，要注意爱惜自己的神经系统，这也是保障心脏和精神健康的重要条件。

3 如何在日常工作中预防神经衰弱?

有一点需要时刻牢记，我们是在儿童的世界里工作的。这是一个无可比拟的独特世界，我们需要了解它，但仅仅这样是远远不够的，还应该深入到这个世界中去。可以说，每位教师都应当点亮身上童真的火花，并且永远都不要让它熄灭。

到底什么是儿童的世界呢？在这里，我只想给教师们一些实用的建议，而不是从心理学等科学的角度对儿童的特征做一番论断。我认为，儿童首先是用情感认知周围世界的。儿童的世界，就是儿童对他们眼中的事物、他们所做的事情的感知。阳光、有朝气、内心世界活跃和情感丰富，就是我们教育对象的特点，也是我们工作的环境。

儿童的内心世界每时每刻都会给我们带来满足和不满、欢乐和痛苦、悲伤和喜悦、疑惑和惊奇、温和和愤怒。在儿童呈现给我们的丰富的情感世界里，有开心也有伤心的乐曲，有愉悦也有悲伤的旋律。让这些韵律保持和谐，是教师在教育工作中精神饱满、心情愉悦、获得成功的重要条件。在与儿童交流的过程中，如果收获的只有焦虑、生气和愤怒，那么这些负面情绪不仅会在心中淤积，还会影响身体内部器官的运转。儿童世界的情感是复杂的，如果一个教师无法看到和感受到这一点，往往会神经紊乱，其中最让人难过，通常也是最可怕的，便是神经衰弱。

来自坦波夫州的恩·利季娅写道：“我每天只有三节课，但回到家时已经身心俱疲。不仅没有力气备课、读书，连思考的力气都没有了。这是怎么回事？在学校工作时，我就像一根紧绷的弦。孩子们的淘气让我心神不宁，好像每个孩子都在挖空心思想让我不高兴。上课的时候，我看到费佳推了一下万尼亚，万尼亚就用尺子打他的头……在其他教师眼里，这些都是小事，我却无法平静地面对。我感到一股热流席卷全身，心脏几乎要跳出来，手脚都麻木了。我批评了他们，想让他们安静，声音却在颤抖。孩子们一定察觉到了，我觉得他们在笑话我，想用一些新把戏来刁难我。我该怎么办？”

这已经是神经紊乱了，原因就在于不了解儿童的世界。我亲爱的同行，总体来看，儿童的世界是美好的，如果你不了解它，如果你不能像鱼在水中一样感受它，它就不会给你带来太多的积极体验，相反会让你产生更多的负面情绪。你首先要学会用心倾听、理解和感知这首被称为童年的乐曲，尤其是那些明快、愉悦的旋律。不要只是做这首乐曲的倾听者和受众，还要成为它的创作者——作曲者。请在乐曲中创作明快、愉悦的旋律，你的健康、精神和内心的状况都将因此受到影响。你创作乐曲所使用的钢琴和乐谱本，你用来指挥旋律的指挥棒，都是既简单又复杂的东西，那就是乐观主义。请记住，在儿童、少年和青年之中，没有穷凶极恶的人，如果有，那也是千分之一、万分之一的概率，即便真的出现，能够拯救他们的，也正是那具有魔力的小提琴和指挥棒——善良、人性和乐观主义精神。

孩子身上没有任何东西是需要教师苛刻对待的。如果孩子的心理出现了一些问题，那么首先也要用善来驱赶恶。这并不是鼓吹不去抵抗恶，而是对儿童世界的真实看法。我憎恶对孩子粗暴的怀疑态度，讨厌形式主义的要求和禁令。这不是鼓吹玩忽职守和“自由教育”，是让我们坚信对孩子善良、亲切和热爱不是抽象的，而是充满人性的、真实的。这是一股强大的力量，可以挖掘人身上的一切美好，从而变成理想的样子。我不相信，一个受过正确教育的孩子会变成混蛋和寄生虫，会变得厚颜无耻、谎话连篇、道德败坏。

乐观和对人的信任是教师和学生的创造力、精神力量、健康的不竭源泉，绝不能让对人怀疑的种子在心中萌发。无论对人的不信任最开始时有多渺小，最后都将演变成饱含恶意的肿瘤（我们现在谈论的正是身心的健康问题）。恶意是一种可怕的心灵疾病，既会反映在心脏上，也会反映在精神上。这种疾病会蒙蔽教师的眼睛，使他看不到人身上的美好。恶意也是一副荒诞的眼镜，透过它，人身上的美好会被极度缩小，丑恶则会被无限放大，直至遮盖人性最细微的特征。年轻的朋友，当教师放任自己内心的恶意不断滋长，当教师的行为、思想偏离乐观和对人的信任时，教师的健康状况就会出现问题。恶意是怨恨的源头，而怨恨，形象地说就是一根尖刺，不断地刺在心脏最敏感的地方，折磨你的心灵，削弱你的神经。

无论多微小的幸灾乐祸，都要像防火一样预防它的出现。比如（但愿这样的事情永远不会发生），你严厉地斥责了学生，刺痛他敏感的内心，在班级日志上记下他不当的行为，你的内心深处隐隐产生了一丝快乐的念头，像是在对学生说："你的父亲那么严厉，当他看到我的记录，一定会好好教训你……"匆匆一瞥孩子悲伤的眼睛，你并不惊慌，反而很平静。亲爱的朋友，请记住，你巨大的不幸就是从此刻开始的，因为那幸灾乐祸的苗头正在你内心深处滋长。一开始，它看上去并无恶意，就像一只弱小、无害的野兽，而事实上，它更像一条毒蛇。幸灾乐祸首先会导致偏执，让你的心灵变得又聋又瞎，捕捉不到孩子细腻的内心活动。幸灾乐祸的人会把孩子常见的顽皮看成是邪恶和居心不良。无法忍受孩子的淘气和顽皮，会让教师变成冷冰冰的说教者和只注重理性的监督者，变成孩子讨厌的人。孩子则会故意找碴儿，激怒老师，以此作为报复。一旦出现这种情况，教师的心脏就会因为时刻要压制自己的情绪而出现问题。我的朋友，你应该对这种不幸的情况保持警惕。如果你未能避免这一切，就会变得肝火旺盛、暴躁易怒、内心郁结，工作对你而言如同服苦役，你的身体也会逐渐变得千疮百孔。

友善待人、心怀理智的善意是儿童集体生活应有的氛围，也是师生关系的主要特点。“善意”是一个多么美好的词语，同时也体现了深刻、复杂、多面的人性。如果善意是相互的，那么人的心扉就会完全向他人敞开。

我已经说过很多次，今后也会反复强调，教师与学生之间的善意，是心与心之间最精细的纽带，通过它，人们无须言语便可理解彼此，并能感受到对方最细微的内心活动——请注意，这一点在教育工作中非常重要。多年的教育工作使我坚信，只要我善待孩子，同时培养他们的善意，他们就会顾惜我的心脏和神经。当我心情不好，甚至连话都说不出的时候，他们也能理解。当我心里难受时，孩子们能感受到我的状态，就会压低声音，避免发出噪音，无论在课上还是在课下，都尽量保持安静。亲爱的同行们，这种心心相知、彼此体谅的情感，是保障我们健康的不竭源泉。现在，我们谈到的是学校生活的一个非常特殊的领域，对此人们很少谈及，还需要进行更多的、更深入的探讨。我指的是善意待人的本质——这是情感教育非常重要的一个方面。

4 要善意待人

一般来说，这条建议属于教育修养的常识，具体来说，属于教育修养的情感范畴。善意待人，意味着要像对待自己的孩子一样对待学生。学生学习不好、成绩落后，学生很难像同班同学一样学习，学生做出了不当的行为……所有这些都是非常糟糕的事情。如果这些麻烦来自你的孩子，你会怎么办？难道你也会建议这样做，比如直接开除，或者给他的表现打低分？当然，理智会提醒明事理的父母，这样做是有必要的，但你的内心会告诉你，最关键的是要拯救孩子，而只靠惩罚是无法拯救一个人的。你的内心渴望培养孩子道德层面的纯净和美好，让他成为一个真正的人。这种内心的渴望，就是善意待人。教师的善意待人首先体现在善于阻止孩子变坏，防止孩子走向歧路。像父母一样希望孩子好，阻止邪恶走进孩子的内心，将恶念拒之门外。如果你对每个孩子都能有这样的关怀，如果每个孩子对你来说都不再是班级日志上的寥寥数语或一个个编号，而是一个个活生生的、独一无二的人，那么你就可以相信，当孩子制造了麻烦时，你的内心会告诉你该如何去做。这种内心的指引，就是行动上的善意待人。

善意待人说起来很容易，但这种品质是需要培养的。只有当双方的内心能够相互作用时，也就是说，当教师能感受到学生的善意，学生也能感受到教师的善意时，才能培养这种品质。这是校园生活最美妙的和谐之音。彼此善待，需要丰富的情感素养做基础。我一直认为，教育最重要的任务之一，就是教会孩子用心去感知世界，去感受人——不仅仅是家人、亲友，还包括成长之路上遇到的每一个人。教会孩子去感受遇到的人，感受对方内心的负担和痛苦，是最为细腻的一项教育技能。针对教师如何培养自己的这项技能，如何培养孩子的情感素养，以及如何将这种素养变为彼此善待的基础，我想分享一些我的经验。

春天，学校旁的甜菜种植园里，集体农庄的女庄员们正在劳作。每天早上，太阳刚刚从地平线上升起时，她们便一个接一个地朝田野走去。而我的一年级学生也是在这个时候前往学校的花园的。蔚蓝的天空下，有一间由碧绿的葡萄藤搭成的天然教室，茂密的葡萄藤把炙热的阳光隔绝在了外面。这是我们的“美丽角”，我们经常在这里迎接日出。集体农庄的女庄员们从我们旁边两三米远的地方走过，我们能看到她们每个人的面庞和眼睛，如果静静地屏息而坐，甚至能听到她们的呼吸。她们却看不见我们。我让孩子们看这些女人的眼睛，学会感受和体会她们每个人内心的状态——是晴朗的宁静，还是乌云密布般的痛苦。我们每天都会看到这些姑娘和妇女走过，其中一个是两个孩子的母亲，有着天蓝色的眼睛、淡褐色的头发、粗粗的辫子。在上工的路上，她会一边走一边哼唱着小调儿。她经常会在小山丘上歇歇脚，张望蔚蓝的天空，听云雀的歌声，脸上洋溢着微笑。我对孩子们说：“她能从生活中感受到快乐，她是幸福的。”我们每个人在看到这种幸福时，内心也会感到快乐。另一个有着一双黑眼睛的女人，每天拐到狭窄的田间小路上时，都会采一把野花。从她的眼睛里，我们可以看到明媚和乐观。有两个姑娘走到草地上静静流淌的泉水边，她们看着泉水，就像在照镜子，一边整理头发，一边欣赏自己的美。孩子们，看吧，从她们的眼睛里，能够看到喜悦和向往。而那个黑眼睛的女人，在采完野花之后，还坐在树墩上编了个小花环。当然，这样的小花环只会是送给小女孩的。亲爱的孩子们，仔细看她的眼睛，你们能感受到母爱的温暖。不过孩子们，你们再看看那个头发灰白的女人，看她的眼睛，是多么悲伤、忧郁，眼神里充满了苦涩和悲痛。她停了下来，看着太阳，看着逐渐隐没在绿色原野中的村落，发出沉重的叹息。你们看，她没有走田间小路，而是走上那条通往村庄的大路，在路边采了一束野花，走向那座反法西斯烈士纪念碑。她把花放在碑前，你们看，她哭了。

孩子们，你们现在看到的，是人类最伟大的悲痛——作为一个母亲的悲痛。她会再次路过我们的“美丽角”，请仔细看一看她的眼睛。

孩子们坐着，屏住了呼吸。周围一片安静，连一片树叶、一根草的响动都没有。我们的面前，只剩下母亲悲伤的眼睛。她又看了一眼战士的墓地，发出一声沉重的叹息。

根本无须任何话语来解释，孩子们就能明白，这位母亲的孩子在战争中牺牲了。我讲述了这位母亲巨大的悲痛：她的丈夫和两个儿子都战死了……

之后，我们又进行了一节又一节新课程，教孩子们用心去识人。我们前往田间，坐在乡间小路旁，不时有人从我们面前走过。

看着每个人的面庞和眼睛，孩子们感受着他们的内心世界。第一个人眼里全是对生活的满足，第二个人向往着某种令人兴奋的、珍贵的东西，第三个人脸上全是疲惫和淡漠……不，他内心的情绪也不太好……第四个人忧心忡忡，可能是操心某些日常琐事，也可能是担忧某件大事。现在，迎面走来一位老爷爷，他的眼里满是悲伤。孩子们被触动了，身子猛地一震。他们还从未在其他人眼中看到这样的悲伤。孩子们说：“他很痛苦……看上去很不幸……应该问一问，我们怎么才能帮帮他……”

他们走向老爷爷，问道：“有什么可以帮您的吗？”老爷爷伸出手，温柔地放在小季娜的头上，叹了口气说：“你们没什么能帮我的，亲爱的孩子们……我的妻子刚刚在医院去世了……我现在要去找车……我们在一起生活了四十七年……虽然你们帮不了我什么，但我还是觉得心情轻松了一些，你们都是善良的人……”

孩子的情感素养就是这样培养出来的。这是一个细致又漫长的过程，需要教师拿捏好分寸、处事周到、善于思考，要对每个孩子的内心世界有深度的认知。

能够用心体察别人的孩子，就会变得以善待人。同时，还有一点非常重要，孩子能够敏锐地感受到老师的善意，并用善意回应善意，这一点在教育工作中的重要性不可小觑。应该用温柔、善良和热忱来对待孩子的内心世界。你可能会听到一些老师的抱怨（可能你自己也说过这样的话）：“怎么办？孩子们压根儿不领情……我温柔、真诚地对待他们，他们却毫无反应，甚至反过来嘲笑我的好心。”非常遗憾，确实会出现这种情况，这种对真心的漠视，其根源在于情感教育的缺失，究其原因，要归结到孩子幼年时没有学会用心去感受人。

如果你教会了学生用心去感受人，那么你对学生的善意便能创造奇迹。教师的善意体现在哪些方面呢？首先体现在孩子的学习上，希望他们能取得更好的成绩——这意味着要了解孩子的专长和不足，观察他们学习上的细微特征。你的善意是一种强大的教育方法，直到今天依然有效。当你的学生发自内心地想要变好，他的自尊心就会变得越来越强烈。正如你所看到的，在教育事业中，各种现象和事实之间存在着紧密的联系：孩子的成绩反映在他们的精神状态上，孩子的精神状态又反映在教师精神生活的充实和身体的健康上。如果学生渴望变得更好，想要努力掌握知识，这已经是你工作乐趣的一半来源了。

学生的自尊心取决于成绩，而成绩又取决于教师的善意，当然，也取决于学生对教师善意的接受程度。尊敬的同行们，请记住，学生的成绩和自尊心，是你教育工作中乐趣的火种。只要这火种还在燃烧，你就能感受到精神生活的充实和创造性劳动带来的喜悦。

但是，这里又出现一些问题，如何才能让孩子不断取得好成绩？如何培养他们的自尊心？如何利用“渴望变得更好”这一巨大的精神力量来激励他们？接下来，我将在下一条建议中用几句话来简单概括。

5 请记住，没有也不可能有抽象的学生

为什么在一年级，就会出现学习跟不上的学生，而到了二三年级，就会出现无可救药到让教师绝望放弃的学生？这是因为在校园生活最重要的领域——脑力劳动方面，教师没有对学生因材施教。

不妨设想一下，这些刚刚上小学的七岁孩子，被要求完成同一项体力劳动，比如提水。有的孩子提五桶水就筋疲力尽，有的孩子则可以提二十桶水。如果让一个弱小的孩子提二十桶水，就会耗尽他的体力，第二天什么也做不了，甚至还会因此进医院。同样，在脑力劳动方面，每个孩子的能力也是不一样的。有的孩子理解、思考、记忆都很快，而且能够牢固记住很长时间；有的孩子则完全不同，对教材内容理解得慢，对知识的记忆需要很长时间，还不牢固。但也可能正是这样的孩子，在未来的学习和个人发展上，会比那些一开始学习更好的孩子取得的成就更大（这个并不少见）。没有只需机械地遵循教育教学规律的抽象的学生，也没有某个完全一致的先决条件能适用于所有学生，让他们取得好成绩。好成绩这个概念本身就是相对的：对于有的学生来说，这一标准是五分，而对于别的学生来说，三分就算巨大的成功了[1]。正确判断每个学生在某个阶段更适合什么，如何进一步发展他们的智力，是教育智慧一个极为重要的组成部分。

---

〔1〕 苏联采取五分制，五分为满分，三分为及格。

维护和培养学生的自尊心，取决于教师如何看待学生的成绩。不能向学生提出他无法完成的要求。每一门课程的教学大纲，都有其固定的水平和知识范围，但它并不适用于每一个活生生的孩子。对于这样的水平和知识范围，不同孩子的学习进程是不一样的。有的一年级时已经可以独立读题、解题，有的在二年级快结束的时候才能做到，甚至要到三年级。教师要学会甄别，一个孩子需要采用何种方式、要突破哪些困难和阻碍，才能达到教学大纲规定的水平，同时也要明确如何在学生的脑力劳动中具体地实施大纲的要求。

教育教学的艺术和技巧就在于挖掘每个学生的力量和潜能，让他们在脑力劳动中收获成功的喜悦。这就意味着，在教学过程中，无论是脑力劳动的内容（作业题的特点）还是时间，都要进行个性化的安排。有经验的教师会在课堂上给一些学生布置两三道题，甚至四道题，给另外一些学生却只布置一道题；给有的学生的题目要复杂一些，给另一些学生的则要简单一些；有的学生被要求完成创造性的语言作业，比如写作文，另一些学生则被要求学习文学作品的内容。

通过这样的方式，所有的学生都会进步，只不过有的快一些，有的慢一些。孩子们完成作业之后，在评分中看到自己努力后的成果，学习会给他们带来精神上的满足和发现的喜悦。与此同时，教师和学生之间相互的善意和信任也结合在了一起。学生没有把教师看作严厉的监督者，也没有把评分看作棍棒。他会坦诚地跟老师说："这道题我没做好，这道题我不会做。"他的内心会很敏感，不会去抄别人的作业，也不会在考试中作弊；他想要树立自己的尊严。

形象地说，学习成绩就像是一条通往孩子心灵深处的小路，那里燃烧着"想要成为好学生"的愿望的火苗。请好好呵护这条小路和这颗火苗。

我的朋友伊·古·特卡琴科是一位出色的数学教师（就职于基洛沃格勒州波格丹诺夫中学），他说他是这样备课的："我先思考一下，每个学生都会做什么。我会为每个学生挑选他们可以顺利完成的作业。

如果学生在学习知识的道路上连一小步都不能前进，那么这堂课对他来说就是无用的。做无用功，是教师和学生都会面临的巨大危险。”

请看帕夫雷什中学的阿·格·阿里申科和姆·阿·雷萨克两位教师的数学课。解题时（解题占用了90%的时间），班上的学生被分成若干小组。第一组是学习最好的学生，他们无须任何帮助就能轻松解答任何一道题，小组里还有一两个学生可以直接口头解题，根本不用动笔计算，老师刚刚读完题，他们就已经举手了。对于这个小组，除了大纲规定的内容，教师还会挑选一些超纲的题目，给这些学生布置一些力所能及的，但并非轻而易举，而是要费一番脑筋才能完成的任务；有时还会给他们布置一些独立解答的题目，但教师所给的帮助也只是稍加指点和提示。

第二组是勤奋努力的学生，对于他们来说，想要出色地解答问题，需要经过紧张的脑力劳动，需要进行一番探究、克服一些困难。教师是这样评价他们的：他们勤奋、刻苦，通过自己的努力和坚持，同样取得了好的成绩。

第三组是可以独立解决中等难度的题目，但有时也会解答不出难题的学生。在这些学生学习的过程中，教师要帮助他们，需要有高超的教育技巧。

第四组是思考问题和解题速度都很慢的学生。在课堂上，第二、第三组的学生解题速度会比他们快两三倍，但是无论怎样，教师都不能催促他们。

第五组是连中等难度的题目都解不出的学生。教师需要专门为他们挑选一些题目，能够让他们获得一点点收获，哪怕收获并不大。

这些分组并不是僵化的、一成不变的。能够给学生带来成功喜悦的脑力劳动，可以进一步激发他们的才能。

在能够让每一位学生都有所收获的课堂上，请仔细观察一下学生的学习状态。这里洋溢着前面提到的相互关怀的气氛，还充满了智慧和灵感。每个学生都通过自己的努力向目标迈进，你可以从孩子们的眼睛里看到高度集中的精神，时而迸发出快乐的火焰（找到了正确答案），时而苦思冥想（这道题该从哪个角度解答呢）。教师在这种氛围中工作是巨大的享受。亲爱的同行，请相信我，在这样的课堂上，无论教师的工作多么紧张，他都会有喘息的时间，否则是很难连续上四五节课的。

我教过几年五至七年级的数学课，这些课与文学课、历史课是交叉着的，这对我来说是一种真正的休息。凡是可以让每个学生都能获得个人成就感的课堂，都不会让教师感到紧张和疲劳——他不用担心会出现不愉快的状况，也无须把注意力放在那些活泼好动、因无事可做便时不时淘气的学生身上，因为他们的精力在这样的课堂上都被引到了正轨。对于那些淘气的孩子，如果教师能够布置一些他们力所能及的，并且能够获得成功喜悦的任务，那么他们该会多么勤奋、认真地学习啊！他们会在紧张的学习中敞开活跃的内心，变得让你都认不出来——他们所有的注意力都集中在如何更好地完成任务上了。

有些教师经常抱怨，孩子在课堂上捣乱或做无关的事情，对此我一直都很困惑。亲爱的同行们，如果你能认真思考一下，如何让每个学生都参与到学习中去，那么这样的事情就不会发生了。

在这里，我们谈到了工作中会遇到的一个尖锐问题：怎样工作才能不让我们感到疲惫，不给心脏和神经带来无尽的压力？它们都是由时常会出现的“突发事件”或“没有恶意的调皮捣蛋”引起的。这些事情都很小，看上去不值一提，但如果频繁发生，就会影响你的正常工作和生活。

6 时间从哪里来？一天只有二十四小时

这句话是我从克拉斯诺亚尔斯克的一位女教师的来信中摘录的。是的，没有时间是教育工作中普遍存在的问题，它不仅影响学校的正常工作，还影响了教师的家庭生活。跟所有人一样，教师也需要时间照顾家庭，也要教育自己的孩子。一些准确的数据可以证明，很多中学毕业生害怕上师范院校，原因就在于他们认为从事这一职业的人没有空闲时间，尽管有很长的假期。

我这里还有一些有意思的数据。我向五百位子女考上大学的教师提出这样一个问题："你的孩子在哪所高校上学？学的是什么专业？"只有十四位回答"在师范学院"或"在综合大学，但打算当老师"。而后我又提了一个问题："为什么你的孩子不想当老师呢？"四百八十六位教师都回答："因为孩子看到了教师的工作有多辛苦，连片刻的空闲都没有。"

那么，教师在工作的同时，到底能不能拥有一些空闲时间呢？要回答这个难以解决的问题，先来看看下面的这些数据。教师每天的实际工作状况是，语文和数学老师上课需要三四个小时，备课和批改作业至少需要五六个小时；此外，还要处理课外的日常性事务，这至少也需要两个小时。

如何解决时间问题？这是校园生活各项问题中的一个重要问题，跟如何发展学生的智力一样，这取决于教师对学校里各项工作的统筹安排。

最关键的还是在于教育工作本身的风格和特点。一位有着三十三年教龄的历史老师上了一堂题为“苏联青年的道德理想”的公开课，前来听课的有地区研修班的成员和地区教育处的监察员。公开课讲得非常出色，以至于原本打算课上记笔记，以便课后做评价的教师和监察员都忘了记录。他们都屏息坐在那里，全神贯注地听着，像学生一样沉醉其中。

下课后，附近学校的一位教师说：“看得出来，您把满腔热忱都献给了学生。您的每一句话都带有深刻的内涵。请问，您花了多长时间备这节课？应该不止一个小时吧？”

这位历史老师回答：“我一生都在为这节课做准备。实际上，我的每一节课都是用一生来准备的。而直接用于准备这节课的时间，或者说课前准备，大概花了十五分钟。”

这个回答打开了通往教学技艺奥秘的一扇小窗。据我所知，跟这位历史老师一样的教师，在我们地区就有三十人左右。他们从不抱怨没有空闲时间，每个人都会说，每一节课都是用一生来准备的。

这个准备的关键在于什么呢？答案就是阅读，生命中的每一天都要与书为伴。潺潺的溪流永不中断，源源不断地注入思想的河流。阅读并不是为了第二天的课，而是源自自身的需求，出于对知识的渴望。如果你想拥有更多空闲时间，而不是一味地面对教科书单调乏味地备课，那么就多读一些专业书籍吧。教科书里的基础知识，应该只是你所教学科最浅显的入门常识。你需要把掌握的科学知识变得像大海一样，而要教给学生的，则如同知识海洋中的一滴水。到那个时候，你就不用再花费太多时间备课了。

一个优秀教师要完善教学技巧，就要不断通过阅读来充盈自己的知识海洋。如果一个教师在刚开始执教时，所掌握的知识与应该传授给学生的知识之比为 10∶1，那么在他有十五到二十年教龄的时候，这一比例应该达到 20∶1、30∶1、50∶1。要做到这样，只能通过阅读。

这样一年年过去，教科书在教师知识海洋中所占的比例就会越来越小。这不仅仅是因为教师所掌握的理论知识在不断增加，还因为在知识积累的过程中形成了由量变向质变的飞跃。教师的知识背景越宽广，教科书里的知识就越像是万道光束中的一小束光。教师可以举重若轻地驾驭教学，其教学技巧和专业素质也由此得到充分的展现。教师在课堂上讲解、讨论时，也能合理分配自己的注意力。比如，教师正在讲解三角函数，但他的注意力并没有全部放在讲解函数上，而是放在学生身上——他要观察每个学生是如何学习的，哪些学生在理解、思考和记忆过程中遇到了困难。他不仅仅是在教授知识，更是在教学过程中培养学生的智力。

教师的时间问题与教育过程中的各个环节和各种因素紧密相关。这些环节和因素如同一条条小溪，而教育工作和创造的时间则如同一条大河，需要溪流的不断滋养。如何才能让小溪始终保持活力、潺潺流淌呢？针对这个问题，我想给大家一些建议。

7 教师的时间和各个教学阶段的相互依存

这个建议主要针对低年级[1]教师。尊敬的同行、低年级教师们，你们的工作效果将直接影响到中高年级教师的时间安排。如果仔细观察第二阶段（四至八年级）、第三阶段（九至十年级）的教学过程，就能得出这一结论：教师的大量时间都被无休止的、没意义的查缺补漏无情吞噬了——教师还没来得及讲新内容，就发现一部分学生还没有掌握旧内容。于是，教师接下来要做的不是继续讲新内容，而是不得不想办法解决部分学生落后的问题（有时候，这部分学生的数量会很多，教师几乎要给全班补课）。这样就会占用教师大量的工作和休息时间。

解决许多学生的落后问题，似乎已经成为一项不可避免的工作，这对整个教学过程都造成了拖累。为什么会出现这种情况呢？

在这里，我想向低年级教师提几点建议。

亲爱的同行，请记住，所有中高年级教师的时间安排都取决于你，你是教育教学过程中创造精神的缔造者。在低年级阶段的诸多任务中，重中之重是教会孩子如何学习。你的一项主要事务是，协调学生应该掌握的知识量与实际能力、学习技巧之间的关系。

---

〔1〕在苏联时期，中小学教育为十年制，共分三段：一至三年级为低年级（相当于小学），四至八年级为中年级（相当于初中），九至十年级为高年级（相当于高中）。

请记住，部分学生在中高年级阶段落后，主要是不会学习、无法掌握所学内容造成的。当然，你应该关心如何让学生的综合能力达到较高水平，但首先要做的是教会学生熟练地读写。如果学生不能流利地、有意识地、有感情地阅读，不能理解和吸收阅读的内容，不会通顺、准确地书写，中高年级阶段就无法顺利学习。在这种情况下，教师不得不无休止地“赶着”落后的学生前进。请在低年级阶段就教会所有学生阅读，让他们学会边阅读边思考，边思考边阅读。阅读的能力要达到自动化的程度，让视觉和意识的感知能力大大赶超“出声朗读”的能力。这种赶超的程度越大，学生阅读和思考的能力就越强，这是学习进步和智力提升的一个至关重要的条件。我始终坚信，学生初高中阶段能否顺利学习，首先取决于能否有意识地阅读——边阅读边思考，边思考边阅读。因此，低年级教师应该认真思考研究，如何培养学生的这种能力。三十年的执教经验让我深信，学生的智力发展与良好的阅读能力密不可分。能够同时进行阅读和思考的学生，在处理任何问题时，都要比没有这种能力（尽管这种能力乍看上去相当普通）的学生完成得更快、更顺利。因为他们在进行脑力劳动时完全没有死记硬背。与不会同时阅读和思考的学生完全不同，他们在阅读教材或其他书籍的时候，读完之后既能准确把握文本的整体和局部，又能厘清彼此间相互依存和制约的关系。

能够同时进行阅读和思考的学生，在学习上也不会落后；而没有了落后的学生，教师的工作就会轻松很多。实践证明，如果阅读是学生获取知识的一扇最重要的窗口，那么就没必要花费大量时间进行补课。教师可能只需与个别学生单独谈话，这种谈话不是长时间的讲解，而是加以指导和建议，告诉他们如何独立地掌握知识，防止不及格和落后。

如果学生不知道自己哪方面落后，也不知道需要什么样的帮助，那么教师就应该和他进行单独谈话了。

学生在中高年级阶段能否顺利学习，还取决于他在低年级阶段能否掌握快速、有意识地书写的能力，以及这项能力后续的发展情况。和阅读一样，书写也是学生掌握知识的一项工具。这项工具的运用情况，直接影响到学生的学习情况和对时间的合理支配。我建议低年级教师要制定目标，让学生在四年级结束时，能掌握快速、半自动化书写的能力——只有在这种情况下，学生的学习才能顺利，教师也不需要再为消除落后花费精力。要努力让学生边书写边思考，而不是让字母、音节、词语的书写占用他们最核心的注意力。给自己定一个更为明确的目标：给你的学生讲一些什么，让他们一边听一边思考，同时把自己的想法简明扼要地写出来。这种能力应该在三年级时就让学生掌握。如果你能够完成这一目标，我相信你的学生永远不会落后、不及格；学生学会如何获取知识，也就意味着节约了中高年级教师的时间，保护了他们的健康。

8 基础知识在学生记忆中的存储

三十年的教育工作，揭开了一个在我看来非常重要的秘密——一条独特的教育规律：学生在中高年级阶段落后、变差，主要原因就在于低年级阶段没有把基础知识的“地基”打牢，达到终生牢记的程度。请设想一下，我们要建一栋漂亮的房子，却把地基打在非常不结实的水泥上，灰浆总是下沉，砖头也总是掉落，那么我们每天都将忙于修修补补，但还是摆脱不了房倒屋塌的风险。很多四至十年级的语文和数学老师都处于这一状态：他们在努力建造房屋，地基却不牢固。

低年级教师们，你们最重要的任务就是给学生打下坚实的知识地基。它要足够牢固，足以让你之后的教师完全不需要操心地基的问题。譬如你正准备教一年级，那就请把四年级的教学大纲拿来看看，首先看看语文和数学的，还有五年级的数学教学大纲。请阅读一些四年级的历史、地理、自然方面的资料，还有这些课程的教学大纲。请把这些都放到一起进行比较。然后思考一下，学生在三年级时应该知道什么，才能在四、五年级的时候顺利地学习。

首先请重视学生基本的读写能力。俄语中，有两千到两千五百个单词，它们是构成知识和读写能力的“骨架”。经验表明，如果学生在低年级阶段就能牢记这些词，那么他就会成为一个具备读写能力的人。但其深远意义不止于此，低年级阶段获得的读写能力，是中高年级阶段掌握知识的工具。

在教低年级学生时，我的面前总是会放一份“重要词汇表”，就像是一份特殊的“基础读写能力教学大纲”。我是这样来分配这两千五百个单词的：每个学习日学三个词。让孩子在本子上记下来，并把它们记住。这项任务每天只需要花费几分钟。童年时期的记忆力非常灵活、敏锐，如果善于利用它，注意不要超负荷运转，它就会成为你的得力帮手。要知道，学生在童年时记住的东西，通常永远不会忘记。下面是“掌握记忆的技巧”的关键步骤：学习日的早上（第一节课前），我在黑板上写下今天要学的三个单词，例如“草原”“温暖”“沙沙响”；孩子们走进教室之后，马上把这些单词记在他们的重要词汇本上，这个本子会陪伴他们整整三年；他们会认真思考这几个词，并在旁边写下几个同根词。这项作业只需花费三四分钟，孩子们都慢慢养成了习惯。

接下来的作业就有了游戏的性质，带有明显的自我训练、自我检测的成分。我对孩子们说：“在回家的路上，回忆一下今天学到的三个单词，想想它们是怎么写的。回想一下它们的模样。明天起床之后，立刻回忆一下这几个词的写法，并把它们默写在练习本上（这里说的是另一个本子，可以作为第二词汇本）。”如果这个游戏从一年级就开始做，如果教师相信这样做会有效果，如果他爱学生，如果他从未对学生做的事感到过厌烦，那么没有学生会不喜欢这个游戏。

在课堂上，做一些形式各样的练习，务必让学生反复复习和运用已经记住的词汇。我认为，记住四百个修辞短语是一项非常重要的练习，我相信它们同样是基础语言训练的一种独特的“骨架”。在小学的四年时间[1]里，孩子要记住这些修辞短语，因为受日常语言实践等方面的影响，这些短语的运用经常会出现典型性的错误。

我要再次强调，游戏成分在教学过程中有着非常重要的意义。我有六百个“童话”词汇，这些词汇经常出现在儿童童话中。在四年的小

---

〔1〕 苏联小学在 1970 年之后改为三年制，作者有时指的是改革之前的小学，即四年制。

学学习期间，我和学生们画了几十幅童话式的图画，让学生从六百个词汇中选取合适的，写在画的下面。这是一种非常有效的巩固词汇基础知识的方式。

数学方面，在四年的小学学习期间，孩子们要牢记一些运算规则，由于经常使用，它们就变得如同数学公式一般。如果每次使用时，都要费脑筋思考，那就太浪费时间了。这里包括的不仅仅是乘法表，还有一千以内的加减乘除，以及一些常用的测量和换算。我的观点是，学生到了中高年级阶段，大脑不应该被单调的运算塞满，而应该把尽量多的精力用在创造性劳动上。

当然，整个学习过程都要以自觉地掌握教材为基础，但也要注意，并不是所有的东西都需要解释。我所努力追求的，是要把随意注意、随意识记与不随意注意、不随意识记结合起来。

9 “双教学大纲”，培养学生思维

教师的时间不够用，主要是由于学生学习有困难。多年来，我一直在思考，如何才能减轻学生的负担。如何将实践能力作为获取知识的基础，只是问题的开始；怎样让学生记住知识，才是问题的延续。我向每一位教师建议，分析一下所教的知识，把需要学生牢记的部分明确地标记出来。教学大纲中有一些关键的知识点，对它们掌握的牢固程度将决定学生思维、智力的发展和吸收知识的能力。因此，教师准确判断这些关键知识点的能力就显得十分重要。这里所说的关键知识点，就是反映学科特点的重要结论、总结、公式、规则、定理、规律。有经验的教师会让学生专门准备一个本子，用来记录那些需要牢记的内容。

需要记住的内容越复杂，需要牢记的结论、总结、定理越多，学习过程中的“知识背景”就应该越宽广。换句话说，要牢记这些公式、规则、结论以及其他概括性内容，学生应该阅读、思考很多并不需要识记的材料。阅读应该与学习紧密联系起来。如果阅读能够有助于对那些需要记忆的事实、现象和事物进行深入思考，那么它对记忆就是有帮助的。这种阅读就可以称为创造了学习和记忆所必需的“知识背景”。学生越是出于兴趣阅读，越是有求知、思考、探索的欲望，就越容易记住那些需要牢记的内容。

考虑到这是一条非常重要的规律，在实际工作中，我一直坚持“双教学大纲”：第一个是必须熟记且牢记不忘的内容，第二个是课外阅读和其他资料的来源。

物理是最难记忆的科目之一，尤其是六至八年级的课程。这一阶段的教学大纲中包含了很多概念。我在教这门课的六年时间里，一直在想方设法地让课外阅读与需要掌握的新概念相结合。在某个时期，学习的概念越复杂，给学生推荐的书就应该越有趣、越吸引人。在教电流定律时，我专门设立了一个专题书架，便于学生进行课外阅读。它包括五十五本讲述自然现象的书，主要讲的是物质具有多种多样的带电性。

在我的调动下，孩子们的思维积极性高涨起来。他们向我提出铺天盖地的问题——是什么？怎么样？为什么？在这些问题中，大约有80%是以“为什么”开头的。孩子们不懂的东西非常多。他们对周围世界不懂的地方越多，求知欲就越强烈，对知识的接受也越敏锐。对于我所讲的东西，孩子们几乎“一听就懂”。一开始，在讲到电流是自由电子的流动这一概念时，孩子们对这个复杂的物理现象有着非常多的疑问。通过阅读和之前积累的知识，他们的头脑中形成了一幅整体的知识图景，我对那些疑问的回答就是对知识图景空白处的填补。

我还教过三年高年级的生物。这门课有很多晦涩难懂，也很难记忆的理论概念。在学生刚开始接触生命、生物、遗传、新陈代谢、有机体等科学概念时，我会从一些科学和科普杂志、书籍和小册子上，为他们挑选一些专门的材料。“第二教学大纲”就包括阅读这些小册子、书籍、文章，通过阅读，可以激发学生对复杂科学问题的兴趣，还能促使他们阅读更多的书籍。学生们学了生物之后，对周围的自然现象（尤其是各式各样的新陈代谢现象）都萌生了浓厚的兴趣。学生们提出的疑问越多，对知识的理解和掌握就越深刻。他们的成绩没有一个是低于四分的。

我向所有的教师建议：为了让学生记忆并掌握教学大纲规定的内容，请一定为他们创造好“知识背景”。学生只有在思考的时候，才能牢固地掌握知识。请好好思考一下，如何把正在学习或即将学到的东西变成学生喜欢思考、分析和观察的对象吧。

10 如何做好“后进生”的工作？

应该没有哪个教师会不赞同，在教育工作中，“最难啃的硬骨头”就是做好“后进生”的工作。这类学生理解和掌握知识的时间是普通学生的三到五倍，前一天学的东西，第二天就会忘记；别的学生三四个月之后才需要巩固练习，他们每过两三个星期就需要。

三十多年的执教经验使我坚信，对于这类学生，上文提到的“第二个教学大纲”能够起到至关重要的作用。对他们来说，把学习内容局限在那些必须背诵的知识上是毫无益处的，这会让他们头脑僵化，养成死记硬背的习惯。我尝试过很多方法来减轻这类学生的脑力劳动，并得出一个结论：最有效的办法就是扩大他们的阅读面。是的，这类学生必须尽可能多地阅读。在教三、四年级和五至八年级的学生时，我一直在努力为每一位“后进生”挑选合适的书籍和文章，用最鲜明、有趣、吸引人的形式来解释科学的概念和定义。针对周围的事物和现象，他们应该尽可能多地提出疑问，然后带着这些疑问来问我——这正是对他们进行智力教育的一个非常重要的条件。

在“后进生”阅读的书籍和他们接触的周围世界中，应该时不时地出现一些让他们感到惊奇和惊叹的东西。在教育这些“后进生”的过程中，我一直坚持这一点，这也是我给所有教师的建议。大脑皮层神经细胞的萎缩、消极和衰弱，都可以用惊奇和惊叹来治疗，就像肌肉萎缩可以通过体育锻炼来治疗一样。在感到惊奇、惊叹的时候，很难说孩子的大脑发生了什么变化，但经过千百次的观察可以得出一个结论：在孩子感到惊奇、惊叹时，强大的刺激因素会唤醒大脑，督促它加紧工作。

我永远也不会忘记那个叫费佳的小男孩。从三年级到七年级，我教了他五年。他在学习上遇到的最大障碍是算术题和乘法表。我确信，这个孩子只是记不住应用题的已知条件。他对一些事物、现象完全没概念，而这恰恰又是解应用题的必备条件。他刚要转到下一个条件时，就已经忘了上一个条件。像费佳这样的学生其他班也有，但总数并不多。我为这些学生专门编了一套习题，其中大概有二百道题，主要都是从民间搜集来的。每一道题都是一个非常吸引人的小故事，其中大部分都不需要做算术运算，解答这类题目首先需要的是思考。下面是我选编的《给注意力不集中的学生的习题集》中的两道：

（1）炎炎夏日，三个疲劳的牧羊人躺在树下休息。一个调皮的牧童看他们都睡着了，就用橡树枝烧的黑炭球把他们的额头都涂黑了。醒来之后，三个牧羊人都哈哈大笑，但每个人都认为，另外两个人是在互相嘲笑。突然，一个牧羊人不笑了，因为他已经猜到，他的额头肯定也被涂黑了。他是怎么想出来的呢？

（2）很久很久以前，在辽阔的乌克兰大草原上，有两个离得不远的村庄——“真话村”和“假话村”。“真话村”的村民只说真话，“假话村”的村民只说假话。假如你突然穿越过去，来到其中的一个村庄，你只能向碰到的第一个村民问一个问题，来弄清楚自己是在哪个村庄，你应该问什么问题呢？

一开始，我们只是简单地读题，读那些关于鸟兽、昆虫还有各种植物的趣味小故事。随后，费佳慢慢明白了，这些小故事就是题目。他开始琢磨最简单的一道题，最后在我的帮助下解答了出来。解题原来这样简单，这让他很是吃惊。“这就是说，这习题册中的每一道题，都是可以解出来的？”费佳问道。此后的好几天，他都没有放下习题册。每解出一道题，他都像是取得了巨大的胜利。他把解出的题目抄写在一个专门的练习本上，还在文字旁边配上图，画上题目中出现的各种动植物。

我还为费佳挑选了一些书，有将近一百本图书和小册子，能让他从三年级一直读到七年级。后来我又挑选了另一套书（将近二百本），除了费佳，还有另外三个学生，在那两年时间里也读了这套书。有些图书和小册子与课堂内容有直接联系，有些则没有，我把这部分阅读看作一种特殊的智力训练。

到了五年级，费佳的成绩已经赶了上来，他可以跟其他学生一样，解答同样的算术题。到了六年级，他突然开始对物理感兴趣，成了青少年设计师小组的一名积极成员。创造性劳动越是激发他的兴趣，他就越能进行更多的阅读。后来，他在学习上又遇到了一些困难，尤其是历史和文学的学习。但每一次的困难，都被他通过阅读克服了。

七年级之后，费佳考入中等技术学校，成了一名优秀的技术专业人才——机床调试技师。

我从来没有给学生补过课——那种为了让学生学会在课堂上没有掌握的知识的补课。我只是教学生阅读和思考，而阅读可以唤醒思维，激发思考。

请记住，孩子学习越困难，在学习上遇到的难以跨越的障碍越多，他就越需要阅读。阅读可以教会他思考，而思考则会提升智力。书籍和它所激发的鲜活思想，是预防死记硬背（让头脑变得迟钝的元凶）最有力的手段。学生思考得越多，对周围世界的疑惑和不解就越多，对知识的接受就越敏感，而作为教师的你，工作起来就会越轻松。

11 知识是目的，也是手段

我一直坚信，学生在学习过程中遇到困难的一个重要原因，在于他们获取的知识是停滞不动的，知识的积累只是为了“储存”，“不能循环流动”，没有学以致用（首先是为了获取新知识）。在实际教学过程中，对于很多教师来说，“掌握”指的就是能够回答提出的问题。这样的观点会让教师对学生的脑力劳动和能力产生片面的评价：能够把知识在记忆中储存起来，并按照要求立刻“展露出来”，这样的学生就是有能力和学识的。但这样会导致什么结果呢？这会导致知识脱离学生的精神生活，脱离他们的个人兴趣。对学生来说，掌握知识变成了一种负担，是一件令人厌烦的事，只想尽快摆脱。

首先，要改变对“知识”“掌握”这些概念本质上的认识。“掌握”意味着会运用知识。只有当知识成为精神生活的组成要素，占据人的思想、激发人的兴趣时，才能称之为知识。知识的积极作用和旺盛的生命力，是其不断发展和深化的决定性条件。只有在发展和深化时，知识才是活的知识。学生掌握的知识越多，学习就越轻松——这条规律只有在知识不断发展的前提下，才会起作用。但遗憾的是，实际情况往往是相反的——随着年级的升高，学生的学习越来越困难。

从这些道理中，我们可以得出哪些可行的建议？

首先，请不要让学生把获取知识作为终极目标，而应作为一种手段；其次，不要把知识变成一个个静止不动的、僵死的学问，而要让它们活跃在学生的脑力劳动中，活跃在集体的精神生活和学生的相互关系中，活跃在生动的精神财富的不断交流中。做不到这样，就谈不上智力、精神、情感、审美层面的进一步发展。

为此，在实践中应该做些什么？要怎么做呢？

在低年级阶段，从教学的第一步开始，构成知识最重要的元素就是语言，更确切地说，是语言所表达的周围现实世界——语言向孩子们展示了一个在上学前完全不认识的新世界。在我看来，通过语言来认识世界，是孩子在知识的台阶上迈出的第一步，也是跨度最大的一步。可见，让语言活起来，活在孩子的意识中，成为孩子掌握知识的工具，是多么重要。如果你不想让知识变成静止不动的、僵死的学问，那就请把语言作为一个重要的创造性工具。

对于有经验的教师来说，教育教学工作的主导思想应该是：在学生的脑力劳动中，排在第一位的不应该是死记硬背，也不是重复别人的思想，而是自己进行生动的思考，借助语言和语言自身最细腻的情感色彩来认识周围的事物和现象。

一个阳光明媚的初秋，我和孩子们来到了花园里。柔和的阳光照耀着大地和寂静的树林，苹果树、梨树、樱桃树的树枝色彩各异。我给孩子们讲述金秋，讲述自然界的生物为度过漫长的寒冬是如何做准备的，比如树木、掉在地上的种子、在这里过冬的小鸟和昆虫。我相信，孩子们正体验着、感受着词语中丰富的思想和情感色彩，我建议他们说一说自己的见闻和感受。接下来，我亲眼见证了孩子们是如何细腻而鲜明地描述大自然的：“蔚蓝的天空中，一群白天鹅慢慢消失了……”“啄木鸟敲击着树皮，树木发出清脆的声响……”“路边有一朵小雏菊在孤独地绽放……”“一只鹳鸟伫立在巢里，凝望着远方……”“一只蝴蝶悠闲地飞到菊花上，享受着日光浴……”孩子们并不是在转述我的话，而是在表达自己的想法。思想的火苗在跳跃，熠熠生辉。孩子们正在锻炼思考的能力，在享受知识的过程中，获得了无可比拟的快乐。他们觉得自己是个思想家。

你是否注意到（或者从别的教师那里听到），孩子有时候会对老师的话爱答不理、无动于衷？你明明在给他们讲一件有趣的事，他们却只是死气沉沉地坐着，目光空洞无神，你的话他们根本没有听到心里去。你完全有理由为此担心，这种对语言的漠视和不解，是学习中的大忌，如果这一缺陷深深扎根，那么学生就会慢慢疏远学习。

这种情况是怎么产生的？它的根源在哪里？

如果语言没有作为一种创造性手段活在孩子心中，如果他们只是背诵别人的思想，而不是组织自己的语言进行表达，那么孩子就会对语言冷淡、迟钝、漠不关心。我们要提防这种冷漠，警惕孩子死气沉沉的眼神！要教会他们积极、热情地对待语言。

12 知识的获取

很多人经常谈到学生脑力劳动的积极性问题。积极性的表现形式是多种多样的。学生能够熟记读过的内容或讲过的知识，能够对答如流，这也是一种积极性，但它未必能促进智力的发展。教师应努力调动学生思维层面的积极性，让知识在运用中得以发展。

我认为，高水平教学技巧的关键就在于，在教学中能够通过已有的知识来获取新的知识。我在听课和评课时，依据的正是学生脑力劳动的这一特点，来为教师的教学技巧下结论。

那么，怎样才能让学习成为一种获取知识的思维活动？这其中最重要的是什么？

获取知识，意味着发现真理，解答疑问。要让你的学生看到、感受到不懂之处，要让他们产生疑问。如果你能做到这一点，就已经成功了一半。

但是，要做到这一点并不容易。备课时要从这样的角度来分析教材——找到第一眼不易察觉的因果联系，继而生发出一系列疑问。要知道，疑问可以激发求知欲。

比如，我在讲授“光合作用”这一课时，要给学生讲解在植物的绿叶里究竟发生了什么变化。我可以按照科学的合理性、教学理论和方法的连贯性来讲解，但这样并不能达到激发学生头脑积极性的目的。我会深入思考面前的教材：能够进行因果联系的点在哪里呢？找到了，在这儿，最重要的点就是——无机物向有机物的转化。这个画面令人惊奇又充满神秘：植物从土壤和空气中获取无机物，通过自己复杂的机体，将它们转化为有机物。这些有机物是怎么产生的？在阳光的作用下，植物机体犹如一间复杂而神奇的实验室，可以把无生命的矿物肥料转化为鲜美多汁的西红柿、芬芳扑鼻的玫瑰花。在这个实验室中，到底发生了什么？

讲课的时候，我会想尽办法引导学生产生疑问，让每一个学生都兴奋不已：这是怎么回事？为什么这一切就发生在我眼前，我却从未思考过？

如何引导学生产生疑问呢？

这就必须要知道，什么应该讲，什么不用全部讲完。没有讲完的内容，就像是引起学生思考的“引线”。在这一点上，没有可以适用于所有情况的方案，一切都取决于教材的具体内容和学生实际掌握的知识。哪怕是相同的教材，不同的班级所需要预留的“引线”也是不同的。

比如说，现在学生的大脑中已经产生了疑问。

那么接下来，我会让学生从上过的生物课中、劳动过程中、阅读的积累中，搜寻可以解答这些疑问的知识。调动已有的知识来解答疑问，就是对新知识的获取。在这个过程中，并不一定要一个个地把学生叫起来，听他们说，然后从各种零散的回答中拼凑出完整的答案。这种方法得到的只是表面的积极性，并不是每个学生都产生了真正的思维积极性——有些学生在回忆知识点并积极回答，另一些只是在听。我所希望的是，所有的学生都能集中脑力进行思考。所以，大多数情况下，我在引导学生产生疑问时，都是我先讲解教材，而不是把学生叫起来回答一些零碎的问题。

为了让学生通过思考获取知识，教师要充分了解他们对知识的掌握情况。有的学生对学过的内容记得很好，有的却总是会忘掉一些。这个时候，我要充当学生脑力劳动的指挥官，让每一个听我讲课的学生，都能按照自己的节奏从意识的仓库中提取存储其中的知识。如果意识仓库的某处存在空白，如果哪个学生的思路断了，我会及时进行补充解释，帮他填补空白，消除脱节。但这要求教师具备较高的教学技艺。我一直在努力摸索，怎样重复讲解已经学过的内容，才能让学得最好的学生也有新的收获。对于那些没有任何空白和脱节的地方，我会减少讲解。表面上看，学生的积极性似乎并未被调动，他们都沉默着，不用回答问题，也不用相互补充，实际上却是在获取知识。这种获取知识的方式，我称之为学生对以往知识的回顾，是对自我知识储备的“盘点”。

13 如何引导学生从现象走向抽象的原理？

你们一定经常遇到这种情况：学生已经把规则、定理、公式和结论背得滚瓜烂熟，却不会运用，甚至不明白背下来的这些东西有什么实质意义。这种极端状况在语法、算术、代数、几何、物理、化学等科目的学习中表现得尤为明显。这些科目的内容通常都属于概括性的知识体系，要想掌握它们，首先要能够在实践练习中对那些概括性的知识加以运用。

在这种情况下，人们通常会说，学生是死记硬背下来的，根本没有理解。那么，为什么他们要死记硬背呢？要防止死记硬背这个坏现象，应该做些什么呢？

背诵（记忆）应该建立在理解的基础上。你应当引导学生，通过思考、理解大量的事例、事物和现象来记忆。不要去记那些没有理解也没有经过思考的内容。从了解事例、事物、现象到深入理解抽象的原理（规则、公式、定理和结论），中间的路径就是实践练习，这就是掌握知识的过程。

有经验的教师在教学时，善于引导学生一边理解一边记忆，即在深入思考事例、事物、现象的过程中进行记忆。比如，学生在学习俄语硬音符号的书写规则时，教师通过分析大量实例，拆解含有硬音符号的单词，讲解这些词的写法，来引导学生记住并有意识地运用这一规则。实质上，就是让学生通过越来越多的新实例来思考这一规则。

学生们逐渐相信，他们正在接触一种具有概括性的原理。这一原理可以运用到很多词上，这就成了规则。规则经过多次思考，就会被熟记。

一个有经验的教师，不会让学生专门背诵规则和结论，在思考事例的同时，也就逐渐记住了这些规则和结论。理解和记忆结合得越鲜明，学生的学习就越自觉，学生在实践中运用知识的能力就越强。总体来说，这种能力取决于学生记忆知识的方式。如果他们在记忆知识的时候，没有经过思考，没有分析事例和现象，那么他们就不会运用。

这是一条教学过程中非常重要的规律。多年的经验使我得出一个结论：如果学生在低年级阶段就能通过思考事例和现象来掌握抽象的原理，那么他就具备了脑力劳动的一个重要品质——能够用思维理解一系列相互关联的事例、事物、现象和事件，换句话说，就是善于思考各种因果、机能和时间的关系。许多事实让我深信，学生能不能看懂应用题的条件（尤其是在四、五年级），正是取决于他们抽象思维的能力。没有对事例进行足够的思考，只是死记硬背抽象结论的学生，就理解不了应用题，不会用思维把握各个数量之间的关系。相反地，学生在进行脑力劳动时，如果对抽象原理的记忆是以深入思考事例为基础，而不是靠死记硬背，那么他在应用题里看到的就不会是一堆杂乱的数字，而是各个数量之间相互依存的关系。他在读题、审题的时候，会先不管具体的数字，从整体上思考解题的步骤，而不是急于进行具体的运算。

无数的事例和孩子的经历让我坚信，学生在算术（之后是代数）上的落后，主要是由我们所谈及的脑力劳动中存在的不易察觉的缺点引起的。人们经常谈到学科之间的关联。每一位教师都很清楚，应该找到自己所教学科与其他学科的关联之处。但是，学科之间的关联不止于此。我深信，最深刻的关联与其说在实际教授的内容上，不如说在脑力劳动的特征上。如果学生的脑力劳动是建立在科学的基础上，那么数学会有助于学生掌握历史，历史也可以发展学生的数学才能。

众所周知，很多小学教师，尤其是语言与文学教师遇到的一大难题，就是如何教会学生自觉地掌握语法规则。相当一部分学生总是写错别字，这是学校的一大苦恼。我知道有这样一件事：学生在刚开始学俄语时，不能牢固掌握 раз-、без- 和 рас-、бес- 的拼写规则，犯了不少错误。教师努力想要纠正这些错误，经常给学生布置一些相关的练习。他是这么做的：先带着学生好好复习一下规则，然后再做练习。这种方式似乎应该产生良好的效果，实际上却并非如此。学生到了十年级还在作文考试中犯错，写出“разцветает”和“расбежался”这样的错字。

这是怎么回事呢？为什么会出现这种奇怪的现象？多年的经验告诉我，学生能否对所学知识进行灵活地运用，取决于他对知识的掌握是否建立在理解的基础上。这一点在语法学习中表现得尤为明显。在这里，学生第一次学习抽象原理和总结（如语法规则）时的表现，将会具有决定性的意义。要避免学生在第一次学习时就错误不断，同时也要让他们能熟记规则并准确地表述出来，不过这个任务可不像看上去那么简单。

因此，我们得专门谈一谈第一次学习新内容的问题。

14 第一次学习新内容

学生学习落后、成绩不理想的一个原因就是，他们在第一次学习新内容时没有学好。

“第一次学习新内容”是什么意思？这个表述是否成立？在我看来是成立的。要知道，知识是在不断发展和更新的，对知识的学习要持续很长时间，对知识的每一次运用，同时也促进了它的发展和深化。而第一次学习新内容，就是从不知到知，从不懂到理解事实、现象、性质、特征的实质所迈出的重要的第一步。

例如，学生在很多课上都会用到乘法公式。经验表明，学生在课堂上第一次学习公式时，其理解的深刻程度，将直接影响之后的很多问题。首先的一点就是，它会影响学生是否善于随时使用公式获取新的知识。换句话说，这会影响到后面新概念、新定理的学习效果。这同样是一条重要规律：在学生的意识中，模糊的、混乱的、肤浅的概念越少，他所承担的学习会落后的压力就越小；他的思想对第一次学习新内容准备得越充分，在课堂上脑力劳动的效果就越好。

第一次学习新内容的课应该有独特之处，也就是说，这堂课要足够明确，让学生进行独立脑力劳动的效果在这里具有特别的意义。在第一次学习新内容时，你要力争观察到每一位学生脑力劳动的效果，尤其要留意那些学习有困难的学生，因为他们的思考和领悟都比较缓慢，为了让他们充分理解所学内容，必须要给他们更多的事例和更长的时间（有时候，提供给他们的事例也要跟其他学生有所不同）。

有经验的教师在第一次讲授新内容时，会认真观察学生是如何独立完成任务的。在这种课上，一定要让学生独立完成任务，并在这个过程中认真思考，进而得出概括性的结论（这里主要针对自然科学课和语法课）。

还有很重要的一点是，在思考的过程中，已经包含了对知识的运用。这里也要关注学习有困难的学生。要走近他们，了解每一个人遇到的具体问题，针对不同的学生布置不同的作业。有时候在课堂上就能看出来，需要给哪些学生布置专门的家庭作业，有经验的教师往往当堂就会完成这项工作。对于学习有困难的学生来说，其脑力劳动的效果如何，主要取决于他在第一次学习新内容时，也就是在当堂课上，能否有条理、有逻辑地学习。千万不要让他只是听其他同学流利、准确的回答，或者忙着抄写板书，一定要设法让他独立思考，耐心、机智地引导他，让他在每一节课上都能取得脑力劳动的进步，哪怕只有一点点。

我在上语法课的时候，总是会努力做到，让学生在第一次学习新内容的课上和课后，就不在书面练习中出现错误。这听起来可能有点不合常理，实际上却是很实在的道理：只有让学生在课堂上一个错误都不犯，他才能成为一个读写无误的人。如果他们在课堂上不犯错，那么在家庭作业中也不会犯错（或者很少犯错）。语文教师工作困难的一个主要原因是，学生在课堂上的书面练习中就存在错误；而教师的不足之处就在于，没有把“课堂上不能出错”当作目标确立下来。

在实践中，如何才能使学生书写无误，从而打下坚实的知识基础呢？这取决于很多因素。首先可能取决于学生阅读是否流利。要想书写准确无误，学生就要先学会流利地阅读。当然，还有其他方面的因素，比如教学的安排、上课的方式和方法。我在备语法课时，会尽量预先估计一下，在什么地方，在哪一个词上，学生可能会出错，以及这个学生可能是谁。对于任何一个“可疑”的词，我都会预先解释清楚。

我的建议是：在第一次学习新内容时，不要让任何一个学生对事例、现象、规律的理解浮于表面，不要让他们第一次学习语法规则时就出错，不要让他们第一次学习数学定理时就解错例题和习题，等等。

15 思考新内容是课堂教学的一个阶段

大概每位教师都遇到过这种情况：昨天上课时，所有的学生对规则（定义、定理、公式）都理解得很好，不仅能很好地回答问题，还能举出例子；可是到了今天，全班有一半的学生对学过的内容都印象不深了，有的甚至全忘了；还有，不少学生在完成家庭作业时遇到了很大的困难，而在昨天上课的时候并没有发现这些问题。

了解并不等于掌握，理解也不等于掌握。要牢固地掌握知识，必须进行思考。

思考到底是什么呢？就是学生能进一步探究所学内容，检验自己的理解是否正确，并努力把所学知识用于实践。

我来举个例子。在几何课上，学生第一次接触三角函数，教师讲解了正弦、余弦这两种函数的关系。知识点并不难，学生们似乎马上就能理解。但理解并不意味着牢固地掌握。在讲解完新内容之后，教师要留出时间让大家思考。学生们打开草稿本，画一些直角三角形，记下教师所讲的内容，复习正弦和余弦的定义，并自己举例来表明函数关系。这样，对知识的复习和初步运用似乎结合起来了。但问题是，经过这样的自查，很多学生发现自己无法复现教师讲解的过程，不能进行复习。当学生意识到已经忘了教师讲解的某个知识点时，就会去翻书寻找，而在此之前，他还是会先尽力回想一下。

对于学习最“薄弱”和学习有困难的学生来说，专门留出思考新内容的时间是非常必要的。有经验的教师都特别重视让学习有困难的学生关注所学内容的要点，这些要点实质上是因果关系，也就是知识的根基。多年的经验证明，学习有困难的学生掌握知识不够牢固，其根源就在于，他们看不出或理解不了各种事例、现象、定理和规律之间互相交织的要点，而正是从这些要点上，衍生出各种因果、从属、时间等方面的关系。应该引导学习有困难的学生，对这些要点多加关注。

例如，给学生讲解俄语的副动词短语。这里难以理解的要点就在于，在已有动词做主要谓语的情况下，副动词仿佛充当了处于第二位的次要谓语。我给学生留出时间来思考，并提醒学习有困难的学生注意：在使用副动词短语造句时，可以设想同一个主体在完成两个动作，一个动作是主导的、主要的，另一个动作是从属的、次要的。学生会一边思考现实中的动作一边造句。

无论课堂上所学内容的理论性有多强，总还是有可能进行一些实际的练习，让学生能够更好地掌握。在历史和文学课上，要想让学生理解新内容，通常会要求他们寻找刚学过的内容中的因果关联和意义上的联系。比如，教师在讲解 1861 年俄国农民摆脱农奴制束缚这段历史时，为了让学生思考新知识（大概五至七分钟），会提出这样几个问题：假如沙皇政府没有解放农奴，俄国的农业发展会走上一条什么样的道路？1861 年之前，俄国农业资本主义和工业资本主义发展的关系如何？农奴解放后，这种关系又是如何表现的？1861 年之后，阻碍俄国资本主义继续发展的因素有哪些？1861 年改革之后，俄国农业中依然存在封建残余的原因是什么？这些问题被记在一张大纸上，教师讲完课之后，会把它挂在黑板上。我深信，教学中最紧张、最有趣的阶段就是从这时开始的。学生回忆之前学过的各个章节的内容，然后在教科书里“翻找”（顺便说一下，在人文学科的课堂上，教科书的主要作用就是为了思考新内容）。在我看来，此时进行的是学习过程中最必要、最有意义的一件事——不用通读全文，就能复习之前学过的内容。这种复习是最有效的，因为就其实质而言，它本身就是一种思考。

因此，请毫不犹豫地在每节课上给学生留出时间来巩固新学的内容吧！这些付出会得到加倍的回报。思考新内容时，学生脑力劳动的效率越高，完成家庭作业所花费的时间就越少，下一节课检查作业所花费的时间也会越少，这样用来讲解新内容的时间会变得更多。当你明白了这些依存关系的本质，就能打破这种恶性循环——学习新内容的时间不够用，因为时间都花在检查作业上了，而检查作业之所以耗时太多，是因为新内容没有充分学透。

16 如何让检查家庭作业成为有效的脑力劳动？

检查家庭作业不顺利的问题困扰了我很多年——时间就这么白白浪费了。每个教师都很熟悉这样的情景：当被点到的学生开始回答问题，其他学生就开始各干各的事情了；对回答进行思考的，顶多是少数几个可能被提问的学生。有个疑问一直让我不得安宁：在检查功课的时候，怎样才能调动所有的学生都对提出的问题进行思考，从而对全班作业的完成情况都做到检查呢？

对此，草稿本能够起到有效的帮助作用。例如，在几何课上，全班都在准备检查家庭作业。教师向全班布置两个任务：推导出圆的面积公式，自编一道求圆面积的应用题，然后解答出来；简要说明全等三角形的特征。所有学生都把题目记在草稿本上。在这里，教师无须让任何一个学生到黑板前做题，草稿本代替了黑板。教师仔细观察每个学生演算的过程。如果想了解某个学生对推导出的公式掌握得如何，就让他讲一下他是怎么做的，为什么要这样做，等等。这个时候，不需要把学生叫起来回答，学生在草稿本上做题，跟在黑板上做题是一样的。教师可以随时（在做题过程中的任何阶段）让全班或部分学生停止练习。

这种方式的优点在于，不用把学生已经掌握的知识再大声重复一遍，教师便能够对学生的学习情况有所了解。同时，每个学生又都是完全独立地完成练习的。这里还有两个重点：第一，把检查知识变成了对知识的积极应用；第二，教师有机会密切关注学习有困难的学生的做题情况，考虑他们的个人能力和特点。

我们学校在检查家庭作业时，三到十年级的学生都被要求使用草稿本。不这样做，我们便觉得没办法检查作业。经验表明，这样的检查可以锻炼学生言简意赅地表达自己想法的能力，防止出现死记硬背的情况。那种只会死记硬背的学生，永远都不会简明扼要地回答问题，抓不住要点。我们的检查方法则可以训练学生在阅读和记忆的同时进行思考。

如果能通过新的实例来对各种概括性知识（规则、公式、定理、结论）进行新的思考和检验，那么就可以在检查功课的同时，大大提高学生脑力劳动的效率。在小学阶段，我们通常不会在上课前专门抽出时间来检查功课，而是把检查功课跟知识的深化、发展和运用结合起来。例如，教师要检查学生对这些定义的掌握情况：句子的主要成分和次要成分，主语和谓语、主要成分和次要成分之间的语法关系。教师让学生把草稿本打开，给他们布置一道具有实际运用性质的题目：造六个句子，分别用上“道路”一词的第一格和其他间接格形式，并说明主要成分和次要成分之间的语法关系。对于那些完成比较快的学生，教师会再给他们布置一道题：造三个句子，分别用到一个、两个、三个同等谓语。学生在完成这一类作业时，既运用了知识，又加深了对知识的理解。

千万不要把评分作为检查作业的唯一目的。应该在知识的评定中加入其他目的，首先就是对知识的重新思考、扩展和深化。不要走极端——给学生的每一次回答、每一份书面作业都打分，这样做只会带来负面效果。至于为何会这样，需要进行专门的解释。

17 评分应当有分量

不应该把知识的评定作为某种孤立的东西从教学过程中剥离出来。只有当师生关系建立在彼此信任和怀有善意的基础上时，评分才能有效促进学生进行积极的脑力劳动。可以说，评分是教育一个非常微妙的工具。根据学生对待教师评分的态度，可以准确判断出他对教师的态度，还有对教师的信任度和尊重程度。针对知识评定的问题，我想提几点建议。

第一，评分宁可少一些，但每个评分都要有分量、有意义。在漫长的教学生涯中，我几乎教过中学教学大纲中的所有课程（除了绘图），我从来不会仅凭学生在一堂课上的回答（哪怕是回答了两三个问题甚至更多）就给学生打分。我给的评分是对学生在某一阶段学习情况的综合评价，评价内容涵盖好几个方面——回答问题（可能是好几次回答）、对同学的回答的补充、书面作业（少量的）、课外阅读、实践性作业等。我会定期观察学生的学习情况，学生也能感受到我的关注。到了一定的时间，我会对学生说："我现在要给你评分了。"接着便进入下一个分析他学习情况的周期。学生也很清楚，没有什么能逃过我的眼睛。也许，有的读者会问，难道教师能把这一切都记住吗？可能有些人觉得，掌握所有学生的学习情况是一件很困难的事情，但我始终认为，这才是最重要的事。如果把最值得关注的事情都忘记了，还怎么保证教育和教学的同时推进呢？

第二，如果学生因为这样那样的状况和条件无法掌握知识，我是不会给出不及格的分数的。对于学生来说，没有什么比前途无望、一无所长更让他感到压抑的了。心灰意冷、郁郁不欢这样的情绪，会严重影响学生的脑力劳动，让他的大脑变得近乎麻木。开朗、乐观的精神像是生机勃勃的小溪，能够不断滋养思想的河流。郁郁不乐、苦闷压抑造成的后果，就是使掌管情绪控制和情绪色彩的大脑皮层中枢停止工作，不仅不再刺激理智去工作，还会对其产生禁锢作用。我一直在竭尽所能，让学生相信自己的力量。如果学生有求知欲，但不会学习，那么就应该帮助他进步，哪怕只是向前很小的一步，也会成为他思维的情感刺激和认知乐趣的源泉。

无论何时，都不要急于给学生打出不及格的分数。请记住，成功带来的喜悦是一股巨大的精神力量，可以激发孩子好好学习的意愿。请注意，无论如何都不要让这种力量消失。缺少这种力量，任何教育技巧都是无济于事的。

第三，如果你发现学生对知识还比较模糊，对正在学习的事物和现象还搞不清楚，那就不要给任何评分。对于我教的每个班级的学生，我都会仔细观察他们的精神状态。从他们的眼神里，我就能看出他们对我所提出的问题的理解程度。如果某个学生的眼神告诉我，他还没有做好回答的准备，我就不会急于评定他对知识的掌握情况，而是先设法让他学会知识。

第四，向学生提问时，应当避免提这样的问题——问题的答案只是准确无误地重复教师讲过的或是背诵书上的内容。教学过程中有一个非常有趣的现象，我把它称为“知识的转化”，指的是思想逐步深入到知识中去，每当学生回顾学过的东西，都能从各种事例、现象和规律中发现某种新的东西，并能对它们新的属性和特点做进一步的研究和分析。复习应该以知识的转化为基础。关于这一点，我想单独给出一条建议。

18 不要把学习之母变成继母

民间教育学常说，复习是学习之母。而在现实中，善良的母亲常常变成凶狠的继母。当学生被迫在一天或几天之内复习之前几周、几个月所学的内容，譬如一下子要复习十节、二十节，甚至更多的内容时，就会出现这种情况。大量的实例、结论一下子压到学生肩上，让他们的脑袋乱成一锅粥。更何况，他们要复习的不只是一门课程，还有其他学科！学生的精力被过度消耗，无法进行正常的脑力劳动。

怎样从教学的角度来正确地组织复习呢？首先，我建议要考虑到学科和具体复习内容的特点。比如，在九年级时，复习几节物理课和复习几节历史课，完全是两码事。

在复习物理、代数、几何、化学等此类课程的规则、定理、公式和结论时，有经验的教师会主要布置一些实践性较强的作业——练习、解题、绘图、制表等。此时，教师要特别注意的是，学生要完成一项实践性的任务，必须掌握两项或更多的原理。在完成此类任务时，也在进行着一种对智力发展来说非常重要的知识迁移，即在相互联系和相互依存的关系中，概括性结论获得了重新解读，学生能够从之前完全不知道的、新的角度去看这些事物和现象。比如，数学老师会布置一些习题用于复习，学生在解题时，既要复习几何图形的体积，还要复习三角函数。多年的经验使我深信，如果一个理论概念和另一个理论概念能够相接触、相联系、“挂上钩”，那么知识的迁移就仿佛发生了飞跃——两个概念都被理解得更深刻。学生在这些理论概念中发现了他们之前忽视的东西，搞明白其中一个，对另外一个也更加明白了。

对于代数、几何、物理这一类学科，我建议采用可称为“综合复习”的方法，这种方法是我们学校优秀的教师在实际教学中经常使用的，有着灵活多变的形式。例如，让每个学生制作一个几何图形模型，用来复习一系列重要公式；或者根据教师的指示画一些几何图形的示意图，可以直观地说明好几个定理。

历史、文学等人文学科的复习则具有另一种特点。复习七八节课所学的内容，意味着要读四五十页的书。在这里，当然不能用讲新内容的方式来进行复习。当复习内容的量很大时，应该把教材撇开一些，使主要内容更为清楚，次要内容则适当忽略。如果学生在复习时，要把所有内容都重新读一遍，他的负担就会加重；更重要的是，所学内容的中心思想会被忽视，它们的教育作用也会被削弱。

应当引导学生从所学内容中“解放”出来，即放过细节，抓住要点。可以拿出几节课的时间来复习历史和文学的某些章节，向学生展示一下，如何不用通读内容就能复习。学生的知识面越广，能够跟课堂上（以及课外）复习的内容“挂上钩”的地方越多，对所学知识的理解就越深刻。

要教会自己的学生（尤其是高年级学生）从次要的东西中抽离出来，将注意力集中在主要内容上。这种分清主次的能力也是形成世界观的基础之一。

还有一种复习方法。我在教数学、物理、化学和生物的时候，一直在坚持一个在我看来很重要的要求：在每个学科的笔记本上专门留出一块地方，用红笔记下那些必须牢记的内容。学生在翻看课堂笔记时，就可以着重复习这些规则、公式、定理和结论（数学和物理每周复习一次，化学每两周复习一次，生物每三周复习一次）。

19 如何批改作业?

“批改作业占用了我所有的空闲时间。”一位女教师在来信中说。估计有成千上万的教师会在这封信下面签名表示认同。面对一摞摞待批改的作业，恐怕没有哪位教师能够做到内心平静。因为这项工作不仅要耗费好几个小时，更令人厌烦的是，它还非常单调乏味，毫无创造性可言。

很多教师和教育工作者都迫切希望，能够最大限度地缩短批改作业的时间，但是毫无成效。为什么呢？因为学生的作业中有大量错误。批改作业的问题是学校要解决的诸多问题之一，它的解决取决于很多条件和前提，不能只提出某个“如此这般就行了”的建议。不过，如果整个学校和全体教师都能在工作中遵循一定的要求，还是可以把批改作业的时间缩短三分之二左右的。

首先，学校应该浸润在较高的语言文化素养中，营造出一种对词语高度敏感的氛围——如果某个词被说错或写错，那么不仅教师，连学生也会感到不协调，就像是一个乐感很强的人，听到走调的音符会觉得很刺耳一样。应该向小学各年级的教师建议：要培养孩子对词语感情色彩的敏感性，要向对待音乐一样对待词语！形象地说，学生应该成为“词语的音乐家”，珍视词语的准确、纯粹和优美。要带孩子到大自然中去，让他们感受花朵、声音、动作的细微差别，向他们展示人们劳动的创造过程，并将这一切通过词语和细腻的语言表达出来。

我们会上一些专门的课来讲解这些词，比如朝霞、傍晚、草原、田野、河流、潺潺、闪烁、轰鸣……我们会和孩子们一起，用每个词语来写作文。词语深入孩子们的精神生活，他们学习用词语来表达微妙的情感，传达对周围世界的态度。这并不简单，甚至可以说，这是学校里最复杂的一门学科。而它的基础在小学时就要奠定，如果忽视了，就再也无法弥补了。

要引导自己的学生从书本和思考走向实践，再由实践走向思想和词语。实践应当转化为学生自己的思想，而思想应当通过词语表达出来。现实中可以这样做：尽量让学生的个人实践活动成为他们思考和判断的对象，让他们讲述、讨论、汇报亲身做过的事情和观察到的现象。学生之所以会用词混乱，往往因为这些词没有跟他们自己做的、看的、观察的、思考的产生联系。应该给学生布置一些作业，让他们进行讲述、总结和汇报，让他们将现有的知识投入运用，也就是说，让词语成为创造的工具。

为什么学生会犯那么多错误？为什么会写得文理不通？我认为，问题的根源在于能力和知识之间的关系失调。在大多数学科（尤其是语法、文学阅读、数学）的学习中，能力是落后于知识的。当原本应该服务于知识的能力变得低下，甚至“虚弱无力”时，知识便会成为沉重的、难以背负的重担。

减轻批改作业的负担涉及教学中的一系列根本问题。但在某些前提条件下，还是可以有所减轻的。第一，在每节语法课上都抽出一部分时间，让学生抄录和记忆那些易错的词；第二，让学生在做家庭作业之前，先做好细致、周密的准备，防止出错；第三，可以说，凡是有经验的语言、文学、数学、物理教师，都有自己的一套批改作业的方法。经验表明，最合理的一种方法是定期抽查——教师每隔一段时间抽查几个学生的作业。只有在测验时，才需要全部检查。

20 教学中需要学生积极参与的部分

有经验的教师在教学之前，会把该学科在整个教学阶段（小学时则是整个小学阶段）需要学生积极参与实践的部分提前做好安排。这样做的目的，不仅是要培养学生在日常生活和劳动中所必需的实践能力，更是让学生通过对学科教学体系的积极参与，提高智育水平，发展思维和语言能力。我们已经说过，学生的读写水平以及词语在其精神生活中所发挥的作用，同他们积极参与实践活动的性质有很大关系。

怎样组织学生积极参与实践活动，才能促进学生的智力发展，提升思维、语言能力和读写水平呢？

积极的实践活动就像是连通语言和思维的桥梁。我在准备小学教学工作时，会预先设计好全体学生都能参与的实践活动，这些活动要能鲜明地反映出事例、事物、现象、劳动过程之间的关联，同时让学生进行深入的思考。换句话说，我想要的是让学生在实践活动中产生思想的火花，而不仅仅是巩固课堂上所学的知识。在学习某一课程时，学生从事的实践活动不应该只是对所学知识的说明（当然这一点也很重要），还应该成为新的定理、发现、规律的源泉。打个比方，在几年的学习期间，每个学生都栽培了一棵果树。在栽培的过程中，他会不断有新的发现，会因为一些新的思想而激动不已，并将之表达出来。他把在实践中发现的有关事物种种关联的思想表达出来，词语便是表达的手段和工具。如此，词语便进入他的常用词汇储备库，促进了他的情感和思维的进一步发展。

很多实例让我深信，凡是对一些有趣的、不断揭示各种关联的实践活动感到着迷的学生，他的思想就不可能是混乱的，语言也不可能发展缓慢。因为他不只是在劳动，同时还在思考和判断各种因果关系，在规划未来的工作。一年年过去，我越来越坚信，能够鲜明表达思想的实践活动，可以提升学生的语言能力，提高其综合素养。应该说，实践只有在入学之初就开始进行，并经过合理的安排和组织，才能在促进学生智力发展上发挥作用。

我们学校的每一位中高年级教师在备课时，都会为学生规划一些积极的实践活动，以培养他们的智力，丰富他们掌握的概念和规律。我一直深信，没有人与自然的相互作用，就不会有智力的发展，就好像没有旋律就不会有音乐，没有词语就不会有语言，没有书籍就不会有科学。在生物、物理、化学、数学等科目的教学体系中，劳动与思考的统一、实践与词语的统一是学校作为思想发源地赖以生存的基石之一。有经验的教师在准备这些课程时，会仔细斟酌通过什么样的方式开展什么样的实践活动，才能揭示本学科中与学生思维发展息息相关的各种关联。例如，在物理教学中，各种基本关系和相互联系，大多体现在诸如物质、能、运动、能量转换、物态变化、现象的相互作用等概念中。物理老师会寻找机会组织实践活动，以便让这些概念都能在实践中体现出来。例如，让一个学生制作一种装置模型，通过它可以演示机械能转化为电能，以及电能转化为热能的过程；让另一个学生制作另一种模型，演示机械作用怎样引起物态变化。这种实践活动不只是用实例阐释知识，还可以说是对知识的活用。

我向教师们建议：如果你们希望自己的学生成为善于思考的人，希望他们能够完整而明确地、逻辑清晰地表达自己的思想，就要引导他们参与思想内容丰富的实践活动，在实践中掌握知识体系间相互的关联。请记住，实践活动不仅仅关系到实际的技能和技巧，更是一种智力的发展，是思维和语言素养的体现。

21 教会学生观察和发现

应当指出，有些学校并没有把观察看作一种积极的智力活动和发展智力的途径，而只是看作解释某些课题和知识点的手段。

观察在学生智力发展中所占据的地位，在很大程度上决定了教育的水平。在观察中不仅可以汲取知识，还可以让知识变得活跃，知识在观察的助力下“进入循环流通”，就像工具在劳动中得到了运用。如果说复习是学习之母，那么观察就是理解和记忆知识之母。善于观察的学生成绩不会差，更不会文理不通。如果教师善于指导学生运用已经掌握的知识不断进行新的观察，那么就可以使学生做到知识越“久远”，记忆越牢固。

对于低年级学生来说，观察就像阳光、空气、水之于植物一样，是必不可少的。可以说，观察是智慧能量的源泉。学生需要理解和记忆的东西越多，就越应该从周围世界和劳动中发现更多的关联。

我在教小学生的时候，经常引导他们从平常的事物中发现不平常的东西，引导他们在解答为什么时，探寻和发现事物间的因果关系。

二月，正是严寒的深冬，但恰巧遇到了一个晴朗的日子，我们来到寂静的、被积雪覆盖的花园。“孩子们，仔细观察你们周围的事物，能发现春天已经快要来临的迹象吗？即使你们中间最粗心的孩子，也能找到两三个迹象；而那些既会观察又善于思考的孩子，则能找出二十个迹象。谁懂得欣赏大自然的音乐，谁就能听出春天正在苏醒的第一支旋律。大家用心地去看吧，去听吧，去思考吧！”我这样跟学生说。我看到，孩子们正在仔细观察被白雪覆盖的树枝和树皮，倾听各种声音。每一个小小的发现都让他们欣喜万分，每一个人都渴望发现新的东西。一周之后，我们再次去了那个花园。之后每过一周，都会再去一次。每一次，在孩子们好奇的目光中，都会有新的东西出现。学生在低年级受过观察力的训练之后，就能区分出理解和不理解的东西，尤其难能可贵的是，他们能够对词语做出积极的反应。教师也会从学生那里听到一些出人意料且富有智慧的“哲理性”的问题。

请教会学生观察和发现周围世界的各种现象。在季节轮转之时，要带孩子到大自然中去，因为此时的一切都在发生巨大的变化——生命正在苏醒，生物内在的力量正在更新，正在为强大的飞跃蓄积能量。

学龄初期的观察训练，是智力发展的一个必不可少的条件。

22 怎样通过阅读扩充知识？

在学龄中期和后期阅读科普读物和科学著作，跟在学龄初期进行观察一样，有着重要的作用。善于观察和发现的学生，对科学书籍的敏感度会更高。如果不经常阅读科学著作和科普读物，就难以产生对知识的兴趣。如果学生的学习只局限在教科书的框架里，那么他就不会对知识有持久的兴趣。

科学正在以前所未有的速度发展，新的概念和规律不断出现，而我们不可能将它们都及时补充到教学大纲中。因此，在现代的学校里，阅读科学书籍成了教学过程中最重要的一个组成部分。

要善于激发学生对阅读科学读物的兴趣。为此，在讲解教学大纲所规定的内容时，应当用大纲之外的知识火花，来照亮其中的某些问题。有经验的生物、物理、化学、数学教师在上课时，会把有些内容刻意留下来不讲，就像只是微微打开一扇通往浩瀚无垠的科学世界的窗口。学生看到必修教材大纲之外的世界，到浩瀚知识海洋中遨游的愿望便会激励着他们——这就激发了青少年阅读的动力和求知的渴望。

在学校图书馆或个人藏书里，应当有一些书籍是供教师拓展教学大纲中的内容使用的。已经出版和正在出版的这类书籍有很多。阅读有关现代科学前沿的书籍和科普读物显得尤为重要，有助于学生更清晰地理解在学校所学的基础知识。

教学大纲中会有一些比较难的章节，理解了这些章节才能学懂其他的内容。针对这些章节，让学生阅读一些拓展知识的书籍，尤其显得意义重大。有经验的教师会设法在学习这些章节之前、之后或过程中，让学生阅读一些科普读物。学生在学习量子理论的概念之前，就已经开始阅读这方面的书籍了，尽管有不少不懂的地方，但也没什么好担心的。学生的疑问越多，在课堂上或学习新内容的过程中所产生的兴趣就越浓厚。在学习新内容之前就让学生积累问题，是教学法中一个非常有趣的课题。

23 阅读是对“学困生”进行智力教育的重要手段

这里指的是那些理解、领悟、记忆所学内容时很艰难、很慢的学生——这一个还没学会，就该学那一个了；好不容易学会了这一个，那一个却又忘记了。有些教师认为，要减轻这类学生的学习负担，只能最大限度地压缩他们的脑力劳动范围（有时候，教师会对学习有困难的学生说，你只要读教科书就行了，别再分散精力去读其他东西）。这是一种完全错误的观点。学生学习越困难，在脑力劳动中遇到的问题越多，就越需要更多的阅读。就像低敏胶片需要更长的曝光时间一样，“学困生”的头脑也需要更明亮和持久的科学之光的照耀。不是靠补课，也不是靠没完没了的“鞭策”，而是要阅读、阅读，再阅读——这一点在他们的脑力劳动中起着决定性的作用。

来自基洛夫州波格丹诺夫中学的优秀数学教师伊·古·特卡琴科，是乌克兰苏维埃社会主义共和国的功勋教师，他教过的学生中就没有成绩特别差的。特卡琴科的教学有一个突出特点，就是合理地组织上面所说的阅读，以此来发展学生的智力。在他所教的五到十年级中，每个年级都有一个自己的奇妙图书馆，里面有上百本书。这些书生动有趣、引人入胜，向学生讲述了在特卡琴科看来是世界上最有趣的学科——数学。如果没有这些书籍，他的某些学生可能永远没办法及格。例如，在学习方程之前，学生已经阅读了几十页相关的书籍，首先阅读的是一些引人入胜的小故事，讲述方程是如何以益智游戏的形式在民间的智慧中形成的。

我们要说的关键在于，阅读不仅能提高学生的成绩，还能发展他们的智力。对于“学困生”来说，阅读越多，思维就越清晰，智力开发就越充分。

通过周密考虑，有预见性、有组织地让学习成绩不佳的学生阅读一些科普读物，是教师要关心的一件大事。实际上，这也是学校教学实践中“对后进生因材施教”的要点所在。

24 不要让能力和知识不匹配

能力和知识不匹配的情况表现在，学生还没有具备将掌握的知识转化为工具的能力，教师就已经把新知识源源不断地硬塞给他——快点掌握，别偷懒！这样的学生就好比没有牙齿的人，被迫将整块食物囫囵地吞下去，一开始会感到身体不适，然后就生病了，以至于什么都吃不下……

前面我已经说过，许多学生之所以不能掌握知识，是因为他们不会流利且有意识地阅读，不会在阅读的同时进行思考。这是一种最可悲的能力和知识不匹配的表现。能够流利且有意识地阅读（包括有感情地朗读或默读），不仅仅关乎基本的文化素养，还是在课堂上或独立阅读时完善思维逻辑的最重要的条件之一。

不能流利且有意识地阅读的人，是不可能顺利地掌握知识的。所谓流利且有意识地阅读，就是能够用眼、用心把握住句子的一部分或较短的整个句子，然后把目光从书上移开，念出记住的内容，同时进行思考——不仅仅思考眼前读到的内容，还要思考与所读内容有关的某些画面、形象、概念、实例和现象。

在小学阶段，就应该使阅读达到这样完善的程度，否则就谈不上有意识地掌握知识。不仅如此，如果想撇开流利阅读的技能，而只是要求学生掌握知识，那么学生就会变得迟钝，导致他们思维混乱、不连贯、不完整、粗糙肤浅。估计你也碰到过这样一些五、六年级的学生，就像人们常说的，他们甚至连把两个单词联系起来都做不到。我曾经把这类学生的话逐字逐句地记录下来进行分析，这些话就像是从上下文中抽离出来的独立的词，相互之间没有任何联系。学生根本无法用语言将自己的某些想法表达出来，因此他的语言就变得断断续续、模糊不清。通过对这些不幸案例的多年研究，我得出一个结论：这种智力上的“口齿不清”（这是我对这个缺点的称呼），正是不会流利且有意识地阅读、不会边阅读边思考造成的。孩子们对很多词语没有透彻地理解，原因很简单，他们没有来得及好好阅读和领会词语的含义，特别是无法在头脑中将词语和相关概念联系起来。学生不会流利且有意识地阅读，就来不及思考。而不动脑筋、没有思考的阅读，只能使孩子的头脑变得迟钝。

怎样才能让孩子流利且有意识地阅读，让他们用眼、用心去理解意义相关联的一组词呢？要做到这一点，必须进行系统的练习。我在教小学生的时候，是用这样的方法来检查他们会不会流利且有意识地阅读的。学生（初次）阅读某一篇童话故事，比如一篇关于原始人生活的故事。我在黑板上挂了一张色彩鲜明的图画，上面画着原始人的生活场景：火堆、做饭、捕鱼、孩子们嬉戏、母亲做衣服。如果学生（这里指的是三年级学生）在朗读这篇故事时，眼睛离不开书本，直到故事快读完了，还没有来得及好好看一下那幅画，记住那些故事中没有提到的细节，就意味着他不会阅读。在阅读过程中什么都无法领会的学生，实质上就是不会同时阅读和思考，而这当然不能称为有意识的阅读。

在某个学习阶段，学生应该掌握流利书写的技能，以便边书写边思考。如果缺少这项技能，就会造成另一种关系的不匹配。要想掌握这种书写速度，必须进行大量练习。要使书写达到自动化的程度——学生完全不用思考怎么把字母连接成词以及他在写什么字母，而是将注意力集中在所写的内容上。通过足够多的练习，在第四学年就可以达到这个目标。但是，书写的自动化有赖于阅读，阅读不好的学生，往往书写也总是出问题。

培养流利而有意识地书写技能可以按照以下方法进行（在学生能够很好地阅读的前提下）：教师在向孩子们讲述某个自然现象、事件、劳动过程时，要明确区分出有逻辑关系的各个组成部分，每一部分都要有重点以及与重点有关的细节和详情。在讲解的过程中，学生要按照教师讲解的顺序把要点记录下来。如果不能一边听一边简要地记下口述（讲座、讲解）的内容，那就谈不上能掌握知识。很多时候，学生成绩落后，原因就在于缺乏这项最基本同时又十分复杂的技能。

这项技能不只是作用在实际应用中，还是智力发展的必要条件。没有同时听、写和思考的技能（如同不会同时阅读和思考一样），就不可能进一步拓展知识。

善于对知识进行选择、整理和分析是一种非常重要的技能，在很大程度上决定了学生能否顺利地掌握知识。教自然科学课和语法课的有经验的教师都在努力避免一件事，那就是不让学生的技能和知识出现不匹配的情况。当学生的思维仅仅局限在教师所讲述（讲座、讲解）的事例中时，就会出现这种不匹配的情况，其后果就是使学生头脑中的知识变成一堆僵死的、不再发展的东西。因为这些知识不能迁移，不能被新的知识加以丰富，也不能用来解释新的实例。我想把这种情况称为知识的僵化。当知识处于这种状态时，就会出现一些乍看上去很奇怪的现象。例如，学生背会了关于物质有四种状态的概念，在实际生活中却没有关注大量的相关实例，不会利用这些实例从新的角度解释这一概念。于是，在测验时，学生遇到物质由固态变为气态这一生活中常见的现象，会茫然失措，无法理解和解释它们的本质。

为了让学生能够有意识地将一些结论运用于生活实践，必须让他们独立地搜集大量实例，并对它们进行思考、整理、对比和分析。对实例的搜集和加工，本身就是知识的一种存在状态，即能动状态——有意识地从课堂上获得的知识体系中挑选所需的规律、特性和定义。让知识进入这种状态是多么重要啊！多年的教学工作经验让我确信，对实例的搜集和加工是一种特殊的技能，有了这种技能，知识才得以不断发展，而这种发展又独具特性：学生不仅在分析周围的事物，也在分析自己的思维。搜集和加工各种实例的同时，学生也走上了智力的自我培养之路。

某一学科体系中各类实例的特征问题，在我看来，是教学法中一个极为重要的问题，同时也是一个普遍的教育学问题。形象地说，实例是托起思维展翅翱翔的空气。请从这个角度来分析教学大纲，思考一下哪些实例要在课堂上讲，哪些实例要让学生自己搜集和加工。针对搜集实例这一过程，教师还要给学生提供一些方法上的指导，并教会学生如何对实例进行思考。

25 兴趣的奥秘何在?

每一位教师都希望学生对他的教学感兴趣。怎样才能把课讲得有趣呢?是不是所有的课都能有趣?兴趣的源泉又在哪里?

课讲得有趣,意味着学生会带着高涨的情绪学习和思考,对于展示在面前的原理感到惊奇甚至震惊;在学习中,学生能够意识和感觉到自身智慧的力量,体验到创造的乐趣,为人的智慧和意志的伟大感到自豪。

认识本身就是一个令人赞叹、惊异且神奇的过程,能够激发活跃而持久的兴趣。事物的本质、事物之间的相互关系、运动和变化、人的思想和人创造的一切,这些都是兴趣的不竭源泉。在某些情况下,这个源泉就像潺潺的小溪,在我们面前流淌,只要走近观瞧,就会看到一幅惊人的大自然的奥秘图景;而在另一些情况下,兴趣的源泉隐藏在深处,需要去探索和挖掘。通常的情况是,"探索"和"挖掘"自然万物的本质及其因果关系的过程,就是兴趣主要的源泉。

如果你只是依托那些表面的、显而易见的刺激,来激发学生对学习和上课的兴趣,那么你永远也无法让学生真正热爱脑力劳动。你应该努力引导学生自己去发现兴趣的源泉,让他们在发现的过程中体验自己的劳动和收获,这本身就是最重要的兴趣源泉之一。没有积极的脑力劳动,学生的兴趣和注意力都无从谈起。

对知识产生兴趣的第一个源泉、第一次萌芽,就在于教师对上课所讲内容和所要分析的实例的态度。学生能够在思想上理解知识原理，是因为他们找到了知识和现象之间的衔接点，认清了两者相互关联的线索。备课的时候，我总是会努力思考和揣摩那些衔接点和线索，因为只有抓住这些思想层面的契合点，才能在认识周围世界的真理和规律的过程中揭示一些全新的、出人意料的东西。例如，下一节课要学习植物的根系及其在生命过程中的作用。对于植物的根部，学生已经见过成百上千次，教材里似乎也找不出能够吸引学生的东西。但是，兴趣并不在那些一眼就能看到的地方，而是藏匿于深处。我告诉孩子们，那些纤细的根须如何在土壤中吸收植物所需的养分。我把孩子们的注意力吸引到各种实例的一个衔接点上：在土壤中，生命的运动时时刻刻都在进行，无论寒冬酷暑，都没有停歇过；亿万个微生物像是在为大量的根须服务，没有这种复杂的生命活动，树木就无法存活。我说："孩子们，让我们仔细观察一下土壤中的这种复杂的生命运动，想一想它是如何依赖周围环境中的物质而存在的。这样，你们就能发现生物和非生物之间的联系了。"非生物怎样变成构筑生物的材料，就是各种知识的衔接点，我把这一点讲清楚，把学生的注意力吸引到这一点上，就为他们揭示了某种新的东西，激发了他们对大自然奥秘的惊奇感。青少年的这种惊奇感越强烈，他们就越想了解、思考、掌握更多的东西。

兴趣的源泉还体现在对知识的运用，让学生体验到智慧能够支配事实和现象。在人的心灵深处，有一种根深蒂固的需求，就是希望自己是一个发现者、研究者、探索者。而在儿童的精神世界中，这种需求尤为强烈。但是，如果不给这种需求提供养分（与实例和现象进行积极地接触，感受认知的快乐），那么这种需求就会萎缩，对知识的兴趣也会随之消失。我认为，不断支持和巩固学生想要成为发现者的愿望，并通过专门的教育方法助其实现这一愿望，是一项非常重要的教育任务。在课堂上，我激发了孩子们对土壤中一些无法直接观察到的隐秘过程的兴趣；下课后，我们便来到田野，专门去看一看土壤的剖面。孩子们惊奇地发现，矮小的禾本植物的根系竟然长达两米。对于他们来说，这就是一个真正的发现。而实际上，他们只是刚刚踏上发现和探索的道路。我把草地上几种植物的根指给孩子们看，并把这些根（去掉它们的茎）种到土里，其中有不少看上去完全枯死了，但它们最终还是活了过来，长出了嫩芽，变成了绿草。还有一棵葡萄的根也成活了，长出了幼芽。

这件事深深鼓舞了孩子们，他们变得充满好奇，思维异常活跃，并且体验到了一种无可比拟的人类的自豪感——我们能够控制事物和现象的发展，知识在我们手中变成了力量。感受到知识是一种使人变得崇高起来的力量——很难再找到比这更强烈的对求知兴趣的刺激了。可见，在掌握知识的过程中，不要让学生疲惫不堪，不要让他们感到厌烦，不要让他们对一切漠不关心，而要让他们的整个身心都充满欢乐。这是何等的重要啊！当然，如果学生亲自去研究和发现某种东西，亲自去理解具体的实例和现象，便会产生最强烈的驾驭知识的感觉。此外，还有一种纯粹的思维活动——运用智慧进行概括和总结，同样会给学生带来快乐。

对于阅读量较大的学生来说，课堂上学到的任何新概念、新现象，都能融入通过阅读建立的知识体系当中去。在这种情况下，课堂上所学的科学知识就具有了独特的吸引力——它们成了必不可少的助手，能够帮助学生厘清那些头脑中已有的知识。

26 要努力吸引学生的思想和心灵

哪个学校里有优秀的数学教师，数学就会成为该校学生最喜欢、最感兴趣的科目，很多学生突出的数学才能也会被发现。如果学校来了一位有才华的生物老师，你看看吧，两年之后，生物课就会成为学校最受欢迎的科目，会出现几十个有天分的少年生物学家，他们爱上了植物，在学校的园地里痴迷地进行着试验和研究。

在有些学校，为了吸引学生的思想和心灵，不同学科的教师之间会展开良性的教学竞争。在这样的学校里，学生的智力活动会显得生机勃勃。这种竞争是全体教师创造性劳动的一部分。它表现为每位教师都在努力激发学生对所教课程的兴趣，让学生爱上这门学科。设想一下，一个刚刚步入四年级的学生，遇到这样一个教师团队，里面的每位教师都才华卓越，对所教的学科充满热忱，认为它是最有趣的，并善于点燃学生对它的热爱之火。在这样的环境中，每个孩子都能发挥自己的天赋，并培养自己的爱好、能力、志向和才干。

如此，我们便进入到教育过程中非常有意义的一个领域，在很多学校的实际工作中，这个领域还是一块没有被开垦过的处女地。我坚定地认为，教学育人功能的首要表现，形象地说，就在于每位学生在基础科学这支和谐的乐队里，都能找到喜欢的乐器和旋律。如果一个学生没有喜爱的某个学科或具体的科学领域，那他就不会有充足的智慧和丰富的精神生活。

让学生觉得你教的学科是最有趣的，让尽量多的学生像渴望幸福一样，渴望在你带他们进入的学科领域内有所创造，应当把做到这一点当成引以为荣的事情。请努力去吸引学生的思想和心灵吧，去跟自己的同事，也就是其他学科的教师进行竞赛吧！譬如，你给八到十年级的两百多个学生上物理课，他们都是你的学生。但在你心中，还应该有另外一个有关"我的学生"的概念。你应该有十个或更多的"自己的学生"(也可能少一点，只有五六个，但这也没什么)，他们是一群全身心地投身于物理学的青少年，立志把自己的一生都奉献给科学和技术。此外，你还应该有十几个其他类型的学生，他们对物理学的兴趣才刚刚萌芽，有些人会在将来爱上你的学科，另一些人则可能在其他知识领域找到自己的"金矿"。在生活和实现理想的过程中，没有比培养兴趣更复杂的了。你现在教着两百个学生，让他们牢固掌握物理课上讲授的基础知识，这只是你工作的一个方面。还有一些学生，酷爱物理这门学科，课堂上的内容对于他们来说，只是入门级的知识。所以，请不要忘了，你还肩负着教育工作另一些更具创造性的任务，即帮助这些学生树立对物理学(技术、机器、机械、科技知识)的远大志向。在学校里，你还应当有一个属于自己的"小天地"——少年物理学家训练营。

这一切该怎么做呢？其中最重要的是什么？该从哪里入手呢？

当然，你肯定有一个物理实验室。每一天，你都会在里面工作一两个小时——或是读书，或是在草稿纸上模拟一下即将要做的实验，或是研究仪器的图纸或模型。我想告诉你，如果是我的话，我会做些什么。我会邀请瓦尼亚、科利亚、根卡、斯拉夫卡、彼得和萨沙这些已经爱上物理的年轻人来到实验室。还有一些八年级，甚至是七年级的学生也会过来，虽然他们还没有爱上我的课，但我发现，当我讲到反粒子和光子火箭时，他们的眼睛闪闪发光，已经对有关核物理的内容感兴趣了。在我的物理实验室里有一个角落，我把它称为"思想角"。这里的墙上挂着法国雕刻家罗丹的版画《思想者》，还有一个小书柜，里面放着一些关于科学技术最前沿问题的读物。它们就像是闪动的火光，指引学生跳出教学大纲的范围，去探索未知的远方。实验室里还有一个角落，叫“疑难角”。这里有一些图纸，它们是根据一些构想奇妙、极其复杂的设计创意绘制的，要想把这些创意变成金属或塑料模型，必须付出艰辛的脑力劳动。在这里，想在思想上偷懒是绝对行不通的，必须要思维活跃、敢想敢干，不要做一个瞠目结舌的旁观者，而要做一个创造者。这里还有我的一个小小的教育创意实验台，也是我备课的地方。我经常在这里摆弄各种新教具。和我一起工作的，还有我的助手——几个高年级的学生，他们会帮我做一些课前准备工作。

就这样，我为那些已经爱上物理，还有那些尚未完全爱上物理，但是眼里已经对物理充满热情和惊喜的学生，打开了通往这些角落的大门。

我认为，“思想角”有着特别重要的意义。在这里，科学知识的熊熊火光点燃了学生投身科学的志向。青少年在这里认识到：思考是一项艰巨的劳动，且极其复杂，有时会让人筋疲力尽，却能带来无可比拟的快乐——认知的快乐，以及意识到自己能够驾驭知识的自豪感。学生们对科学知识的接触是从“思想角”开始的。这里有各种各样的书籍，有的适合刚刚进入知识海洋学习游泳的学生，有的则适合已经决定选择科技领域或实验室工作，以及决定去工厂操纵复杂机床设备的毕业生。我很关心那些孩子，他们头发乱蓬蓬的，但在听课时，眼睛里闪动着好奇的光芒，总是要问几十个为什么，我会想方设法带他们来我的“思想角”。我了解他们每一个人在想些什么，并专门为他们在书架上摆一些相关的书。

有很多聪明的、有天赋的儿童和少年，只有亲身参与到创造性的劳动中，才能激发出他们对知识的兴趣。如果我看到哪个儿童或少年喜欢摆弄机器、机械模型、各种仪器和设备，那么我一定会带他去“疑难角”。

有一些学生，在很长时间内都没有对任何事物表现出特别的兴趣。

如果教师没有为吸引学生的思想和心灵而努力，那么很多学生的兴趣将永远不会被激发出来。学校里那种对学习和知识无动于衷、对任何事物都不感兴趣的青少年越多，教师就越不可能有“自己的学生”，越不可能将热爱知识的火种传递下去。在学生对待知识的态度中，最令人苦恼和担忧的就是无动于衷。学生在某一门学科上学习落后、成绩变差并不可怕，真正可怕的是他麻木冷漠的态度。

请唤醒那些冷漠的、无动于衷的学生的意识吧！一个人不可能对任何事物都不感兴趣。要想打破无动于衷，最有效的途径就是思考。只有思考能唤醒思想。对于那些对知识和脑力劳动无动于衷、漠不关心的学生，教师应该想尽办法施展自己的聪明才智。这里谈的已经不是竞争，而是如何把人从头脑的惰性中挽救出来。在我们的教师集体中有这样一条规矩：对于每一个对知识无动于衷、漠不关心的学生，我们都会在心理委员会的会议上进行讨论。我们会思考，怎样才能找到那个人与自然、人与知识相互作用的领域，在这个领域里，可以“用认知鼓舞他的精神”。这里最重要的是，要让学生最终意识到自己是知识的驾驭者，体验到掌握真理和规律的愉悦。“用认知鼓舞人的精神”，这就是说，让思想和人的尊严融合。要想达到这种精神状态，需要发挥知识的有效性和积极性。我们认为，要唤醒那些冷漠的、无动于衷的学生，将他们从头脑的惰性中挽救出来，就要让他们在某一件事上展现自己的知识水平，在智力活动中表现自己，展示魅力。

我教过几年五至七年级的数学课。我组建了两个数学小组，一个小组里是最有才能、天赋最高的学生，另一个小组里是对知识漠不关心、无动于衷的学生。如果要谈一谈如何唤醒后面这一组学生的意识，那一定是一个有关吸引他们的思想和心灵的有趣的故事。我要让学生在小组里获得知识，改善他在集体中的人际关系，树立个人的尊严。只有当一个人感受到自己是个“思想者”时，他才能体验到作为人的自豪感。怎样才能使思想和人的自豪感融合起来呢？关于这一点，需要专门谈一谈。

经验丰富的教师会努力做到这一点：对于学生喜爱的课程，要让他们的知识储备比教学大纲要求的多十倍、二十倍。认识到自己有能力驾驭喜欢的课程，是学生综合智力发展最有力的刺激因素之一。如果学生有自己喜欢的学科，即便他在其他学科上没有拿到五分，你也不用担心。更应该担心的是，有些学生作为优等生，却没有一门自己喜欢的学科。多年的经验使我相信，这样的学生缺乏个性，体会不到脑力劳动所带来的快乐。

27 怎样把思想和人的自尊融为一体?

这也是我们在教学工作中遇到的一个非常微妙的问题。怎样才能让学生因自己好好学习的态度而骄傲?怎样才能让学生通过取得的进步和所学的知识体验到自我的尊严?

我坚信,要实现这一目标,就要让知识和精神财富成为学生个性的自我表达。有关这方面的教育工作,应当从低年级就开始进行。在教低年级的学生时,我一直努力贯彻这样的原则:每个学生都要为集体的智力活动做出贡献。个人的知识、思想、技能都应当被看作一种荣誉和尊严。如果班里的学生只知道某个学生是怎么学习的、怎么听课的、怎么回答问题的,那么就永远不可能实现上述目标。下面说说我们是怎么做的。从一年级开始,我们就带领孩子共同完成一本名为《朝霞》的画册。我们已经形成一种习惯,在春、秋两季早早起床,迎着霞光来到花园里,在池塘边迎接日出。我们给每个孩子一张图画纸(想多要的话,两三张也可以),告诉他们:"把大自然中你最喜爱的景色画下来,并在下面写一句话,用几个词就可以,但这些词要像歌曲一样优美。"自然,每个孩子都想要画出或写出一些美好的东西。好看的图画、优美的语句——每个孩子都会把它们看作自己的荣誉。直到现在,我还收藏着这本画册。二年级时,我们会一起在冬日的黄昏自编故事和童话。每个人都会讲点什么,或是他经历过的事,或是他幻想、虚构的故事。孩子们对这种创作活动的兴趣之大,真是难以形容,每个人都可以尽情想象、表达自我，并体会到这是一种道德上的尊严。

这样年复一年地进行智慧与精神财富的交流，使得孩子们之间的关系不断强化。到了三、四年级，我们开始举办读书会，孩子们讲述自己读过的书，大声朗读、背诵诗歌和散文片段。这是一种独特的智力和技巧的竞赛。

从五年级开始，我的学生就成了学龄前和一、二年级的孩子们的小老师，能够积极地对他们进行辅导。十二名五年级的学生在指导数个诗歌创作小组，每个小组有五到七个小孩子，他们指导小孩子写一些关于自然的小作文，给小孩子读自己写的作文和诗歌。这种做法让这些五年级的学生树立了自尊感。

在六、七年级，几个学生成了一到三年级“少年数学家”小组的组长。孩子们自己编写并解答一些需要动脑筋的题目。五到八年级期间，这些学生还担任了一些外语学习小组的组长——一、二年级的学生跟着他们说法语、读法语。

在七至十年级，每个学生都要在科技晚会上做讲解或报告。我们的每一个少年都认为，尽最大努力做好讲解或报告，是一件无比光荣的事。

所有这些工作都是为了让学生感受到，知识和智力活动能够给他们带来道德上的尊严。教师以这样的形式教育学生，是为了形成一种氛围，让学生意识到不学无术、对书籍漠不关心是不道德的。

28 传播知识与参与社会生活

在农村地区，学校就是文化和知识传播的主要基地。我们认为，将知识的发展和深化融入农村生活，是教师非常重要的一项教育任务。教育教学最重要的特征就是，培养学生参加教育工作。我们学校高年级的教师，经常引导自己的学生参加有益的社会活动。村子里有大约两千户人家，他们被划分到一百八十个文化基地。基地的中心是一个集体农庄庄员的农舍，经常会有一些庄员和工人聚集在这里。三四个高年级的学生也会来到这里，跟他们一起举办列宁作品读书会、自然科学知识晚会和文学作品晚会。

这些共青团员学生并不是简单地向人们传播知识，更像是在长辈面前做报告。小伙子和姑娘们不仅要阐述自己掌握的知识，还要对群众进行说服教育，时常要与反科学言论进行斗争。当身边出现一些关于某种事物或现象的错误观念，或者碰到某些迷信无知的人时，共青团员们不会只是简单地进行否定："不，不是这样的。"我们教导自己的学生，要用科学来说服人，消除宗教的、反科学的偏见，面对任何违背真理的事物都要毫不妥协。但要记住，在一些人的意识里，反科学的观点和信念是根深蒂固的，要想将它们消除，需要丰富的知识、技能和坚定的意志。在绝大多数情况下，我们的学生都能很好地完成自己作为启蒙者的艰巨使命，偶有的失败也会增强他们学习科学的决心，加深他们对知识的渴望。

在向别人传播知识的过程中，学生自己也能弄清楚很多事情，也会产生不少疑问。他们会努力厘清思想中最细微的“弯曲和转变”，找出隐蔽的因果关系。在社会教育工作中运用知识，是利用、发展知识最为积极的一种形式。在明确、维护和捍卫真理的过程中，年轻人自己也对真理坚信不疑，继而产生进一步扩展、深化知识的需求。怎样才能让年轻人更渴望学习呢？如果知识对于学生来说只是一种“对自身有意义的东西”，而缺少了道德色彩，那么知识就无法让人获得快乐、荣誉、财富和尊严，让年轻人渴望学习的目标也就永远无法实现。

29 如何按季节安排学生的学习？

这是一个关乎学生身心健康和各方面发展的重要问题。一年有四个季节，在不同的季节，人的身体机能是不一样的。例如，大家都知道，春天的时候，身体的抵抗力会比较弱，秋天的时候则会强一些。对学校而言，考虑这种周期性的变化非常重要，因为我们打交道的是正在发育的身体，是正在成长的大脑，而外部环境会对大脑的发展产生非常大的影响。尤其是在低年级阶段，春天的学习和脑力劳动与秋天时是完全不同的。

对于低年级学生的脑力劳动，我建议可以这样安排：大约在第三学季[1]中期时（二月末），基本完成重要语法和算术理论知识的学习；最后一个学季正值春天，这一阶段的脑力劳动应主要包括知识的拓展、加深和归纳、分析。我还建议，春天时应加强一些必要能力的培养，为下一学年的顺利学习做好准备。春天，似乎是专门用来进行密集观察的季节。应该在春天的时候，为下一学年前两个学季要学习的理论知识积累实例。前面提到的能力和知识不匹配的问题，原因就在于，在春天也像在秋天时一样，让学生学习复杂的理论概念。

对中高年级的学生而言，在春天时，应该利用一切机会，最大限

---

〔1〕 苏联学校教学年度的分期单位。一学年分为四个学季，9月至12月为一、二学季，1月至6月为三、四学季。

度地减少脑力劳动。必须考虑到，春天时人体内维生素的储备即将耗尽，青少年尤其如此。这个时期，视力最容易下降，还容易出现眼部疾病，而眼睛在脑力劳动中起着非常重要的作用。不能像很多学校在实际工作中经常做的那样，以复习为目的，在第四学季让学生阅读大部头的文学作品，反复阅读历史和文学教科书。尤其不可取的是机械地进行复习，与初学新内容时毫无区别。形象地说，春天应该采取新的教学方法。在准备第四学季的教学时，应该把重点放在让学生将已学的知识积极应用起来。因此，学生没必要一直坐着看书，而应该根据教师提出的问题概括各章节的知识点。在归纳复习教学大纲中的一系列问题时，要把知识灵活地运用起来。考虑到高年级学生的疲劳状况，教师应该采取一些措施，以减轻他们的复习压力。

在教八、九年级时，我连续多年都会给学生布置这样的暑期作业：阅读下一学年将要学习的文学作品。这大大减轻了他们的脑力劳动和学习负担，让第四学季不至于过度紧张。

你可能会产生这样的疑问：在实践中，究竟怎样才能在一定程度上减轻学生第四学季脑力劳动的压力呢？要知道，很多学校的学生都因为大量的作业而饱受折磨。如果前三个学季的脑力劳动安排得更紧张一些，情况会怎么样呢？

是的，这是我们教育事业中最尖锐、最困难的一个问题。但我敢说，普通中小学的教学大纲并不存在让学生负担过重的问题。亲爱的同行们，学生之所以会负担过重，是因为我们的教学工作和教学方法存在问题。如果教学工作的开展是以科学为原则，充分发掘、利用儿童、青少年时期（尤其是儿童时期）的一切潜力，那么在普通中小学里就可以学好两门外语，而不是一门，并能让学生在小学阶段就达到实际掌握的水平。

那么，究竟该怎么做，才能让教学实践中的负担不至于过重呢？要回答这个问题并不容易，就跟回答“如何才能避免培养出学习成绩差、没有素质、文化水平低的学生”这样的问题一样。防止负担过重意味着：第一，从孩子三到五岁起，就要关注他的知识背景是否足够丰富，他在家庭中的智力发展正是以此为基础的，因此，父母的教育素养需要不断提高；第二，不要让能力和知识不匹配，要确保掌握知识和提高能力在学习过程中保持平衡，因为这二者是学生进行脑力劳动最重要的工具；第三，要在教学实践中贯彻教育心理学的一个重要理论，这也是教育学的一个重要理论，即没有抽象的学生，要传授深刻的知识，意味着要观察每个孩子的脑力劳动；第四，要关注知识的持续发展，让知识“流通起来”，不要让知识像僵硬的重物一样停留在脑子里；第五，不要把学习变成对遗漏内容的无休止的补习，不要没完没了地“拖着尾巴”。总之，不让学生的学习负担过重，就要做到上面提到的一切。此外，还有两个非常重要的条件，正如我们之前谈到的很多问题，它们也与学校里的很多工作密切相关。关于这两个条件，我在后面会给出专门的建议。

30 谈谈学生的智力活动

这是一个与学校所有工作都密切相关的问题。如果教师只考虑怎样让学生花更多的时间坐在那里看教科书，怎样将他们的注意力从其他活动上转移过来，那么学生负担过重的情况便不可避免。如果一个学生只关心上课、教科书、家庭作业和分数，对别的任何事情都不考虑，那么他的人生也没什么好羡慕的。不要让你的学生一身书呆子气。除了平常的学校活动、各种表演、兴趣爱好，学生还应当有丰富多彩的智力活动。这里指的就是课外阅读，尤其是青少年阶段的阅读。

如果你被任命为五年级的班主任，就请把培养学生的这种精神需求作为自己的主要任务之一。要列出一张学生在中学阶段应当阅读的书单，并把这些书放入班级的图书馆里。

如果青少年没有自己心爱的书籍和喜欢的作家，那么他们想要得到全面、充分的发展就是难以想象的。在培养学生、塑造其个性时，我一直努力让他们从小学阶段就建立自己的小图书馆。到中高年级时，他们的藏书量已经相当可观，能达到一百到一百五十本。就像音乐家身边没有自己喜爱的乐器就无法生活一样，一个善于思考的人不反复阅读自己喜爱的书籍同样无法生活。

能否引导学生进入书籍的世界，培养他们对书籍的喜爱，让书籍成为智力活动的指路明灯，这些都取决于教师，取决于书籍在教师个人的精神生活中占有何种地位。如果你的学生能感受到你的思想在不断丰富，如果你今天所讲的不是重复昨天讲过的内容，那么阅读就会成为你的学生的精神需求。

如果教师的智力活动是停滞、贫乏的，身上还有一种可以称为“不尊重思想”的特征，那么这一切都会在教学工作中明显地反映出来。我认识一位教师，他“对一切都感到厌烦”，正如他所说，他不愿意总是重复同样的内容。学生能够从他的话里感受到，他的思想是停滞的、僵化的。由于他不尊重思想，学生对他也不尊重。而最危险的是，学生也跟教师一样，变得不愿意思考了。

不要把个人的智力活动理解为一个封闭、狭窄的小圈子。一个人在丰富集体的智力活动的同时，也在享用集体的精神财富。在学校里，我们要努力建立很多智力活动蓬勃发展的集体。首先成立各种课程小组——数学科学小组、科学技术小组、化学科学小组、生物科学小组、文学小组、哲学小组。或许，“科学”这个词有点夸张，但它毕竟反映了一个事实——青少年正在踏上形成科学思维的道路。对于这些课程小组，无论如何都不能把它们视为学科的附属品，或是预防成绩落后的手段。它们是智力活动的发源地，里面充满了钻研、求知的精神。在课程小组的活动中，学生照例要讲述他们阅读的书籍（做介绍和总结），但这里还有一个特点，就是思想被赋予了真正的创造性——当学生讲述那些真理和规律的时候，会抱着一种珍视的态度，将它们看作通过自己的努力得来的财富，而与这些财富联系在一起的，是他们对劳动、创造和未来的思考。

学习困难的孩子也可以参加课程小组的活动。对他们来说，负担过重是非常可怕的危险。在小组里，浓厚的钻研氛围会激励他们去阅读，而对他们来说，阅读就是补救学习最重要的手段。

31 要消除负担过重的现象，就必须让学生有自由支配的时间

只有让学生不把所有时间都花在学习上，而是留出大量可以自由支配的时间，他们才能更好地学习。乍看上去，这似乎有些荒谬，可实际上并非如此，它是教育过程的客观规律。学生每天被各种功课占用的时间越多，留给他思考与学习无直接关联的事情的时间就越少，那么他负担过重、成绩落后的可能性就越大。

自由时间的问题，不仅关乎教学，更是关乎智力培养和全面发展的重要问题。就像空气之于健康一样，自由时间对学生也是必不可少的。其存在的意义，是保证学生能够顺利学习，不会经常感到有学业落后的危险（大家都知道，常有这样的事：学生只要生几天病，就会落后一大截）。自由时间是丰富学生智力活动的首要条件。要使学生的生活中不只有学习，并让学习更富有成效，就需要给学生自由时间。

学生的自由时间来自课堂，它的创造者是聪明、睿智的教师。学生也是赢得自由时间的重要助手，知识处于何种状态——是能动、积极的状态，还是僵化、停滞的状态，很大程度上取决于学生自己。还有一个条件决定着学生有没有自由时间，那就是作息制度。

首先，根据多年经验，我想指出按照脑力劳动的规律绝不可取的做法：刚上完课，就立刻让学生花上好几个小时坐在那里看书、做练习。但这种情况在高年级并不少见，学生经常在下午用三四个小时，甚至五六个小时，从事和课堂上一样紧张的脑力劳动。为了能够回答

教师的问题，学生每天要花十到十二个小时坐在那里看书、听讲、思考、记忆、回想和复习。这是一项过于繁重、难以胜任的劳动，最终会摧残学生的体力和智力，让他们对知识冷淡麻木、漠不关心，甚至会让人成为只会学习的机器，没有智力活动。

经验表明，可以这样安排学生的脑力劳动：让他们自由支配下午的时间，不用坐在那里看书、写作业。下午应该是学生自由活动的时间。在这段时间里，学生可以进行课外阅读，参加课程小组，在野外劳动，观察自然现象和人们如何劳作。

换句话说，下午进行的脑力劳动，应当是对知识的扩展和转化。请注意，这里并不是让学生无所事事，而是让他们拓展知识。在学习日的下午，我们努力让学生做的那些事，都是为了帮助他们发展智力和顺利学习，这一目的能否实现，取决于教学的水平。尤为重要的是，要让学生在下午进行阅读——出于兴趣和求知欲的阅读，而不是迫于背诵和记忆的阅读。

尊敬的同行，你可能会问：那孩子们什么时候写家庭作业呢？

早睡早起，在早上上学之前完成家庭作业——这是我们绝大多数学生遵守的作息制度的基本原则。多年来，我们一直向家长们解释：科学表明，让孩子早睡早起，把紧张的脑力劳动安排在起床后的八到十个小时内，对孩子是有好处的。新一代的父母成长起来了，我们在家长学校里向他们讲一些教育知识，首先讲到的就是孩子脑力劳动的培养和个人卫生问题。我们成功让 90% 的儿童和青少年遵守如下的作息制度：低年级学生晚上九点睡觉，早上六点起床（睡眠九个小时）；中高年级学生晚上十点睡觉，早上五点半起床（睡眠七个半小时）。短短几句话的建议，不可能充分、科学地论证这一作息制度的合理性。但需要说明的是，在一天结束之前（即深夜十二点之前），睡眠的时间越长，越能解除疲劳，人也越容易睡醒，从而能更快地投入到脑力劳动中。对学生来说，从早上起床到出发去学校，其间有两个到两个半小时的时间可以为上课做准备，这正是作息制度的核心，但这个作息制度只是整个教育体系的一个组成部分。多年经验使我们全体教师坚信，只要具备一个前提条件，高年级学生完成全部家庭作业的时间不会超过两个到两个半小时（中低年级所需的时间则更少）。这个前提条件就是，学习要在丰富多彩的精神生活这一广阔背景下进行。在这种情况下，知识是在多种多样的脑力活动中不断发展的，而掌握知识的过程，形象地说，是靠一整套“工具”（即技能）来加以保证的。学生个人的能力、禀赋、才能，可以在自己喜爱的学科中得以展现——这一切都是相互关联的。缺少这个条件，就根本无法借鉴我上面介绍的经验。如果不具备上述条件，强行照搬这种做法，强迫学生早起，在上学前完成作业，最终还是会一无所获。校园生活中的许多事实告诉我，即便是最宝贵的经验，也不能生硬地照搬，因为它被“移栽”到完全不利于生长的环境中去了。这就像在孩子们还不会很好地阅读时，教师就不管不顾地开始教他们写作文，其结果必然是毫无效果。

学生完成家庭作业之后再去上学，步行去学校的这段时间就是在休息。接着开始最为紧张的脑力劳动——上课。在这种需要高强度脑力劳动的课程中间，应当尽量设法穿插一个小时（可能的话最好是两个小时）其他形式的课程（如体育、美术、音乐、劳动等），能够让学生用来休息。

早晨进行两个到两个半小时的脑力劳动，其效果远比放学后坐在书本前四五个小时好得多。但问题并不只在效率上，还应该考虑孩子们的健康，考虑到另一个因素，我想称之为“脑力劳动全天分配的平衡”。如果要让一天中的某部分时间进行紧张的脑力劳动，那么就要让另一部分时间从这种劳动中解放出来。把下午作为学生的自由活动时间，在这个时间段安排一些考虑到童年阶段兴趣特点的脑力劳动。至于这些特点是什么、应该如何考虑，我会在下面的建议中提到。

32 教会孩子利用自由支配的时间

对于时间的流逝，孩子和大人有着完全不同的感受，我们永远都不要忘记这一点。谁没有考虑到童年的这个特点，谁就会在走进孩子内心的过程中时常碰壁。在森林里度过一个阳光明媚的夏日，对孩子来说就像是过了整整一年；在少先队夏令营里待一个月，孩子则觉得像是过了一辈子。不要用硬性的规定和计划来束缚孩子，让他们去仔仔细细地观察，尽情地观察。或许，你还可以拿出整整一个小时的时间，让孩子去做各自的事情。这是他们的天性使然，不这样做，就无法培养孩子的认知和思维。

请记住，孩子每前进一步，都会遇到一些新的、未知的东西，这些东西吸引着他，占据他的身心，使他无心顾及其他，甚至感觉不到时间的流逝。就这样，孩子沉浸在这条缓慢、平稳又不可阻挡的童年的河流中，他会忘记（是的，完全忘记）今天还有家庭作业没做，而这一点是不足为奇的。请不要惊讶，我亲爱的同行，当你问到作业时，孩子常常会坦率地回答："我忘了写了。"他这样回答，并不觉得自己有什么错，好像这并不是一件奇怪、无法理解且让人惊讶的事。在课堂上，当孩子盯着映在班级墙壁上的树影出神，完全没有听到你在讲什么的时候，你也不要惊讶。没错，他确实没有听讲，因为他沉浸在童年的河流里，对时间的感知也与你完全不同。请不要大声斥责他，也不要在全班学生的面前把他说成不注意听讲、调皮好动的坏典型，这完全不是你应该做的。你应该轻轻走到他身边，握住他的手，把他从他那奇妙的童年的独木舟上引渡到全班学生共同乘坐的认知的快艇上来。有时候，你不妨也跟孩子一起，坐一坐他的童年小船，和他待上一段时间，并试着用他的眼光来看一看这个世界。请相信，如果你真的学会了这么做，那么就能避免很多在校园生活中由于互相不理解而产生的冲突——教师不理解孩子在做些什么、为什么要这样做，而孩子也不理解教师到底想让他做什么。

作为一个成年人，我也会被某些有趣的事物吸引，并且很难摆脱那些让我着迷、让我愉悦的事情。但在我的意识深处，有个念头一直让我不得安宁：我还有工作，没有人会替我完成它。这种来自潜意识的信号，会帮助我们合理地控制时间。但孩子缺乏这种控制力，所以他们会忘记时间。这就需要我们教会他们，如何利用自由支配的时间。

应该怎么教呢？在他们沉迷于某个事物时，强行提醒他们不要忘记功课吗？或者把他们跟那些吸引人的事物隔绝开，不让他们接触吗？

这样做是不行的，不能违背孩子的天性。教孩子利用自由支配的时间，意味着要尽量让孩子感兴趣、觉得惊奇的事物，成为他们智力、情感和全面发展所必需的东西。换句话说，孩子应当花时间做一些让他们入迷的事，这些事要有助于发展他们的思维，丰富他们的知识和技能，同时又不会破坏童年的趣味。给孩子提供自由支配的时间，并不意味着让他们想干什么就干什么。放任自流会让他们养成无所事事、懒散懈怠的坏习惯。

教孩子利用自由支配的时间，不是靠口头上的解释（年龄小的孩子也听不懂这些解释），而是要靠组织活动、示范和集体劳动。

33 引导每个学生找到自己的爱好

请认真思考一下，你的每一个学生是如何以及在哪里利用自由支配的时间的（注意不是“度过”，而是“利用”），且是合理地利用。

这里，我又要提到书籍了。阅读应当是兴趣最重要的发源地，而学校应当成为书籍的王国。或许你在某个偏远的地方工作，你所在的村庄与文化中心相隔千里，学校可能也存在着很多欠缺，但是，如果你那里有数量众多的书籍，那么你的教学水平就可以被提高，取得的教育成果也可以达到跟文化中心一样的水准。你也不要担心，学生迷恋读书会影响他学习知识。

在一至三年级，一定要在每个班级单独设置一个图书角，并在里面放一些内容有一定深度又让学生感兴趣的书。让每个学生都经常来他们人生中的第一个小图书馆吧！我并不主张让一至三年级（至少是一、二年级）的学生去学校的大图书馆借书，因为没有人比教师更了解自己的学生应该读什么书。在某个时候，应该让学生读那个阶段他最需要的、最适合他的一本书。关于这一点，没有谁会比教师更清楚。

请记住，无论哪一种爱好，如果不能触动人的思想、精神和心灵，那么它就不会带来任何益处。我要强调一点，人的第一个爱好就应该是读书，并且这种爱好应该相伴终生。不管你教的是哪门学科，文学还是历史，物理还是美术，生物还是数学，你都应当（只要你想成为学生真正的教育者）让读书成为学生的第一爱好。

书籍也是一所学校。应当教会学生如何在书籍的世界里遨游。正因为如此，我才建议先建立班级图书馆，再逐渐教学生利用学校的图书馆。在这件事情上绝不能放任自流。你可以带孩子们一起去学校的图书馆，向他们介绍那里的书，并对他们可以借阅哪些书提出建议。你可以把推荐给学生阅读的书单交给图书管理员（当然，这些书应该是图书馆里已经有的）。

应当引导学生去探索的第二个兴趣发源地，就是对某个学科的喜爱。一个人在上学期间最宝贵的财富就是自由支配的时间，只有具备这一条件，他才有可能产生对某一学科的热爱以及发挥智力的积极性。所有的教师都应该深入思考，如何利用下午的自由时间，在校园里燃起更多的知识的火堆，来吸引学生对不同的科学领域进行深入的钻研。这里所说的不只是前面提到的课程小组，还包括另一些积极的活动，这些活动以理论知识作为创造和解决某些脑力与体力问题的主要动力。在我们学校，有两个“难题屋”，一个是关于物理和技术方面的，另一个是关于生物和农业技术方面的，它们都成了学生兴趣的发源地。这里的一切工作都是学生独立完成的。这两个“难题屋”由高年级的学生管理，对一到十年级的所有学生开放。在这里，学生可以解决各种各样的技术和生物学方面的问题。比如，让学生设计制作一个实用的设备模型，里面的零部件可以自由更替，还能同时完成多种操作。在生物学方面提出的课题是：两年之内把一块贫瘠的荒地变得肥沃，并在上面播种和收获，为有益微生物的存活创造条件。

学生如何利用自由支配的时间，影响和决定着很多事情。所以，请培养自己的学生拥有合理的爱好。

34 用劳动来教育学生

在学校工作数十年的经验让我坚信，劳动对于智力发展有着至关重要的作用。孩子的智慧就在他的手指尖上。

这个教育理念来自我的观察。我发现，那些双手灵巧、热爱劳动的孩子，往往头脑聪明、求知欲旺盛。当然，这里所说的并不是随便什么样的劳动，而是那种复杂的、有创造性的劳动，这种劳动凝聚了思想、精湛的本领和技巧。经年累月的经验更加有力地证明：孩子的动手能力越强，就越聪明，对事实、现象、因果关系和规律进行深入分析的能力就越突出。

我努力思考这种依存关系的科学依据，读了不少学者的著作，还研究了教育教学过程中的各个方面和各种现象。我们尝试通过劳动实践来对学习有困难的孩子进行智力培育，引导他们参加一些需要掌握复杂的实践技能和技巧的活动。这种劳动的典型特征是，它的各个步骤和操作之间是互相依存的，要求参与者注意力高度集中、专心致志、思考周密。手上的操作和思维活动不断发生联系：思维检查、纠正、完善劳动的过程，双手则把劳动过程中的详细情况报告给思维。于是，劳动发展了智慧，教人合乎逻辑地思考，深入事实与现象之间不能直接观察到的依存关系中。

吸引思维缓慢且有些混乱的学生参加复杂的、要动脑筋的劳动，并对他们的劳动进行长期观察，有助于更好地认识思维形成的途径。

我明白了，如果一个人在学习上遇到困难，那么最主要的原因在于，他看不到事物之间的关联，也就是说，一旦脱离事实，他就无法进行思考。而劳动可以最直观地呈现事物之间的关联，让它们容易被看到。

经验表明，为了促进学生的智力发展，应当选择以下劳动形式：

（1）设计和组装各种装置、机械、仪器、设备的模型。在我们学校，每一个学习有困难的学生都去过学校的手工室，在那里制作一些精巧的仪器、机械、装置和设备的模型。在这里，思维发展的本源和动力就是理解事物之间的关联。有一个少年模型设计师小组，用两年时间设计出了一台用于加工木材的万能机床。这个小组共有十五名学生，其中三名是学习较差的。这项劳动促进和发展了智力，最大的特点就是可以让构想不断地发展变化。关于这台机床的未来构想，似乎一直在这些青少年眼前晃动。为了验证构想的正确性和合理性，他们不断尝试，观察各个零部件在不同的设计方案中是如何相互作用的。在这种条件下，将会发生什么，在另一种条件下，又会发生什么——对这些问题和类似问题的思考，能够让学生回顾过去，思考未来，并反复进行分析和对比。

在我看来，这种对劳动过程中事物间相互作用的思考，是一种无可比拟的绝佳手段，有助于思维中与因果联系、功能联系、时间联系相关的重要领域的发展。对相互作用进行思考的最重要价值在于，它使人的思维一直处于运动和探索之中，通过思考，可以看到一些与概括性思维有关的直观表象。这里产生的就是从具体到概括的过渡，没有这种过渡就谈不上思维，而这正是学习有困难的学生所欠缺的。

（2）选择能量和运动的传输、转换方式。这里指的是在模型、机械、装置、仪器、设备的设计和安装过程中出现的现象，比如电能转化为机械能或热能，直线运动转变成曲线或反向运动等。在这里，思维就像是从抽象、概括的状态转移到了具体的事物（如表象、形象、图景）上。怎样把一个概括的思想体现在现实、具体的行动中呢？深入思考这个问题，能够激发思维的力量，促使学生在已知的事物中探寻建设性的解决方案。选择传输和转换的方式，可以培养学生的观察力和求知精神（这一点正是学习有困难的学生所缺乏的）——学生仔细观察事物的细节、局部和构成元素，在具体的事物中寻找共性，学习把这种共通思想从一个具体事项带到另一个上面。这些都应当在动手操作和技能中展现出来。我们努力使旨在发展智力的劳动对象处于活动、变化的状态，让其能够同时成为构思的创造者和实现构思的实践者。要尽量多地进行实验、试验，尽量多地动手操作——这就是在劳动过程中培养智力的原则之一。

（3）选择加工材料的方式，选择加工所需的工具、机械和技术手段。我们力求做到工具与双手融为一体，成为手的一部分。如果一个人没有学会用自己的双手和思想对劳动对象施以最细致的影响，那么培养灵敏的创造性思维就是不可设想的。在这种作用中，体现的正是思想和动手操作的真正结合。当人用双手或借助机械工具加工某个东西时，就会出现一种极为复杂的现象——双手和大脑时刻都在进行着信号传输，大脑教手如何操作，手的操作也反过来促进大脑进一步思考。在这个过程中，构思不仅得到了实现，还在不断地变化、发展和深化。这个时候，思路不会中断。用手工工具或是最简单的机械工具来加工材料，是治疗那些学习有困难的学生的良药，因为他们缺乏通过思考把握需要耗时很长的劳动过程的能力。

（4）为生命（植物和动物）正常的生长过程创造必要的环境，并对这种环境进行管理。应当让学生在农业试验活动（如植物栽培、动物饲养）中做一些这样的劳动。这是一种从具体表象过渡到概括性结论，又从概括性结论过渡到实践的最好办法。这种劳动的教育特点在于，人可以通过思考把握那些长时间进行的、条件不断发生变化的劳动过程，并有意识地去影响和改变这些条件。我坚信，农业劳动是最能启迪智慧的劳动形式之一。在我们的少年植物学家、育种专家、生物化学家、农业技术专家的小组中，都有在平时的学习中存在很大困难的学生。他们在掌握知识的道路上似乎遇到了难以克服的困难，但启迪智慧的农业劳动教会了他们思考。

有一个“少年实验家”小组，在超过十五年的时间里，吸引了许多学习有困难的孩子加入进来，参加创造性的劳动。他们在研究这样两个问题：环境对种子发芽能力和植物生长初期的影响，土壤和外部条件对产量的影响。

为了让双手能够发展智力，还必须坚持阅读——书籍不仅能塑造聪明的大脑，还能培养灵巧的双手。

35 怎样才能让学生注意力集中？

我带着二十七个孩子来到草地上，准备向他们展示不同的植物是如何传播自己的种子的。我们要观察的那些植物生长在草地上一个较远的角落，为了让孩子们都能围拢过来，我要用能够集中注意力的无形的细线把他们拴在我的身边。在这些植物周围，有几十种非常有趣的事物，如果孩子的注意力被其中任意一个吸引过去，这根细线就会断掉。这样一来，我所讲给他听的、指给他看的，他都会听也不听、看也不看，因为他的思绪已经飞去了远方。比如，现在突然飞来一只色彩斑斓的蝴蝶，万尼亚、科里亚、尼娜、娜塔洛奇卡好奇的小眼睛便被吸引过去，这样的话，就有四根细线断开了。要是脚底下再突然蹦出一只小青蛙，就会又有好几根细线断开……

这种情况在课堂上也经常出现。怎样才能把这群活泼好动、充满好奇、随时准备去追赶蝴蝶的孩子吸引到你身旁呢？当你开始讲一些枯燥乏味的知识时，孩子们已经在想别的一些有趣的、吸引人的、激动人心的事情了，你该如何把他们的注意力吸引过来呢？

对注意力的管理，是教育工作中最细致同时又鲜有人研究的领域之一。要想管理注意力，就需要深入了解孩子的心理和他们的年龄特征。多年的学校工作经验使我坚信，要想掌控孩子的注意力，只有一条途径，那就是营造、确立并保持孩子特定的一种内在状态——情绪高涨、精神振奋，让孩子体验到自己在追求真理，从而产生一种脑力劳动的自豪感。

应当通过整个智力培养的体系来创造这种状态。前面所说的情绪高涨的状态，如果仅仅依靠课堂上采用的某些专门的手段（比如选择合适的直观教具），是创造不出来的。这一状态的形成取决于很多因素，比如学生的思想水平和情感，以及他们的眼界等。

对学生注意力的管理，是教师施加在学生思维上的一种非常细致且微妙的影响。例如，我知道学生要学习一整年的动物学，其中有不少初看上去毫无趣味的知识，比如蠕虫的身体结构、生命活动等。在学习这些知识点时，如果孩子的意识中没有能与这些知识"挂上钩"的念头，那么无论如何都无法吸引他们的注意力。在这里，学生的注意力取决于一些常识，若是以这些常识为背景，即便再无趣的知识，也会变得有趣。以学习蠕虫的相关知识为例，学生应该知道这样一些常识：有益的蠕虫（如蚯蚓）对土壤构造和植物生长的作用、各种自然现象之间的普遍平衡、一些现象与另一些现象的潜在依存关系等。

为了培养学生积极的精神状态，以便他们能够聚精会神地听关于蠕虫的知识，我会让他们读一些关于自然和土壤生命的有趣的书。我讲解的那些初看上去毫无趣味的内容，实际上针对的都是孩子的思想。我仿佛能够触动他们的思想，因而讲解的东西便能引起他们的兴趣。这种兴趣首先是由内部的刺激和动机引发的。学生在过去的阅读中留存在脑海里的思想，此刻仿佛苏醒过来，在不断更新，并不断向我的思想靠拢——学生不只是在单纯地听讲、接收新知识，还在将一些事例和现象从意识深处提取出来，并进行思考。

无意的注意力应当与有意的注意力结合起来。当学生一边听讲一边思考的时候，才会出现这种结合。要做到这一点，就必须使学生的意识中有一条"思维的引线"，也就是说，在所学的课程中，要有一些东西是学生已知的。在理解教材的过程中，学生的思维越活跃，学起来就越轻松。通过阅读培养出来的注意力，是减轻脑力劳动负担的最主要的条件之一。在课堂上，只要能将学生的无意的注意力与有意的注意力结合起来，他就不会感到疲惫不堪。

如果教师不想方设法地让学生形成情绪高涨、精神振奋的内在状态，那么知识只会引发冷漠的态度，而不带感情的脑力劳动只会带来疲惫感。即便是最勤奋、最认真的学生，当他有意识地集中注意力去理解和识记所学内容时，也会很快“脱离轨道”，丧失思考因果关系的能力。而且他越是努力，越难控制自己的思想。那些除了教科书什么都不读的学生，在课堂上对知识的掌握就会非常肤浅，进而使所有的困难都转移到家庭作业上。由于家庭作业的负担过重，他们便没有时间去阅读科学书刊。这样就形成了一种恶性循环。

众所周知，直观教具可以提高学生对课程的兴趣，增强学生的注意力。但是，直观性作为一条教学原则，具有更为广泛的意义。如果只是把直观教具看作吸引学生注意力的手段，那么对于教学，尤其是对于智力培养，都是非常有害的。

36 直观性是认知之路，也是指路明灯

对思维施加影响，是培养注意力的唯一手段。只有当直观性对思维过程起到刺激作用时，才会发展和增强注意力。物体本身的直观形象，也能较长时间地吸引学生的注意力，但运用直观性绝不是为了整堂课都紧抓学生的注意力，而是让学生在认知的某个阶段能够脱离表象，从思维上过渡到普遍真理和规律上。在实践中，经常会遇到一些出人意料的状况，比如直观教具的某个细节吸引了孩子们，这样它不仅没有起到帮助作用，反而妨碍了孩子们对教师原本想引导他们去理解的抽象真理的思考。有一次，我给孩子们带来一个水轮机的实用模型。推动叶轮转动的水流溅起水花，形成一片薄薄的水雾，在阳光下形成一道彩虹。我并没有注意到它，但孩子们都看到了。这就导致他们的注意力全被这个偶然形成的自然现象所吸引，而不在我想引导他们得出的概括性结论上。最终，这堂课没有取得理想的效果。

采用直观教具教学，要求教师具备很高的科学和教育素养，懂得不同阶段的孩子的心理状态，并了解其掌握知识的过程。

第一，应当牢记，直观性是低龄学生进行脑力劳动的一条普遍原则。康·德·乌申斯基[1]曾写道，儿童是通过“形状、声音、色彩和

---

〔1〕 康·德·乌申斯基(1824—1871)：俄国教育家，被称为“俄罗斯教育心理学的奠基人”。

感觉”来思考的。这一年龄段的特点，要求在大自然中发展孩子的思维，让他们能够同时去看、去听、去感受、去思考。直观性是一种能够增强注意力和思维能力的力量，能够为认知增添情感色彩。在视觉、听觉、感受和思维的同时作用下，孩子的意识中会形成一种心理学上称为“情感记忆”的东西。与留在孩子记忆中的每一个表象和概念相联系的，不仅有思维，还有情感和体验。如果没有形成发达的、丰富的情感记忆，孩子的智力在童年时期就无法得到充分发展。我向低年级的教师建议：请在思维的源头，在自然和劳动中教会孩子思考问题。要让每一个进入孩子意识中的词汇，都具有鲜明的情感色彩。直观性原则不仅应当贯穿在课堂上，还应当体现在教育教学过程中的其他方面，以及整个认知过程中。

第二，在运用直观性教学时，应当考虑的是，如何将具体过渡到抽象，在课堂的哪个环节可以不再需要直观教具，学生也不需要再把注意力放在它上面。这是智力培养中非常关键的一点——只有在激活思维的特定阶段，才有必要使用直观教具。

第三，应当逐步由直观的实物过渡到直观的图画，然后再过渡到用象征性图形表示物体与现象。在一、二年级的时候，就应该让学生逐渐脱离直观的实物，但这绝不意味着完全摆脱它。有经验的教师会在各个年级（从一年级到十年级）的教学中运用直观性原则，在越来越复杂的工作方式和方法中呈现。即便是教十年级，有经验的语文教师仍会带学生去森林里，去小河边，去春花灿烂的花园里。可以说，在这些地方，词语的情感色彩获得了更为精细的修饰，青少年的情感记忆也得到了深化和发展。

向直观的图画过渡是一个长期的过程。这并不是教师把一幅小猫的图画带到课堂上，用来代替活的小猫那么简单。即便直观的图画能够准确传达直观的实物的形状、颜色和其他特征，但它终究是概括性的。教师的任务在于，运用直观的图画时，要逐步向更为复杂的概括性内容过渡。特别重要的是，要教会孩子理解象征性的图形——草图、示意图等，它们对于发展抽象思维有着重要作用。由此，我想就黑板的使用问题提几点希望。

教室里的黑板不只是用于写字，更是为了教师在讲解、说明和叙述的过程中，可以在上面画一些草图、示意图和详解图。在讲授历史课、植物学课、动物学课、物理课、地理课、数学课时（大约 80% 的历史课，90% 的植物学课、动物学课和地理课，100% 的物理课和数学课），我几乎都会用到黑板和彩色粉笔。在我看来，不这样做，就无法展示抽象思维的发展过程。我认为，直观的图画不只是让表象和概念具体化的手段，还是从表象世界进入抽象思维世界的手段。

同时，使用直观的图画也是一种进行自我智力教育的方法。教二、三年级的时候，我的学生总是把算术练习本从中间分成两部分：左半边用来写解题过程，右半边用来画题目的直观图和简图。在动手解题之前，学生会先“把题目画出来”。教会学生把题目画出来，意味着可以使他们的思维从具体过渡到抽象。孩子们一开始会先画一些实物（苹果、篮子、树木、小鸟），然后过渡到画一些简图，用一些方块和圆圈来表示。而我特别关心的是，那些学习比较困难的学生是如何把题目画出来的。如果不采用这种教学方法，他们就很难学会解答应用题和思考题目中的条件。如果孩子们学会了把题目画出来，我就能有把握地说，他们一定能把题解出来。有个别学生，好几个月都学不会用图画来表示应用题的条件，这意味着他们不仅不会抽象思维，也不会通过“形状、声音、色彩和感觉”来思考。这就需要先教会他们形象思维，再逐渐过渡到抽象思维。

如果你教的低年级班级中有一些学不好数学的学生，那就请试一试，先教会他们把题目画出来。要引导孩子从鲜明的形象过渡到象征性的图形，再由图形过渡到对事物之间相互关系的理解。

第四，要逐渐从直观的图画过渡到直观的语言形象。直观的语言形象是从通过“形状、声音、色彩和感觉”进行思考，向通过概念进行思考过渡的一个步骤。经验丰富的小学教师可以用语言创造一些无法直接展示的东西(比如北极地区的冰群、火山爆发等)，还可以创造一些能够在自然界和人类劳动中看到的东西。这些语言形象对于形成情感记忆、丰富心理学上所说的内部语言，有着十分重要的作用。

在这里，有必要再谈一谈对学习有困难的学生的教育工作。经验表明，这一类学生的智力发展，在很大程度上取决于由形象思维过渡到概念思维所需时间的长短，以及会经历怎样的步骤。个别学习有困难的学生，一直处于一种毫无希望的状态，教师也对他们束手无策，不知道如何才能激发他们的思维。出现这种情况的主要原因是，这些学生还没有经过长期的“形象思维”的训练，教师就催促他们尽快过渡到抽象思维，学生对此完全没有做好准备。这些学生经常不能把自己碰到的实例与花费很大力气才背下来的规则联系起来，这就是形象思维与概念思维脱节的后果之一，也是教师操之过急的结果。

第五，直观手段应当让学生的注意力集中在最主要、最本质的事物上。

再重复一遍：运用直观性原则，需要很高的技巧，还要了解学生的内心和思维。

37 给刚踏上工作岗位的教师的建议

我还记得，参加教学工作的前十年，感觉时间过得非常慢。后来感觉时间越来越快，现在则会觉得，新学年才开始就要结束了。我说出这一点个人体验，是为了告诉那些刚踏上工作岗位的教师一个重要的道理：年轻时，不管工作多紧张、多忙碌，也要找出时间来，一点一滴地积累精神财富——教育的智慧。请记住，你的教育生涯会在不知不觉中来到第二十年，你的人生也会进入第五个十年，到那个时候，你会总是觉得时间不够用，只能痛苦地抱怨："唉，早知道的话，年轻时就该这么做，到老了工作就能轻松点。要知道这份工作我还要干二十年呢！"

年轻时应该做些什么，到年老时才不会后悔呢？

要做的事情有很多。首先，要一点一滴地积累教育工作者的精神财富和教育智慧。你的面前是一条漫长的人生道路，在这条路上，你会遇到形形色色的人生命运。青少年朝你投来好奇的目光，向你寻求这些问题的答案：应该怎样生活？幸福是什么？真理在何方？要回答这些问题，就需要辩证地理解人类追求真理、追求理想的过程，还需要用心去感受和思考人类为美好未来而奋斗的最高目标——共产主义及其在生活中的体现。

要成为一名真正的教育工作者，就要终生学习科学共产主义理论，并用马克思列宁主义世界观的精神教育自己。请记住，要想学会用共产主义者的眼光看待世界、看待人，需要花费很长的时间。在你的个人藏书中，应该有马克思、恩格斯、列宁的有关社会、革命和教育的重要论著。培养自己的共产主义世界观，并不意味着要背会马列主义经典著作中的某些句子。我要再强调一遍，这首先意味着，要学会用共产主义的眼光看待世界和人。

年轻的朋友，我想和你们分享一下，从过去到现在，我是如何在马克思、恩格斯、列宁的著作中寻找实践工作中遇到的最复杂的问题的答案的。每个人的命运都在我面前发展变化着，每个人都是一个独一无二的世界。我认为自己最重要的教育任务，是在这个世界中实现共产主义理想，并将其独特的、极具个性的特征展现出来。每当看到某个独一无二的命运出现极为细微的转变时，我都会深刻地意识到，有必要对共产主义者的标准和理想形象进行反复思考，要知道，马克思、恩格斯、列宁都是以共产主义者的名义生活和奋斗的。形象地说，在马列主义奠基者关于人的智慧思想的海洋中，如果我没有一次又一次地潜心探索，就无法对具体的命运进行思考。他们的著作是共产主义者的百科全书。他们的智慧思想帮助我们理解共产主义理想的发展逻辑，比如个体全面发展的概念。马克思、恩格斯、列宁的著作帮我厘清了培养个人志趣和才能所依赖的各种错综复杂的条件。不管在图书馆里借到你想要的任何一本书有多么容易，我还是建议你要有自己的个人藏书。我的藏书就是我最好的老师，我每天都会向它请教：真理在何方？如何认识真理？如何把人类创造、积累、收获的道德财富从上一代人的精神和心灵中传递给年轻一代？我的书就是我的生活导师，我每天都会向它提问：要如何生活？如何才能成为学生的榜样？如何才能让理想的光芒照进他们的心灵？

年轻的朋友，我建议你每个月都买三本书：(1)关于你所教学科的相关科学问题的书；(2)关于青少年模范人物生活和奋斗历程的书；(3)关于人的心灵，尤其是与儿童、青少年心理相关的书。

请把你的个人藏书分成这样的三类。每一年都不断丰富你的科学知识。在你执教的第一个十年行将结束时，教科书于你而言，就应该像识字课本一样简单。只有在这种情况下，你才能说，你一生都在为上好每堂课做准备。只有每天不断补充自己的科学知识，才能在上课时看到学生脑力劳动的变化——你注意力的中心不再是课程的内容，而是学生思维的活动。这是教学的最高造诣，你应该为之不断努力。

请像寻找宝石一样，寻找一些关于杰出人物生活和奋斗历程的书籍，比如费利克斯·捷尔任斯基[1]和谢尔盖·拉佐[2]，伊万·巴布什金[3]和雅科夫·斯维尔德洛夫[4]，尤利乌斯·伏契克[5]和尼克斯·贝洛恩尼斯[6]。在你的个人藏书中，请把这些书籍放在最崇高的位置。请记住，你不仅是一名教师，更是一位教育者，是学生人生的导师和道德的指路人。

请在你的个人藏书中补充一些心理学方面的作品。教育者应当对人的心灵塑造有深入的了解。每当我听到或读到因材施教这样的说法时，都会在意识中将它与“思考”这个概念联系起来。教育，首先要有活跃的、充满好奇的、敢于探索的思想。没有这种思想，就不会有什么发现，哪怕是乍看上去毫不起眼、微不足道的发现。而没有这些发现，就谈不上教育的创造性。请记住，众多心理学规律中的任何一条，都有可能体现在成千上万人的命运中。我坚信，从师范院校毕业的大学生，只有在自己的整个教育生涯中都不断研究和深化心理学方面的知识，才能成为真正的教学能手。

在整个教育生涯中，你一直都是一位教育者，而教育无论如何不能缺少美和艺术。如果你会某种乐器，那么身为教育者的你就会拥有

---

〔1〕 费利克斯·捷尔任斯基（1877—1926）：俄国革命家。

〔2〕 谢尔盖·拉佐（1894—1920）：苏俄国内战争时期的英雄。

〔3〕 伊万·巴布什金（1873—1906）：俄国无产阶级革命家。

〔4〕 雅科夫·斯维尔德洛夫（1885—1919）：俄共（布）和苏维埃俄国领导人。

〔5〕 尤利乌斯·伏契克（1903—1943）：捷克作家、新闻工作者、文艺评论家。

〔6〕 尼克斯·贝洛恩尼斯（1915—1952）：希腊共产党人。

很多优势；如果再稍稍有点音乐天赋，那么你就可以成为教育过程中的主宰者。因为音乐可以拉近心灵之间的距离，让学生在教师面前展现内心深处最隐秘的角落。如果你不会任何乐器，那你就应该掌握另一种可以影响心灵的更有力的工具——文学作品。请在自己的个人藏书中，不断补充和丰富文学作品。请根据你所教学生的年龄，每年买几十本书，它们可以帮助你找到通往学生心灵深处的路径。别忘了，你的学生读过的文学作品，是通过他们求知的智慧和敏感的心灵感知的，每一部都可能成为一个小小的砝码，有了这些砝码，教师就可以使道德天平朝需要的方向倾斜。而这仅靠教师的力量通常是无法做到的。在充实自己的藏书时，你应该记住最重要的一点：你想要给你的学生阅读的书，应该对他们的生活有教导意义。书中的人物要能够吸引并鼓舞你的学生，使他们在内心中坚信，人是伟大而强大的，共产主义思想是正义和真理的最高理想。每当我在书店挑选自己的教育藏书时，我都会仔细思考，哪本书给我的哪个学生阅读是最合适的。

请记住，教育首先是对年轻心灵的敏锐、细致、谨慎的触碰。为了掌握这种触碰心灵的艺术，教师应该多阅读、多思考。你读过的每一本书，都应当成为精进教育技巧的一个新工具。

教师还需要对美有敏锐的感知。你应该热爱美、创造美，爱护自然界中的和孩子心灵深处的美。要知道，如果你喜欢种树、栽培植物，能够满心欢喜地跑到蜂箱前，听蜜蜂在你亲手种下的开满花朵的树木间嗡嗡叫着，那么你就走上了通往心灵的最直接的道路——在创造美的劳动中进行精神交流。

你在学校工作的每一年，都应该不断丰富自己的教学技巧“实验室”。教师应当储备大量的习题和例题，其中有针对全班学生的题目，也有针对个别学生的个性化题目。这些题目应该逐年收集，并按照主题、大纲章节进行分类整理。我知道一些经验丰富的数学教师，在十五年的时间里整理了独一无二的代数、几何习题集。在对学生进行个别辅导时，这些习题是非常适用的。

38 给准备教一年级的教师的建议

假设你在小学工作，正在教三年级，马上就要去教一年级的学生。这些孩子的年龄都在五岁半到六岁之间，正在接受家庭和幼儿园的教育。还有一部分孩子，他们在入学前只接受过来自父母的教育。要注意，在入学前一两年，学龄前儿童受到的教育会决定很多事情。你应该详细地了解自己未来的每一个学生。

怎样才算了解学生呢？

首先要了解他们的健康状况。在入学前的一年半，我就拿到了自己未来的学生的名单。我详细了解他们家长的情况，并推测哪些疾病可能会通过父母遗传给孩子。当然，这些推测都要由医生来进行鉴定。这样，我就掌握了我未来的学生最重要的身体状况的资料——包括神经系统、呼吸器官、心脏、消化器官、视力、听力。

不了解学生的健康状况，就不可能进行正确的教育。三十年的学校工作经验让我坚信，要根据每个学生的健康状况，对他们采取区别对待的态度，还要采取一系列不同的保护措施，来呵护、增强学生的健康。经验表明，教育应当配合疾病的治疗，让孩子摆脱那些幼儿时期常见的疾病。对于心血管系统有障碍的儿童，需要采取特殊的教育方法，以及专门的医疗教育。

我认为有一点非常重要，那就是要了解家庭关系是否有利于预防疾病，或者在儿童由于某种原因已经生病的情况下，家庭关系是否有利于儿童身体的康复。儿童的神经系统和心脏状况，受家庭的影响特别大。那些在叫骂、责备、暴怒、质疑、侮辱的环境下长大的孩子，是很难被教育的。他们的神经系统长期处于紧张的状态，很容易疲劳。对于这些有神经官能症的孩子，需要给予特别的关心和细致的照顾。对他们进行教育和教学时，要采用专门的医疗教育方法，预防有害的情绪，防止出现剧烈波动。

我建议准备教一年级的教师，在孩子入学前一年半（可能的话，两年更好），就把他们的家长召集过来（最好让父母都来参加），跟他们谈一谈，什么样的家庭关系有助于孩子形成健康的神经系统，进而有助于孩子形成积极的道德和心理品质。

家庭的文化氛围对孩子的成长至关重要。家庭成员的兴趣爱好如何，大人在读些什么书、在想些什么、对孩子的思想产生了什么影响，都在很大程度上决定了孩子的综合发展和记忆力。请这样告诉你的学生家长："孩子的智慧取决于你们的兴趣爱好，取决于书籍在家庭精神生活中所占的地位。"

我深信，至少要用一年的时间来研究每个孩子的思维，只有这样，才能对一年级的教学有充分的准备。

39 怎样研究学龄前儿童的思维?

人的思维有两种基本类型：一种是逻辑分析思维，也可称为数学思维；一种是艺术思维，也可称为形象思维。伟大的生理学家伊·彼·巴甫洛夫[1]提出的这种分类，对于解决儿童的智育问题、培养他们的个人爱好和才能，具有非常重要的意义。

九月里，找个晴朗的日子，把自己未来的学生召集起来，带他们去秋天的树林中，你很快就会发现，这两种类型的思维是如何在孩子身上鲜明地体现出来的。树林，尤其是初秋的树林，总能吸引孩子的目光，他们对这里的一切不可能无动于衷。当他们产生激动、赞叹、惊讶的情绪时，就是在对周围世界进行逻辑认知和情感认知，也就是理性认知和感性认知。湛蓝悠远的天空，色彩纷杂的树木，无论树林边缘还是树林深处，都洋溢着初秋的绚丽，这一切都吸引着孩子的注意力。但是他们对周围世界的看法是不尽相同的。仔细观察你就会发现，这两种感知方式，就是两种思维类型的体现。有些孩子会被大自然的和谐之美所吸引。他们赞扬、感叹自然之美，并将之作为一个统一的整体来看待。他们看到了日出，看到了秋日的树木色彩缤纷的盛装，也看到了披着神秘面纱的密林。但他们对这一切的感知，就像是

〔1〕 伊·彼·巴甫洛夫(1849—1936)：俄国生理学家、心理学家、医师，高级神经活动学说的创始人，高级神经活动生理学的奠基人。

在听很多乐器演奏出的复杂和声，没有倾听其中单个的声音，不会从周围世界中区分出某些单个的细节。当他们的注意力被某一种事物或现象吸引时，在他们看来，似乎所有的和谐之美都集中到了这个事物或现象上。比如，孩子注意到一丛野蔷薇，上面结满了琥珀色的浆果，挂着闪着银光的露珠，于是，在孩子眼中，除了这一丛野蔷薇，其他的什么都看不到了，对他们来说，仿佛整个世界的美好都集中在了这个大自然的杰作上。

这就是用艺术思维或形象思维来感知周围世界的最典型的特征。具备这种感知能力的孩子，会兴致勃勃地讲述他们见到的东西。在他们的讲述中，充满了各种鲜明的形象。他们是通过画面、形象（色彩、声音、动作）进行思考的。他们对自然界的声音非常敏感，或者可以说，他们对自然界的美非常敏感。在他们的感知中，情感元素似乎占主导地位。也就是说，他们更多的是用心灵来认识世界，而不是用理智。请注意，这会对孩子学习过程中的脑力劳动产生影响。具有明显的艺术思维倾向的孩子，对文学会很感兴趣，他们喜欢读书，热衷于诗歌创作。但在学习数学时，往往会碰到很大困难，有的成绩会很差。

而对于另外一些孩子来说，仿佛并不存在什么美的和谐。请想象一下，温暖的秋日，夕阳在松林边缓缓降落的景象：天边火红的晚霞，如钢铁般坚固的一排排树干，色彩斑斓、波光粼粼的池塘水面……但在学龄前儿童这个群体中，总会有这样一些孩子，他们仿佛完全感受不到这种美。他们会问：为什么太阳在落山时会变成红色？晚上它藏到哪里去了？为什么秋天时有的树叶会变成红色，有的会变成橙色，有的却是黄色的？为什么橡树叶子到了冬天还是绿色的？这些孩子首先看到的，并不是这个世界形象的一面，而是其逻辑、因果关系的一面，这就是逻辑分析思维，或者说数学思维。具有这种思维的孩子，很容易发现事物、现象之间的因果和依存关系，从思维上把具有某种联系的事物和现象串联起来。他们很擅长抽象思考，对学习数学和其他精密学科有浓厚的兴趣。他们认为对抽象事物进行逻辑分析是非常有趣的，就像具有艺术思维的孩子对鲜明的形象非常感兴趣一样。

这两种思维类型是客观存在的，教师应当清楚地了解，在每个孩子身上，哪一种类型占据主导。这对正确指导孩子的脑力劳动有着极为重要的意义。教会学生思考，发展他们的思维，意味着既要培养他们的形象思维，也要培养他们的逻辑思维，不能只侧重其中的一个。同时，也要善于引导学生的智力发展，能够尽可能地符合他们的天分。

儿童的思维，在运转速度（也可以称之为思考的速度）上是存在差异的。

有些孩子的思维非常活跃。他正在思考蜜蜂是如何从花朵中采蜜的时候，教师向他展示了花朵的复杂结构，于是他的思维很快就转移了。或者以做应用题为例，有些孩子能够很快抓住题目中给出的一切条件——篮子、苹果、花园里的树。另一些孩子则完全不同，我称之为“稳定的专注”，也就是一旦将注意力集中在某个事物上，就很难再转移到别的事物上。当他们深入思考一件事情时，就会忘记别的事情。思考每公斤苹果的价格时，就会忘了每个篮子里有多少公斤苹果，以及一共有几个篮子。有时候，教师会错误地认为，这种思维特点在智力发展中是不正常的。其实，无论是具有形象思维的孩子，还是具有明显的逻辑分析思维的孩子，都会出现思维迟缓的情况。在没有完全搞清楚状况的情况下，教师往往会对孩子的智力发展做出错误的、草率的判断。对那些思维明显迟缓的孩子产生的误解，是尤其令人痛心的。他们往往聪明又机敏，但是由于思维迟缓，引起了教师的不满。孩子会由此变得紧张不安，思维也似乎麻木了，完全停止了思考。

对于这一切，教师应当在开学前就发现并了解清楚。而且，在孩子开始学习之前，研究他们的思维特点会更容易。我向即将教一年级的教师建议：在孩子入学前一年的时间里[1]，组织二三十次这样的活

〔1〕作者在这里指的是小学预备班，即儿童在上小学前的一年时间里，任课教师就对他们开展一些教育活动。

动——带领孩子去思维的源头，也就是到大自然中去。要把孩子带到这样的环境里——既有鲜明的形象，也有现象之间的因果联系，让孩子去欣赏和体验，对美丽的事物感到惊奇，同时进行思考和分析。

40 如何发展孩子的思维和智力？

如何开发学生的大脑，发展他们的智力，在我看来，是学校教育中最尖锐，同时又是研究最不充分的问题之一。传授知识，只是智育的一个方面，不能与它的另一个方面——智力的培养和发展，分割开来研究。发展思维和智力，就是发展形象思维和逻辑分析思维，增强思维的灵活性，消除思维迟缓的现象。

多年的经验表明，开展专门的思维课是很有必要的。在孩子入学前，就应该经常安排这样的课程。从一年级开始，就应该把思维课当成智育的一部分。在思维课上，学生要学习对周围世界中的形象、图画、现象和物体，进行生动、直接的感知，同时还要进行逻辑分析、获取知识、思维训练、寻找因果关系等方面的练习。

如果你想让头脑较为迟钝的学生学会思考，就请把他们带到思维的源头，让他们看到现象的链条——一个现象的结果成了另一个现象的起因。从思想上理解这个链条，并努力记住一些事例、事物和它们之间的关系。在这个过程中，思维迟缓的孩子将会获得无可替代的思维训练。事实证明，随着链条上的现象被一个接一个地发现，就像是在孩子面前点燃了思想的火花，孩子的思维会愈发活跃。火花一经点燃，孩子就会渴望了解更多，想更为深入地思考各种新现象。这些渴望和意愿，就是加快思维运转的助推力。

41 如何培养记忆力?

记忆力的培养，也是教育实践工作中的一个尖锐问题。或许，我们每个人都会对“健忘”的孩子束手无策——今天记住的东西，明天就忘了。在这里，我想在参照实验数据和个人经验的基础上，针对培养记忆力提出一些建议。

学生通过自身努力和顽强的意志获得的知识越多，逻辑认知对情感领域的触动越深，他的记忆力就越强，新知识在头脑中就越有序，存储得越牢固。

在开始记忆之前，学生应该先进行我前面讲过的思维训练。需要记忆的任务越复杂、越困难，对大脑思维和思考能力的培养就越需要细致耐心。如果学生只能看到事物、现象显而易见的表面，无法深入到内在和本质，没有任何发现，体会不到现象之间出人意料、令人惊奇的关联，那么他就很难有出色的记忆力。

我坚信，在孩子还不需要课上和课下背诵、记忆的时候，就应该特别关注对他们记忆力的培养。学龄前和小学阶段是为记忆力打好牢固基础的最佳时机。这期间需要注意的是，让孩子不用通过专门的背诵和记忆，就可以掌握有关周围世界的现象、规律的重要原理，也就是说，在直接的观察过程中掌握。

可能我们每个人在面对这种奇怪的现象时都会感到束手无策：孩子在小学时学习很好，可是之后成绩就开始一路下滑。这是怎么回事?

为什么会出现这种情况？其中的一个原因就是，孩子在小学时没有做一些发展思维、培养智力、为记忆力打基础的专门训练。小学阶段应该为孩子的记忆力打下坚实的基础，而这个基础就是，让孩子在教师的指导下，通过对周围世界的直观认识来发现、获得、掌握知识。

42 请呵护并发展青少年的记忆力

无论何时，死记硬背都是有害的，尤其在青少年时期，这种做法更加不可取。在这一时期，死记硬背是非常愚蠢的，会导致孩子成年后仍然很幼稚，头脑迟钝，无法形成个人的能力和兴趣。死记硬背带来的不良后果之一就是书呆子气。实际上，就是把那些用来教小孩子的方法和手段用在了青少年身上。这导致青少年试图用幼稚的思想去掌握严肃的科学知识，会造成知识与生活实践的脱节，还会限制智力活动和社会活动的范围。

造成这个后果的主要原因之一，就是青少年用小孩子的方法去获取知识：先把教科书里的知识点背下来，再把它们原封不动地"倒给"老师，以此获得分数。这种过于刻意的记忆方式，只会让人变得愚蠢。

把"书呆子气"赶出校园，是非常重要的教育任务之一。然而，如果中高年级的学习内容中，偏偏有很大一部分需要学生坐下来背诵，没有小聪明可耍，否则就什么都不知道，遇到这种情况要怎么办呢？

要解决这个问题，办法只有一个：确定有意记忆和无意记忆的合理比例。如果将八年级学生需要记住的内容的数量用 x 表示，那么他需要思考和理解的内容的数量就应当有数倍之多，可用 $3x$ 表示。而且，需要专门背诵的内容和只需要思考、不需要专门背诵的内容之间，应该存在一定的关联——不一定是直接关联，最好是能通过某种问题进行关联。例如，解剖学和生理学课上，正在学习人的神经系统。这一章节有很多都是全新的知识，而且几乎全部都要背诵。为了不让学习变成死记硬背，请推荐学生先去读一些关于人体的有趣的书籍（关于人体各个系统的，关于神经系统的，还有一些著名学者的研究成果）。学生在阅读的过程中，会记住很多他并没有刻意识记的内容，这完全就是另一种记忆方式了，也就是无意记忆，它与刻意背诵、记忆教科书有着本质的区别。这种记忆建立在浓厚的兴趣、思考和爱好的基础上，在这里，认知的情感因素起到了非常大的作用。阅读有趣的书所形成的无意记忆，有助于激发人的思维。思维越活跃，人的有意记忆就越发达，存储和再现大量知识的能力就越强。如果一个人思考的知识比教科书上要求记忆的多好几倍，那么他对教科书上知识的记忆（背诵）就不会是死记硬背，而是一种理性阅读、一种思考分析。多年的经验使我深信，如果有意记忆能够建立在无意记忆、阅读和思考的基础上，那么青少年在学习教科书的内容时就会产生许多疑问。他们知道得越多，不懂的地方就越多；不懂的地方越多，学习教科书的内容就越容易。

有意记忆和无意记忆的合理比例的确定，主要取决于教师。作为教授基础学科的教师，你不应该只是知识的传授者，还应该是青少年思想的主宰者。你所讲授的新知识，应当成为一束火花，能够点燃青少年的好奇心、求知欲和探索精神。听完你的课，学生应该怀有强烈的愿望，想去读你提到的某一本书。他会对这本书念念不忘，且无论如何都要找到它。

因此，青少年记忆力的发展，取决于中高年级教育教学过程中智力水平的总体发展。

43 请培养孩子对绘画的热爱

小学阶段的绘画课是怎么上的，教师在教育教学过程中将绘画摆在什么位置，这些与学生的智力发展有直接的关系。在对小学生进行教学的过程中，我发现绘画是一种能够发展创造性思维和想象力的有效手段。我坚信，绘画是儿童通往逻辑认知的必经之路，更不必说，绘画还有助于发展他们对世界的审美观。

一开始，我先教孩子们写生。我们画树木、花草、河流、动物、昆虫、小鸟。不管图画的结构多简单，它们都体现了孩子在感知、思维、审美方面的个人特征。有一次，我们去画长着三叶草的田野。有的孩子试图把整个开满鲜花的田野、云朵、蓝天和唱歌的云雀都画下来。在另一些孩子的画中，我看到的是一株盛开的三叶草，花瓣上还落着一只小蜜蜂。还有一个小女孩，用黄蜂的翅膀、三叶草的花瓣和太阳铺满了整个画面……

我们又专门组织了几次野游，到“思维的源头”（大自然中）去，都是为了让孩子们对周围世界的感知充满鲜明的美感。我们画了池塘边的朝霞和晚霞，画了草地牧场上夜晚的篝火，画了飞向温暖的远方的候鸟，还画了春汛时的场景。我得出一个令人高兴的结论：孩子们把那些让他们激动、赞叹、惊奇的东西描绘下来，就是他们对周围世界的一种独特的审美评价。孩子把那些体现美的事物画下来，和用语言把对美的感受表达出来一样，都激发了他们的形象思维。

我逐渐地、一步一步地教给孩子们绘画的基本技巧。孩子们学会了处理光线和阴影，以及透视画法。一年级的时候，创造力就在儿童的绘画中占有重要地位。孩子们通过图画编故事、讲童话，绘画成了想象力的源泉。我相信，在绘画过程中发展的想象力，与儿童的语言之间存在着直接联系。毫不夸张地说，绘画可以“打开话匣子”，让那些沉默寡言、腼腆害羞的孩子敢于表达自我。

在二、三、四年级时，孩子们开始把绘画用到创造性的书面作业中，比如用观察自然现象、劳动场景得到的素材来写作文。我发现，当孩子找不到准确的、恰如其分的词语来表达自己的想法时，就会采用画画的方式。有一个小男孩，他想要表达自己在看到刺猬的“食物仓库”里那些宝藏时的惊讶之情，就把这些宝藏画了出来——苹果、土豆、绿色的甜菜叶和各种颜色的落叶。

我努力让绘画在孩子的精神生活中占有一定的地位。在沿着第聂伯河乘船前往基辅的途中，孩子们赞叹着草地、高山、树林和草原深处丘陵的美，并试着用线条和色彩把它们描绘出来。

很难想象，如果没有绘画，地理、历史、文学和自然科学这些课该怎么上。比如，我在讲解遥远的大陆——澳大利亚的动植物群时，不可能把所有动植物都准备成现成的画带到课堂上。因此，我会在黑板上把很多动植物快速地画出来。这样既不会打断孩子们的思路，还能激发他们的想象力。历史课上，我一边讲解，一边用粉笔在黑板上画出古代人的服饰、劳动工具和武器。经验使我相信，在历史课上（尤其是四、五年级），教师在讲解时画在黑板上的带有情节的画，对学生的理解有着非常重要的作用。例如，在讲到斯巴达克起义时，我在黑板上画了山顶上起义者的营地。这种在讲解过程中画出来的画，比起现成的画，甚至是彩色图片，都要更具优势。在低年级的数学课上，有时候也需要把题目画出来，这一点我在前面已经讲过了。

44 如何训练孩子流利地书写？

读和写，是学生最为必要的两种学习工具，也是他们通往周围世界的窗口。如果无法流利、快速、有意识地阅读，也无法流利、快速、半自动化地书写，那么孩子就像是一个半盲的人。我认为教师的一项很重要的任务，就是在三年级时（最迟四年级），使学生能够连贯地写出较长的单词，还能在不看练习本的情况下写出单词（甚至是短句）。半自动化的书写过程，是提高读写能力和有意识地掌握知识的极为重要的条件。学生不需要再思索某个字母该怎么写，或者怎么把它和其他字母连起来，只有在这种情况下，他才有可能去思考该怎样运用语法规则，以及他所写内容的含义。流利的书写还可以逐渐培养运用语法规则的半自动化技巧——孩子已经不再需要思考某个词该怎么写，因为他已经写了很多遍。

快速地书写字词，逐渐掌握半自动化书写的技能，在书写的同时进行思考——这些都应该同步进行。培养快速书写，首先要对手部肌肉进行一定量的锻炼。多年的经验表明，这些锻炼应该早于书写进行。我所说的是，要让左右两只手都参与一些比较精细的劳动。在入学前一年，就应该让孩子们做一些这样的训练：用小刀（刻刀）和剪子剪纸、做木雕、做编织、设计和制作木质模型。这些精细的劳动操作，可以训练手指动作的协调和节奏，增强手指的灵敏性和对小型图案的敏感性。实质上，字母也是一种小型图案。

应当尽力让孩子的劳动活动成为一种美的创造。要让孩子在自己创作的作品中，不断重复使用圆形、椭圆形和波浪线条，让他们从小就能习惯精准、平稳地发力，同时具备高度的“工具的灵敏性”。

经验表明，如果孩子做了足够多的精细的劳动，那么他就在很大程度上做好了流利书写的准备。当然，系统的书写练习，也是不可缺少的。

45 教孩子用左右手工作

人类发展的历史过程导致了这一结果：那些与思维有关的、需要用指尖传递思想的最富智慧的劳动操作，都是由右手完成的。在创造性劳动的过程中，左手只起到了辅助的作用。我们用右手拿工具、握钢笔和铅笔，画家用右手创作出不朽的画作。

单靠右手，就足以使人攀上智力水平的高峰。但是，如果用右手做的那些精细的劳动，有的人还能用左手灵活地完成，那么这些人的劳动技巧和艺术、智力的发展都会快很多。这里谈到的不仅仅是劳动教育的先决条件问题。手和大脑之间有千丝万缕的联系，这些联系有两方面作用：手使大脑得到发展，让其更有智慧；大脑也使手得到发展，让其成为灵活的创造工具、思想的武器和镜子。多年的经验使我相信，如果最精细、最需要智慧的劳动不只是用右手完成，同时也让左手参与，那么上述手与脑之间的联系就会增强，体现事物、过程、状态之间相互作用和联系的经验就会由手传递到大脑。这个结论是通过经验得出的，但它反映了一条现实存在的规律：通过双手的创造性劳动所理解、掌握的经验，会给思维活动带来一种新的特性——人能够通过思维把握众多现象之间的关联性，并把它们看作一个整体。

在七年的时间里，我一直在教孩子们（七岁到十四岁）用两只手工作。他们学会了两只手都能使用刀具，学会了用左右手一起组装复杂的模型、操作木料加工车床。我能够看到，在这些孩子的活动中，创造性因素正在逐年发展。这种创造性的典型特点，就是会有新的构思不断产生，展现出人的发明才能。对于同一个现象，会用两只手劳动的能工巧匠，与只用右手工作的人相比，往往能够发现更多的东西。在用工具加工材料时，我的学生展现出来的特点，就是动作极其细致、轻柔，而且有很强的学习能力。他们都爱上了自己饱含智慧的创造性劳动。

46 给在规模较大的学校工作的教师的建议

对于教师来说，在有几十个教师的学校里工作，要比在小型学校里工作更容易提高自己的教学水平。在规模较大的学校里，总是会有经验丰富的教师，但借鉴别人的教学经验并不是一件容易的事，这也是一种创造性的学习。

比如说，你大学毕业，拿到了小学教师资格证。在你要去工作的学校里，除你之外，还有十六名教师。在他们之中，有的被教育委员会评为教学能手，有的则默默无闻，还有的会时不时地被指出一些不足。但作为教育行业的新人，可以说，每位教师身上都有值得你学习的地方，哪怕他只有几年的工作经验。不过，在借鉴经验的时候，也要注意节约时间。如果你挨个去听所有教师的课，那就很难抓住教育技巧的要领。

我建议你，可以先去看看各位小学教师所教学生的作业本。如果你发现，绝大多数学生的字迹都是端正、清晰的，语言也流畅、通顺，那么这就是一个非常直接的征兆——从这个班的教师身上能学到很多东西。学生的作业本是所有教学工作的镜子。请去听听这位教师的课吧，但不要只听写字课。作业本反映的是整个教育过程的结果。书写的质量还取决于学生的阅读方式和阅读量。

要想领会他人教育经验中的某个方面，就要深入了解该教师做的所有工作，了解学生受到了教师的哪些影响。第一次去听有经验的教师讲课，你可能只是为了了解他是怎么教学生好好书写的。但是，在这个过程中，你还会发现很多与你的观察对象并无直接联系的东西。不要因各种现象之间复杂的依存关系而困惑。要想掌握他人的经验，就要先弄明白决定这一经验的因素有哪些，否则的话，无论是想了解还是想借鉴他人的经验，都是不可能的。要知道，借鉴先进的经验，并不是把一些方法机械地照搬到自己的工作中，而是要吸纳其中的思想。要向优秀的教师学习，你一定要心怀信念。

比如，同事班里学生的作业本吸引了你的注意，你发现这些学生的阅读能力都很强——他们能快速把握词语和句子，还能边阅读边思考，因而阅读能够具备鲜明的情感色彩。你仔细研究阅读的教学方法，却没有发现任何意料之外的新东西。于是你又去旁听了一节课，然后一次又一次地再去听课。你把听到的一切都拿来跟自己的课做比较，并完全按照同事的方法去教，却发现效果仍旧相差甚远。那么，你需要做的是继续探寻，坚定地探寻，良好的教学效果到底取决于什么。

你去询问学生，尽量了解他们的家庭生活，你会慢慢发现，学生良好的阅读能力取决于很多因素——家庭的智力活动、孩子小时候听过哪些童话故事、课外阅读的情况，还有教师是否关心知识和实践技能之间的关系。你会从中得出一个结论：在教育工作中，没有哪个成果是由单一因素决定的——并不是只要这样做，就一定能取得某种结果。每一种结果都取决于几十个、上百个因素，甚至某些因素跟研究、观察、分析的对象相距甚远，看上去完全没有直接联系。

深入领会优秀教师的经验，可以帮你发现，在个人工作实践中，起决定性作用的是什么。

要提高教学技巧，首先要进行自我教育，努力提升个人的工作素养，尤其是思维水平。如果缺乏个人思考，没有对个人事业的求知欲，那么任何提高教学技巧的努力都是徒劳的。

对年长同事的经验观察、研究得越多，你就越需要自我观察、自我分析、自我完善和自我教育。在自我观察和自我分析的基础上，你就会形成自己的教育思想。比如，在分析付出与收获之间的关系时，你会得出这样一个结论：今天在耕耘过的肥沃土壤里播下种子，并不是明天就能发芽。在很多情况下，今天所做的工作，要在若干年之后才能看到成效。这是教育工作非常重要的一条规律，它要求我们要用长远的眼光看待问题。

47 给单班制学校教师的建议

在现在以及未来的很长一段时间内，仍然会存在一些学生数量很少的小型学校，只有一两位教师，实行单班制或双班制复式教学。

如果你在这种学校工作，那么想在周围创造并维持丰富多彩的精神生活氛围，将不是一件容易的事。而这又是极其重要的一点：如果身边的人没有较高的素养（文化素养和教育素养），你就可能走下坡路，从而把自己所在的偏远村镇变成真正的穷乡僻壤。如果出现了这种情况，那就是教师本人的过错。在最偏僻、离城市中心最遥远的地方，也是可以点燃文化、思想和创造的火花的——这一切取决于自己。你所做的全部努力，都应该是为了使这个火花越燃越旺。而这一点，也决定着你的学生的教养、文化和知识水平。

你需要专门做许多事情，使文化和思想的火花熊熊燃烧，永不熄灭。一些偏远地区没有大型图书馆，但正是在这些地方，书籍（尤其是最新的书籍）就像空气一样必不可少。

因此，你要设法让自己学校的小图书馆成为大型文化中心的大图书馆（如苏联国立列宁图书馆、国立乌申斯基教育图书馆）的借阅者。你要经常翻阅《书评》周刊，只要看到任何需要的、感兴趣的书，就借阅过来，花两三个星期读完。我知道一些偏远的小村庄里的教师，多年来深居简出，却建立起了“人民图书馆”，供集体农庄庄员借阅。请你也认真考虑这件事，在你的学校建立一个人民文化基地。

在单班制的学校里，孩子的课内阅读起到了极为重要的作用。你应当同社会各界共同努力，让学校图书馆配备儿童阅读所必需的所有书刊。即便是在最小、最偏远的学校，也应该有被列入世界儿童文学宝库的书籍。只要教师热爱学生，竭尽全力，要做到这一点并不难。我相信，就算是在远离文化中心的偏远学校，也可以创造条件，让阅读成为学生精神文化的重要源泉。

还应当设法购买放映机和幻灯机，及时订购最新的教学影片和幻灯片。

作为在偏远地区的小学校工作的教师，你应该与大型村镇或城市里的好学校保持长期联系，这一点非常重要。我建议你每年去这样的学校两到三次，每次三到四天，去拜访那里的同行。你应该去听他们的课，并进行交流。你应该亲眼看一看，每一个善于思考、有创造力的教师所向往和追求的成果是什么。当你对自己的学生进行成绩（学生的知识、能力和书面作业）评定时，应该向这些教师的成果看齐。如果可能的话，邀请这些优秀教师中的某一位到你的学校来，哪怕只待两天也好。

春天和初夏时节，你应当带学生去旅行，让他们体验城市生活，参观工厂、制造厂、印刷厂。要利用每一次旅行的机会，充实学校的图书馆和影片库。

夏天时，也不要一直待在学校里，到大城市去旅行吧。规划一下你的行程，要让自己在偏远学校工作期间，能够到莫斯科、列宁格勒[1]和其他大的文化中心去。在这些城市停留期间，要把时间安排得充实一些——到剧院、音乐厅去，见识一下优秀演员的精湛表演。还有，我要再强调一遍，不要忘记买书。

我还建议你进行几次长途旅行，去看看乌拉尔、西伯利亚、阿尔泰、中亚、高加索，还有俄罗斯北方的阿尔汉格尔斯克州和诺夫哥罗德州。你可讲的东西越多，对学生施加影响的教学方法就越丰富。

---

〔1〕 列宁格勒：今圣彼得堡。

48 教师需要制订哪些计划？

有时候，教师会被一些不必要的形式化写作压得透不过气来，这是一个非常尖锐的问题。但也存在另一种状况，就是在批判“官僚主义形式化写作”的热潮中，某些教师得出结论：任何计划都没必要写。

这两种观点都是不对的。那些对工作有帮助的计划还是应该写的。

对于低年级教师来说，制订一些针对未来几年的远景计划是非常重要的。这些计划里应该包括哪些内容呢？根据我个人的工作经验，应当包括以下几个方面：

（1）孩子在小学阶段应当阅读的文学作品清单。当然，只有在学校的图书馆里有这些必需的儿童读物时，这一项计划才能实现。

（2）孩子在学校里要听的音乐作品（学校里最好能有一间音乐室）。

（3）跟学生谈话时要用到的绘画作品。

（4）要求学生背诵的课文和文学作品片段。

（5）最低词汇量，也就是要求学生在小学阶段应该牢固掌握并长期记住写法的词汇。

（6）有助于拓宽学生视野的科普读物和手册清单。对于那些思维相对迟缓的儿童，要单独为他们开列一些书籍和手册。

（7）思维课的主题——带孩子去思维和母语的发源地[1]游览。

---

〔1〕这里指大自然。

（8）学生在小学阶段要写的作文题目。

（9）教师和学生要制作的直观教具的大致清单。

（10）小学阶段要组织的游览和参观。

我建议中高年级的各科教师也制订这样的远景计划。当然，要考虑到自身学科的特点。比如，生物教师可以将组织学生去自然界参观列入计划，让学生形成一些必要的概念；地理教师可以将必须记住的术语列入计划；物理教师可以将观察工农业劳动列入计划。

远景计划是一个非常重要的参照目标，教师可以每年翻阅、思考这些计划，进行自我检验：哪些是已经做到的，哪些还有待去做。根据远景计划的完成情况，可以判断学生知识掌握的情况。

每一位教师还应当制订专题计划和课时计划。专题计划是根据大纲规定的某一主题的课时数制订的，只适用于一些小专题（二到五节课能讲完的）。专题计划应当写明，课堂上要学些什么及如何学习，要避免对讲解、阐述的内容进行冗长的书面陈述。教师要讲给学生的知识，应该装在头脑中，不需要做过于详细的笔录。专题计划是教学的预见和论证，而不是详尽的纲要。计划中只应该写上对教材进行创造性加工的内容，比如课后巩固时要让学生回答的问题、学习新内容时学生独立学习的方式等。通常，给学生布置的作业和练习不需要写进计划里（教师通常把它们写在专门的卡片或笔记本上）。

在写专题计划的笔记本上，有必要留出一些空白，以便在遇到偏离计划的意外情况时，对原计划做出必要的修改。

有些教师认为，相较于专题计划，课时计划更重要一些。他们仔细思考主题，拟出初步计划，但这针对的只是一节课的内容。每位教师都可以按自己认为最合适的方式制订课时计划。最重要的是，要以远景计划为目标，不要忘记最终的目的，要经常思考教学大纲和大纲说明，将它跟远景计划进行对照。

担任班主任的教师，还要制订教育工作计划。关于这一计划，会在后面关于教育问题的建议中提到。

49 关于教师日记的建议

我建议每位教师都要写教育日记。这并不是有某种形式要求的正式文件，而是个人的随笔记录，对教师的日常工作很有帮助。这些记录是思考和创造的源泉。写了十年、二十年，甚至三十年的日记，是一笔巨大的财富。每一位勤于思考的教师，都有一套自己的教育体系和教学技能。如果一位教学水平高超、极具创造性的教师在一生结束时，把自己多年来的劳动、探索成果都带进了坟墓，那将损失多少珍贵的教学财富啊！我甚至想把教师日记搜集起来，放在教育博物馆和科学研究所里，当作无价之宝珍藏起来。

我已经记了三十二年的日记。在我刚刚成为一名小学教师，开始自己教育生涯的第一天，就有一件事引起了我的深思。我们的村子里有一位医生，大家都觉得他是个怪人。我看到，这个怪人在给刚上一年级的学生量身高和体重的时候，把所有数据都详细记录了下来。我和他交谈起来，翻阅了他的记录。让我震惊的是，他这个记录已经做了二十七年。

“您记录这些干什么呢？”我问。

“啊，这是一件很有趣的事，”医生回答道，“请看，现在这些孩子的身高，比二十七年前的那一批平均增长了 4.5 厘米。唉，要是我还能再活三十年就好了……”

在当时，还没有任何人考虑过儿童身体加速发育的问题。战争开始时，这位医生得了重病，他把自己的记录交给了我。于是，我从在学校工作的第一天起，就开始记录孩子们的身高和体重，以及他们智力发展的情况。现在，我手上有这个村子的孩子五十九年来发育情况的资料，在我看来，这是十分珍贵的。

一连三十二年，在开学的前两周内，我都会把与孩子视野和知识相关的数据记录下来。每一年都让他们回答同样的问题：

请从一数到一百；说出你认识的植物、动物、鸟类；说出你知道的机器，并说说它们的功能……

在我看来，这些问题的答案也很珍贵。有趣的是，1935 年时，在三十五名一年级学生中，只有一个人能数到一百，有五个人能数到二十（当时是八岁入学）。到了 1966 年，三十六名一年级学生中，有二十四个能数到一百，剩下的十二个能数到二十、三十和四十（他们是七岁入学）。孩子们对机器和工艺过程的知识在逐年增加，但遗憾的是，有关植物、动物和鸟类的知识，知道得越来越少了。

1935 年时，所有三十五名学生都看过夏天的朝霞，能够描绘日出的景象。到了 1966 年，三十六名一年级学生中，只有七个人看到过六月的朝霞和日出。

我还在日记中记录了一些其他资料，比如学生家里有哪些藏书，家长的受教育程度如何，父母会花多少时间来教育孩子。将这些资料进行比较，也是一件很有趣的事。

在日记中，关于学习困难的学生的记录是很重要的一部分。我认为，发现他们的行为以及在课堂内外脑力劳动中的细微变化，是非常重要的。把观察到的记录下来，并进行深入思考，对教师工作是很有帮助的。比方说，考虑到有些孩子思维活动比较迟缓，知识面相对有限，我便总结出了一些结论：这些孩子应该读哪些科普读物，以及应该怎么阅读。

记日记有助于集中思想，将脑力放在一件事情上。我在日记中专门留了几页，用来记录关于加强知识牢固性的想法。通过对这些记录的研究、对比、分析，就能发现知识的牢固性取决于很多前提条件。日记能够教会我们思考。

50 关于自己孩子的教育问题

教师在教育别人的孩子，却没有时间教育自己的孩子，我们应该尽量避免出现这种矛盾的现象。但遗憾的是，这种现象在生活中是确实存在的。在这里，我想给身为教师的父母提一些建议。

不要忘记，在家里你并不是孩子的老师，也不是班主任，而是父亲、母亲。不要把你的家庭变成一个缩小版的学校，也不要把学校的气氛带到家里来，要让你和孩子处在美好、和睦的家庭氛围中。

教育并不是什么专门的、人为组织的“活动”，它首先是一种生活方式。在教师手中，有一项强有力但又带有危险性的工具，需要富有智慧且谨慎地使用，它就是管理人的权力。你可以在学校里使用它，但不要把它带回家。很多个人的习惯、传统的教学方法，也都应该留在学校里。不要让你的孩子沾上“教师气”。一旦你的孩子知道了教师职业的所有细节，知道教师做什么是对的、做什么是错的，知道教师有权做什么、无权做什么，那将会非常不好。千万不要当着孩子的面，毫无顾忌地批评个别学生或教师。孩子听到这样的评论，会变得骄傲自大，并在其他学生面前产生某种优越感。他们常常会对教师无礼，对自己的父母也是如此。作为父母的你，即便是一位经验丰富、富有智慧的教师，也可能失去对孩子的掌控。永远不要让自己的孩子特殊化，不要让他有任何跟其他学生不同的地方。

如果有可能，请把你的孩子安排到同事班里，而不是你的班。这样会更好一些——作为父亲、母亲，你和自己的孩子会更亲近。

尽管生活中每时每刻都存在着教育，但抽出时间对孩子进行专门的教育还是有必要的。请每天都抽出时间跟自己的孩子聊聊天，和他们一起读书，一起到大自然中去。这对于父亲来说尤为重要。

如果教学过程中的某个方面或学生的某种行为，让你产生了不满、气愤、烦躁的情绪，请不要把它带回家。因为这对你的孩子来说，是一个非常不好的示范。如果孩子从小就看到学校带给父母的诸多不快，他们就会对教育工作逐渐感到厌恶。这种情绪所造成的恶果，不仅仅是你的孩子不想成为教师，还会出现一种更糟糕、更复杂的状况：对教师工作感到厌恶的学生，会变得非常虚伪、喜欢高谈阔论。

你有很好的机会，来培养自己的孩子对劳动、阅读和科学的热爱。从本质上说，教师的工作是高尚的。请让你的孩子感受到你工作的高尚，感受到你对他人命运的真切关怀。

你还要有个人藏书。你的孩子一上学，就要在书架上给他留出位置，专门放给他看的书。请培养他热爱读书的品质，教会他尊重文化瑰宝。

下篇

51 是谁在教育孩子？怎么教育孩子？在教育中，教师决定着什么？其他教育者又决定着什么？

有时候，对某种教育方式过于片面、绝对的论断，会让年轻教师感到困惑。因为在教育过程中，一切都很重要，一切都有其意义。

我想将刚刚开始接受教育和培养的孩子比作一块大理石，几位雕刻家拿着刻刀，同时雕刻它，要赋予它崇高的精神，使人类的理想在它身上得以体现。那么，这些雕刻家都是谁，一共有多少人呢？

在培养孩子的过程中，有多种力量起着推动作用。其中，家庭当位列第一，且母亲是家庭中最细致、最聪慧的雕刻家；第二位是教师，他们有着丰富的精神财富和自身价值，有智慧、学识、能力、爱好、生活经验，有对智力、审美、创造的需要、兴趣和追求；第三位是集体（包括儿童、少年和青年集体），它能够对每一个个体都产生巨大的教育影响；第四位是学生本人（自我教育）；第五位是学生在智力、审美、道德世界中的精神生活，我所指的首先是书籍；第六位是一些完全预料不到的雕刻家（比如孩子在路上结识的少年、来家里做过几天客的亲朋好友，他们给孩子讲了一些东西，使得孩子从此对电子科技或星际太空深深着迷）。

如果这些雕刻家（教育者）都能像交响乐团一样协调一致地相互配合，那么很多错综复杂的教育问题都会迎刃而解。

但是，每位雕刻家都有自己的性格、风格、优势（有时也有缺陷）。一种可能的情况是，某位雕刻家对他人的技巧和创作持批判态度，于是他不仅在大理石未被开垦的部分精雕细琢，还会对其他人已经完成的部分进行坚决的修改。当大理石不再是一块普通的石头，而成了一个会思考的生命时，他不仅能够认识周围的世界，还能够认识自我；不仅能用理智去认知，还能用心去感知。然后，“大理石”产生了想要照照镜子的意愿：“喂，尊敬的大师，你们都做了些什么呀？”我们的“雕刻半成品”拿起刻刀，照着镜子（也就是仔细观察周围的人，对一些人表示赞叹，对另一些人感到愤怒，还有一些人压根儿引不起他的关注），开始进行自我雕刻，甚至修改他人留下的痕迹。就这样，创作的热情燃烧起来——就像无数的刀剑交错，大理石的碎屑纷纷飞落，有时还会大块大块地脱落……

你看着这刀与剑的交错，听着金属的撞击声和雕刻家（教育者）之间的“争吵”，你会想：关于教育中存在主次因素的说法是多么天真！这种天真会给整个教育事业带来多大的危害！“某个单独的雕刻家（教育者）是无所不能的”，如果不是这种思想侵占了家长的意识，我们就不会听到这样的说法：“我把孩子交给你们了，你们来教育吧，毕竟学校的任务就是这个。”

你跨进学校的大门，决定将一生献给教育人——共产主义新社会的建设者——的事业。请记住，你不只是一个活的知识库，也不只是一个能够把人类社会的精神财富传递给年轻一代，使他们心中燃起对知识的渴求与热爱之火的专家，你还是一位独一无二的雕刻家，可以构筑人的未来。教育——塑造人，就是你的事业。社会把你看作雕刻大师，国家的未来在很大程度上取决于你。要记住，你的每个错误都可能造成人格的畸形，使心灵饱受痛苦和折磨。作为人的塑造者，你应当用自己的技巧、能力、艺术手法，为其他雕刻家树立榜样。为了使我们在苏维埃学校里塑造的人，在道德、智力、审美等各方面都尽善尽美，必须协调所有雕刻“大理石”的雕刻家的行动，必须实现“创造人的和声”。那么，谁应该成为这首曲子灵敏、智慧、有经验、细心且勇敢的指挥者呢？答案就是教师。

作为教育者，你的任务首先是在雕刻家组成的合唱团体中，敏锐地感知每个演出者的表演，及时发现不准的音调。换句话说，你应该弄清楚，在困难重重的教育过程中，各个方面分别是由谁决定的。你还必须能够看到，在大家共同塑造的这个人身上，每一个雕刻家（教育者）都留下了怎样的痕迹。我年轻的朋友，请你一定要记住，哪怕刻刀只是从这块宝贵的大理石上轻轻划过，也会留下终生无法磨灭的印记。你应当知道，是谁、在何时、以怎样的方式触碰了你的作品。为此，仅仅拥有对孩子的爱是不够的。就像雕刻之神皮格马利翁爱上了自己亲手创造的雕像伽拉忒亚，单纯地爱着自己的作品是不够的，你还要了解它，要具备对因果进行逻辑分析的能力。

要成为雕刻家合唱团里睿智的指挥者，并不意味着要精细划分每个人的责任和义务，比如这部分是家庭负责的、这部分是学校负责的、这部分是少先队负责的……人并不是被一块块单独塑造出来的——耳朵由一个人雕刻，额头由另一个雕刻，鼻子由第三个人雕刻……这种情况在我们复杂艰苦的事业中是不存在的。从开始到学校工作时起，你就应该经常与学生家长谈话。可以开家长会，也可以单独交谈。永远不要试图与学生家长严格地划分责任——这些是你们家庭该负责的，这些是由我们学校来负责的。为了使我们共同的孩子能够成为一个聪明、智慧、可以认真理解和深刻感知的人，就要使智育不能只由学校负责，其中很多事项可以，也应当由家庭负责。请记住，对于我们塑造的伽拉忒亚，各种力量会在其身上同一个地方进行完全不同的雕刻。你刚教会自己的学生要诚实、爱护公物，结果却出现了某个你和家长都没有料到的“雕刻家”，教唆孩子偷窃、撒谎。在教育过程中，及时察觉别人对你的作品的每一次触碰，是指挥者的智慧和技巧所在。

乌克兰哲学家、教育家格·萨·斯科沃罗达教导我们，知道原因就意味着知道一切。我年轻的朋友，你要好好想想这句话。教师还没有弄清楚学生行为的原因，就草率地做出错误的结论，这种情况在学校生活中发生了多少次啊！有时还会出现这样的情况，责任明明在学校，却把家长叫来，说是由于他们对孩子照看不够，或者把孩子宠坏了，等等。

善恶之间的复杂交错是很难辨别清楚的，但搞清楚这一切又是必需的，这正是教师的神圣职责。年轻的朋友，身处崇高的人民教育领域，你不仅是塑造共产主义新人的雕刻家中的一员，还要成为其他雕刻家的导师。你的优势在于，能够用教育科学的光芒点亮自己的学生。如果我不相信教育人的科学有着巨大的潜能，我就不会在学校里工作哪怕一天，也不会写这本书。你应该成为教育科学的明灯，用光芒照亮其他塑造人的雕刻家的工作。作为一名教师、班主任，有哪些能够影响家庭的机会？如何进行人的自我教育，教师在其中的任务是什么？教师本人是如何进行自我教育的？集体能够产生巨大教育力量的秘密是什么？在什么条件下集体才会存在，在什么条件下集体又不存在？书籍对人的教育有什么作用？对于那些意料之外的教育者，怎样才能让他们对年轻心灵施加的影响与学校的教育方向保持一致？我认为，针对这些问题的建议，会对年轻教师有所帮助。

52 如何让父母参与孩子的家校教育？

我认为，当下在培养共产主义社会新人方面，没有什么任务是比教会父母如何教育孩子更重要的了。根据多年的实践经验，我们得出一个结论：如果不把家长的教育素养考虑在内，就不可能完成任何教育教学任务。“家长教育学”，指的是父母应当具备培养子女长大成人的初步知识，这是所有教育理论和实践的基础。在我们的“母亲教育学”办公室里，醒目地写着尼·伊·皮罗戈夫[1]的一句话：“要让女性明白，她们照看摇篮里的婴儿，为婴儿创造童年游戏，教婴儿咿呀学语，是社会重要的建筑师，是她们用双手铺就了基石。”这些话表达了我们与家长所有工作的基本思想方针。

我们有专门为家长开设的培训学校，其中包括：学前家长班，一至三年级家长班，四至八年级家长班，九、十年级家长班。在孩子入学前的三年，父母就开始在家长培训学校里学习了。他们每两周来听一次讲座，主讲人为校长、主管教育教学工作的副校长、主管课外活动的副校长以及三年后将要教一年级的教师。以下是该校学前家长班在1964年至1967年间的工作计划（这段时间在培训学校学习的家长，他们的孩子将在1967年秋季入学）：

（1）四岁至七岁儿童的身心发展。

---

〔1〕尼·伊·皮罗戈夫（1810—1881）：俄国著名的科学家、医生、教育家。

（2）怎样预防儿童疾病？

（3）儿童的作息、饮食及身体锻炼。

（4）对四岁至七岁儿童进行智育的要点。

（5）父母要关注儿童语言和智力的发展。

（6）怎样预防儿童神经官能症？

（7）四岁至七岁儿童的劳动教育。

（8）怎样教育儿童尊敬长辈？

（9）对学龄前儿童进行自然教育。

（10）学龄前儿童需求和兴趣的发展。

（11）学龄前儿童对现实的认识和情感的发展。

（12）怎样培养儿童理解他人的能力？

（13）四岁至七岁儿童的审美教育。

（14）四岁至七岁儿童的创造力。

（15）怎样预防儿童态度冷漠？

（16）怎样教儿童克制自己的欲望？

（17）把儿童对动植物的关心作为一种教育手段。

（18）游戏在学龄前儿童智育、德育、情感和审美教育中的作用。

（19）母亲是儿童生命中的第一位老师。

（20）家庭是一所人际关系学校。

（21）父亲和儿子。

（22）母亲和女儿。

（23）儿童入学前的心理准备。

（24）儿童道德修养的首要因素。

（25）我们希望你的孩子成为什么样的人，你应该让他成为什么样的人。

（26）父母在教育孩子时会犯哪些错误？如何避免这些错误？

（27）爷爷奶奶也是教育者。

（28）学龄前阶段应该教孩子些什么？应该怎么教？

（29）怎样使家庭充满友善、和睦的氛围？

（30）怎样教育儿童温和待人？

（31）怎样做到相互谦让？

（32）怎样克制自己的情感冲动？

（33）怎样教导儿童立志成为好人？

（34）怎样防止儿童任性？

（35）什么是家长的权力？应该如何利用它？

（36）在不采取惩罚措施的前提下，怎样进行教育？

（37）惩罚是好处多还是坏处多？

（38）对儿童可以要求什么，不可以要求什么？

（39）教育孩子是父母最重要的社会责任。

作为一名教师，你必须针对这些主题准备相关的讲座。这并不是一项容易完成的工作，我想就此提一些建议。你要让家长知道，教育是一种高尚的、人道的、崇高的创造，是在履行光荣的社会责任。我们有一些优秀的班主任，能够在每次讲座以及与家长的谈话中，将创造人的思想作为主线贯穿始终，告诉家长，他们正在从事世界上最美好、最崇高的事业，激发他们的自豪之情。在这些老师眼中，“家长教育学”是一种劳动、科学、技巧和创造。

尽管父母在教育中会犯一些过错和失误，但这些班主任从来不会在讲座和谈话中对家长进行“严厉批评”。年轻的朋友，我建议你也这样做。在生活中，个别家庭确实存在一些不良现象，但如果你毫不顾忌地“扒开秘密”，把别人的不幸（不会教育，首先就是一种不幸）展示在众目睽睽之下，那么愿意来找你的家长就会越来越少，你会让他们疏远学校；尤其危险的是，他们会开始自暴自弃：不管我做什么，都成不了一个好父亲，别人的孩子都那么优秀，我的孩子注定这么差劲。永远不要忘记，当你开始和家长谈论他们的孩子时，就像是在强迫他们照镜子。如果你对一个人说：“看看，你长得多丑啊……”那么他会怎么看待你说的话呢？

这个建议绝不是说，在面对教育中的突出问题时，我们要故意回避、置之不理。相反，一些人的失败可能会使其他人引以为戒。没有比家校教育更复杂、更矛盾的事情了，这其中充满了不计其数的冲突，需要用智慧、技巧和策略来解决，而不是大喊大叫、手忙脚乱。不过，不好的方面还是要说出来，但是要注意不能侮辱、贬低他人。当我们不得不当众谈到一些家长的失误时，通常不会指出他们的姓名。

为了能够深度反思过错和失误，根据家庭具体条件开诚布公地探讨教育问题，还有另外一种工作方式——与家长进行单独谈话，尤其是女教师与母亲、男教师与父亲进行谈话。决定家长整体精神素养和教育水平的前提条件，任意两个家庭都不是完全一样的。每个家庭都有自己独有的特点。因此，与父母进行单独谈话(没有孩子参与)，是学校教育工作的有机组成部分。我要特别强调一点，谈话中不能让孩子参与。在任何情况下，都不应该让孩子知道教育中存在的难处、困扰、成功或过失，这只会给他们带来坏处。在一个好的家庭环境里，父母之间的善意、和睦、相互尊重、爱和谦让，才是最主要的教育影响力量。孩子们会相信，正是家庭中的美好教育了他们。

我们成功做到了，让学龄前儿童在家中上特殊的“母亲学校”。这是一所无可替代的，集德育、智育、情感和审美教育于一体的学校。任何一所幼儿园，哪怕是最完美的幼儿园，都不能取代“母亲学校”的地位，也不能填补父母在人的精神生活中最细腻的领域——人格的教育中所遗漏的空白。在“母亲学校”中，我们非常重视培养孩子对他人的理解。在有关这个问题的讲座或与家长进行的单独谈话中，我们都会用具体的实例来向他们展示，应该如何培养孩子复杂的感知能力，让他们时刻感觉到自己是与他人生活在一起的，要学会克制自己的欲望，能够考虑他人的利益。在为学龄前家长开设的培训学校里，我们逐渐划分出这个最为复杂的课程——与人相处的能力。

母亲教育素养的重要性是不可估量的。我们全体教师坚信，家长教育学是共产主义教育学的开篇。我们希望母亲能够成为细致、智慧、心灵美好、道德高尚的雕刻家，归根结底，要关心的是孩子精神上的细腻和敏感，让他们内心最深处充满善意和美好。

53 怎样才能让学生听得进教育者的话？

我们努力让孩子在“母亲学校”变得细腻、温柔、敏感、富有同情心，让孩子不仅用头脑和理智，还要用心去感知周围的世界，用心去关注一些事情，比如：有人折断了一根树枝；一只雏鸟从巢里掉了下来，正在草地上无助地挣扎；花园里有一只不知被谁丢弃的小野猫。我们花了很长时间来告诉家长，怎样在现实生活中为孩子的自我管理创造条件，让他能够在别人需要的时候，展现出自己的同情心，能够怜悯、安抚、保护、关心别人，也会因为某件事感到焦虑或悲伤。年轻的朋友，这里我说的是雕刻家（也就是父母）手中最精细的刻刀和他们技艺最高超的动作。三十多年的学校工作经验使我相信，在孩子入学后，再由教师来雕刻这块父母都不曾触碰过的大理石，开始培养他们的情感，就为时已晚了。如果孩子在家里没有受过情感教育，就无法用心去认识世界，也无法用心去感知教育者的话——对于自己听到、看到的东西，能够理解其中的逻辑含义，但有关情感、精神上的潜台词，就无法理解了。

这是家校教育中最复杂的问题之一。为什么会经常出现这样的情况：孩子已经上了几天学，仍然无法对教师充满善意的话做出任何反应？为什么教师不得不大声叫喊，用拳头敲桌子？为什么上学一个月之后，孩子就开始被罚站墙角，但这样对他还是毫无帮助？这些恶果的根源就在于，没有对孩子进行情感教育。

年轻的朋友，如果你想让未来的学生都能用心听你说的每一个字、感受你说的每一句话，那么就请多关心学生家庭中的情感关系。内心孤独对于道德的培养是很不利的，就像思想缺少交流一样。要多关心孩子，让他们与周围的人通过相互负责、吸引、尊重和关心来建立联系。你未来学生的道德水平如何，在很大程度上取决于他是否会向别人献出真心，或者只是生活在自己的封闭世界里，只关心那么一丁点的事情，兴趣爱好也很有限。个人主义就是从情感教育的缺失开始的。

请去你未来的学生家里家访（三年的时间，可以去每个孩子家里两三次），了解一下是什么让孩子感到快乐：只是大人给他的东西，还是他通过自己小小的力量为别人做了什么事。如果他所有的快乐都是由父母创造的，那将会非常糟糕，他入学之后只会变得非常冷漠。请和父母双方都谈一谈，一起想想如何为孩子开启其他的快乐源泉，比如在花园里种下树或玫瑰，搭建供人休息的小葡萄园，布置鱼缸、小型图书馆、供父母休息的安静角落。你要知道，对这些的关心，能够使儿童的心灵变得高尚，为他们入学之后的德育、智育、情感和审美教育培育土壤。

在培养学龄前儿童的高尚情感时，切记不要体罚。没有比暴力、专断的手段更有害、更可怕的了。用皮带抽打、敲后脑勺来代替理智、温柔、善意的话语，就像是用生锈的斧子代替雕刻家手中纤细、轻柔又锋利的刻刀。体罚不只是对身体，也是对心灵的暴力；在皮带的抽打下，不仅后背会麻木，心灵和情感更会变得麻木。那些在家里已经习惯被皮带抽打、被敲后脑勺的孩子，在学校里就会对善意的话无动于衷。我知道有些孩子，由于被不断地殴打而变得冷酷、残忍。被打的人，自己也会想打人；童年时想打人的人，长大后就会想杀人——犯罪、杀人、施暴的根源都在童年。我已经在家长培训学校做了十年的讲座，这项非常有必要的教育工作让我坚信，将以下真理灌输到父母的意识和内心之中非常重要：童年时播撒在人心中的小小种子，成年后会变成参天大树。这一切都取决于，在什么样的土壤中播撒了什么样的种子。在孩子入学前的三年内，如果我不能让他们的心灵变得细腻、温和、善良，不向任何恶行和谎言妥协，不仅热爱善良，而且疾恶如仇，那么我就不配“人民教师”这一称号。

同时，如果你想让你的每个学生都成长为真正的人，就请教会家长，在孩子四五岁的时候就对他们进行劳动教育。从孩子可以自己握着勺子往嘴里送东西吃的时候起，就应该让他开始劳动了。这是民间教育的智慧，我们一直把这个古老的智慧贯彻在教育工作中。不要担心这样做好像是过早地迫使孩子参与劳动。有的人会感到担心，说：“啊，这也太早了！”等到了他认为合适的时刻，往往会痛心地发现，已经太晚了。我们认为，鼓励父母让他们五六岁的孩子参加劳动，是教师的一项神圣职责，要让孩子在春天分别为父亲、母亲、祖父、祖母种下苹果树和葡萄树。当然，如果有哥哥姐姐帮忙，孩子会把这项工作完成得更出色。之后，孩子会用心地呵护苹果树和葡萄树，他们的梦想就是让父母和祖父母吃上结出的果实，给他们带来快乐。

这一切用形象的话来说，就是按照教师的话对土壤进行情感的耕耘。有的孩子在入学前就能为母亲送上自己亲手种出的葡萄，在体验过这种无可比拟的感受之后，“妈妈”这个词的含义，对于他来说，就会与那些只知道以索取为乐的孩子完全不同。你知道吗？年轻的朋友，只有体验过创造的快乐的孩子，才能用温柔和善良来教育，而无须批评和惩罚。

读者读到这里可能会有疑问：这一切是教师所能胜任的吗？他能够一边完成对现有的在校学生的教育工作，一边又做好四岁至六岁孩子的学前准备工作吗？

我的回答是：我们在工作中不做任何没有实际回报的事，也就是不做那些不能减轻工作困难的事。事实上，所有对于学龄前儿童教育的关心，都会收到上百倍的回报。正是因为这些关心，我们的工作才变得更为轻松，其他学校出现的很多问题，我们都不会碰到，而这些问题实际上已经影响到了正常的教学。我们这里的学生没有不守纪律、不爱学习的问题。我们也不清楚其他学校针对这些问题，都采取了什么样的惩罚措施。我们成功的根源，来自教师和家庭的共同努力，家庭发挥了极为重要的作用。我们不会对家庭发号施令——必须这样做或那样做，必须无条件地服从我们的要求。其实，学校与家庭就像两个一起工作的雕刻家，有着同样的理想，朝着同一个方向努力。要知道，在塑造人的过程中，最为关键的是，两个雕刻家不能站在彼此的对立面。

54 怎样让作为教育者的父母保持一致?

在对待孩子教育的问题上，我们应该让父母和学校达成共识，对父母应该有一致的要求，首先就是要以身作则。要使作为教育者的父母保持一致，意味着要教会他们父爱和母爱的智慧，让慈爱与严厉相融，让宽容和严格结合。在涉及个人隐私或比较敏感的话题时，我们要注意分寸，尽量不去触碰，尽力防止家长在神经最敏感的领域犯错。如果家长缺乏教育的智慧，他们的爱就会带坏孩子。我们来用实例展示，家长的溺爱、专横的爱和包办一切的爱会给孩子带来多大的危害。

溺爱，是所有亲子关系中最为可悲的一种。这是一种出自本能的、不理智的爱，有时会有“母鸡的爱”这样的说法。父母会因为孩子迈出的每一步而开心，却丝毫不考虑迈出的这一步是否正确，会把孩子带向何方。在溺爱的环境中长大的孩子，并不知道人生中还存在“可以”“不能”“应该”的概念。他会觉得，自己想干什么就能干什么。这样的孩子会成长为任性、病态的人，对于他们来说，生活中极小的困难也会成为难以承受的负担。就像人们说的那样，在溺爱的环境中长大的孩子，会成为一个彻头彻尾的利己主义者。他们不知道自己对父母的责任，不会也不愿意劳动，因为他们对别人完全不关心，感知不到周围的人(首先就是父亲、母亲、祖父、祖母)也有自己的意愿、需求和精神世界。这样的孩子会觉得，他们活在这个世界上，就已经给父母带来了快乐和幸福。

要想防止这种溺爱，必须同时与父母进行谈话。这里所说的是对家长情感的培养，而情感又是非常细腻的东西。为了培养年轻家长的情感，我们的教师不仅邀请学龄前儿童（也就是我们未来的学生）的父母来听培训学校的讲座，还会让他们参加特殊的实践课。在低年级学生（尤其是一、二年级）进行集体公益劳动时，我们会让这些年轻的父母也来帮忙。在和我们一起指导劳动的过程中，他们教孩子控制自己的欲望，让孩子服从劳动纪律和集体安排。在教育孩子的同时，他们作为教育者，也得到了学习。

还要提醒家长，远离另一种同样出自本能的、不理智的爱，那就是专横的爱。滋生这种爱的土壤是家长的自私自利和愚昧无知。他们像对待物品一样对待孩子：我的桌子，我想放在哪儿就放在哪儿；我的女儿，我想说什么就对她说什么，想提什么要求就提什么要求。我知道有一位父亲，竟然做到这种地步：他给正在读八年级的十五岁女儿买了时髦的鞋子和漂亮的裙子，命令她把鞋子放在学习桌旁边，裙子也挂在那里，然后警告她，如果学季结束时所有的课程都不低于四分，就可以穿新裙子和鞋；但是，哪怕有一科是三分，都不许碰新衣服一下。

我年轻的朋友，在我们的社会中，存在着这样一些人，他们很享受对别人的专横和管控。要知道，与这种现象作斗争是非常困难和复杂的，而首先要与之作斗争的，正是我们教师。

不要让任何一个家庭里出现无谓的挑剔和责备、歇斯底里的抱怨和指责，在这样的环境中生活，孩子会变得冷酷无情，而且在我看来，这是对幼小心灵最可怕的一种打击。在与家长谈话和举行讲座时，请讲一讲斤斤计较是如何让一个善良的人变得任性妄为的，而这种任性妄为又是如何把儿童积极的内心活动驱赶走的。在正常的家庭中，这种积极的内心活动便是爱抚，是儿童善良、理性以及谦逊的源泉。童年时期没有感受过爱抚的孩子，在青少年时期会变得粗暴、冷酷。

你大概听家长说起过这样的忧虑：儿子小的时候，明明非常善良、通情达理又听话，为什么长大之后就变得粗暴又任性了呢？这个时候，你应该如何向家长解释，可以给他们提出哪些建议？我确认了无数次，出现这种现象的原因就在于，父母不会利用家长的权力。对于教师来说，遇到这种情况，最重要的是要同时与父母进行谈话。要知道，家长的权力就是父母智慧的统一，是他们意志、情感、愿望的结合。如果这两个深爱着自己孩子的成年人的智慧没有统一，那么家长的权力就会催生出专断的行为。如果孩子感受到，父母对于“可以”“不能”“应该”的概念看法不同，那么对他来说，最合理的事情也像是在剥削、压制、践踏他的自由。到那个时候，父母会十分惊讶：为什么不打他一巴掌、拍他的后脑勺，不用皮带和棍子，就教不会这个孩子生活呢？这是因为，孩子将一些合理的、必需的要求，看作压制他们意志的邪恶力量。

此外，还要防止家长另一种不理智的爱——包办一切的爱。有一些父母毫不怀疑地相信，只要满足了孩子所有的物质需求，就算完成了作为父母的责任。孩子吃得饱、穿得暖、身体好，所有需要的教科书和学习工具都有，还有什么可要求的呢？这样的家长认为，父母的爱可以用物质的开销来衡量。我们在学校碰到过少数这样的父亲，他们在道德情感方面非常冷淡。实际上，他们并不清楚父母的爱到底是什么。至于母亲，如果能够在日常生活中跟孩子建立共同的精神纽带，那么基本不会出现这样的情况。道德情感上的冷淡、对自己的孩子麻木无情，并不总是父亲教育水平低的结果。这是把孩子的教育当作一种完全独立的事物，并用铜墙铁壁将之与社会责任完全隔绝的结果。

要预防这一弊端，就要给父母（尤其是父亲）提一些建议，在建议中要贯穿教育孩子是父母的社会责任、父母要为孩子的未来负责这一思想。

如果在一个家庭中，父亲认为自己的职责只是满足孩子的物质需求，母亲也没有成为孩子精神生活的中心，那么围绕孩子的就只有精神的空虚和贫乏。他们与别人共同生活，却无法了解别人，这是这样的家庭中最可怕的事。孩子的内心无法感知也无法接受他人的细腻情感，尤其是爱抚、体贴、同情和仁慈。他们长大之后，可能会成为对情感一窍不通的人。对于这种孩子，学校的教育责任尤为重大，应该让他们到教育教学机构里接受专门的情感教育。这是教育学理论和实践领域的一个大问题。遗憾的是，在教育理论中并没有对此进行单独阐述的章节——没有人专门研究过应该如何进行情感教育，尤其是教育那些因家庭环境导致情感道德世界空虚、没有个性的孩子。

55 情感教育应该是什么样的?

这里将要谈到的内容，全都需要教师和家长的通力合作。我们要谈的，不只是那些在家庭中缺少父母亲切对待、贴心关爱的孩子的教育问题，还有所有孩子的道德情感教育问题。

教孩子去观察、理解、感受他人，大概是情感教育花园中最为芬芳馥郁的一朵花。我们对孩子的爱，应当能够激发他对周围世界的关注，对人所创造的一切的关注，对为人服务的一切的关注，当然，首先是对人本身的关注。我坚信，培养孩子高尚的品质，要从他们对别人态度的人道化开始，要让这种态度充满纯粹、高尚的情感和对人的尊重，首先要做到的就是尊重父母。

孩子刚刚跨进学校大门，成为学生，他们在校生活的初期，学校与父母的联系是极其重要的——我要强调一下，是父母双方，既有父亲，也有母亲。教师、校长与父母进行单独谈话，深入思考，并给出建议，就是我们的教育实验。我们共同思考应该让孩子做些什么、从事什么样的积极活动，才能让他用心感受到自己是在与周围的人共同生活。

我们要与家长一起努力，使孩子在校学习期间，尤其是在低年级阶段，能够进行亲切、真诚地待人的训练。在这些训练中，最有价值的课程就是创造美，关注对人来说美好的事物。所有能够给孩子带来美的享受、带来快乐和满足的东西，都具有神奇的教育力量。孩子也可以为家庭、父母、他人创造美。

秋天的时候，我们这里会举办“玫瑰节”。它既是家庭节日，也是学校节日，但主要是家庭节日。在这一天，孩子们不会被聚在一起，也不会举办隆重的活动——在这种活动中，孩子们往往很少展现出真情实感，反倒会掺杂很多不是出自儿童本性的、虚伪的成分。这个儿童节日主要在家中度过，但学校会为节日做准备。

在秋天的玫瑰节这天，每个孩子都要在父母房子旁的园地里种几株玫瑰花。我们把幼苗发给孩子，让他们带回家去种，用心照料它们，最终创造出美，并把快乐带给父亲、母亲和祖父、祖母。

孩子种下玫瑰后，要时常提醒他松土、浇水，保护玫瑰不受严寒的侵害。孩子还不习惯照顾玫瑰的日常劳动，距离劳动使他快乐的时刻还比较远。我们告诉孩子，劳动的结果是玫瑰会开出芬芳的花朵，但这对于孩子来说，是一件遥远得无法想象的事情。孩子还不会通过耐心的等待和努力来达成目标，这一点他们还需要学习，通过劳动来学习。

终于，第一个蓓蕾出现了，然后是第二个、第三个……蓓蕾绽放，深红色、粉红色、深蓝色、浅蓝色的花瓣在阳光下闪闪发光。此刻，孩子眼中快乐的光芒是任何东西都无法比拟的。这并不是孩子从父母那里收到礼物时的快乐，不是嬉戏、娱乐时的快乐，也不是想到即将开始的精彩旅程时的快乐。这是为自己最爱的人——父亲、母亲、祖父、祖母送去一份心意的快乐。这份心意会触动儿童的心灵，让他感动、激动、快乐，因为这份心意本身就是一种美。

孩子剪下一朵花，把它送给母亲，眼睛里闪烁着明亮的光芒。对于我来说，没有比看到这个瞬间更幸福的事了。此时此刻，孩子的眼中充满了纯粹的人性之光，眼神因为内心深处的喜悦而愈发闪亮。

这是情感教育中最重要、最必不可少的课程。体验过为他人创造美的快乐的孩子，会对美产生全新的认识。他能够将开满花朵的苹果树枝、一串串成熟的葡萄、一朵朵沉静的菊花，看成是劳动、关怀和忧虑的化身，他不会伸手去攀折树枝，或者随意摘花。

当然，年轻的朋友，我不是在理想化美的某种抽象表达，也不是在理想化美本身。只有当美饱含崇高理想和共产主义人道精神（对劳动人民的热爱，对阶级敌人、社会不公和剥削压迫的憎恶、不接受、不姑息）时，才能成为强大的教育力量。

当学校生活的第一年即将过去，孩子们将要升入二年级时，我们会和他们一起建一个“感恩园”。这个园地是为那些在这片土地上辛劳了四十年、五十年、六十年、七十年，甚至是八九十年的老人们开辟的。通常，我们会将感恩园设在一块荒芜、贫瘠的土地上，然后努力把它变成一片沃土，在上面种下葡萄、苹果、梨和李子。这可不是一项轻松的劳动，有时需要运来数十吨肥沃的淤泥，才能使这片土地能够孕育出生命。但这项劳动有一个崇高的目标，那就是给人们带来快乐。这项劳动带来的快乐是任何事物都无法比拟的。

感恩园的第一批果实成熟后，孩子们会把同村备受尊敬的祖父、曾祖父辈的老人邀请过来。尊敬老人是对人尊重的最鲜明的体现。对老人不尊敬、漠不关心的人，会用冷酷、邪恶、泯灭良知、违法犯罪的行为来报复社会。

亲爱的年轻朋友，请将学生引领到这条道德发展的道路吧！在这里，劳动被赋予了崇高的精神。你会看到，当孩子从感恩园里摘下果实，送给那些已经在这片土地上辛劳了半个世纪的人们时，这个瞬间会在他的内心留下不可磨灭的印记，仿佛他已经登上了道德发展之路的第一座高峰。

当孩子感受到无私的善意举动所带来的快乐时，就获得了弥足珍贵的精神财富——他能够用心感受自己的同学、朋友，以及身边的任何一个人，会在什么时候、什么地方需要帮助。当孩子觉得自己需要做出善意的举动，需要帮助他人时（马克思把这种需要称为一个自由人最大的精神财富），他就会对周围的世界，对周围的人，对各种行为、事件、人际关系非常敏感，并富有同情心。

56 怎样才能让孩子愿意好好学习？

我坚信，能够激发孩子自觉、认真地进行脑力劳动最有力、最强大的因素，就是让他的脑力劳动带有人性的温暖，让他有一种愿望，想要为自己最爱的亲人——父亲、母亲带去快乐。待人诚恳、富有同情心的孩子，会从那些乍看上去没有什么过错的事情上，感受到一些不好的状况。“我应该好好学习，”有一天，四年级的学生科利亚对我说，“我妈妈心脏不好。”孩子觉得，如果他成绩单上的分数不高，妈妈就会伤心难过。他希望母亲能够心情平静。他知道，可以通过自己的努力抚慰母亲的心，不让母亲操心。

如果你想让孩子愿意好好学习，努力以此为父母带来快乐，那么就请珍惜、爱护并培养他作为劳动者的自豪感。这意味着孩子要能看到、感受到自己在学习上的成就。不要让孩子因为某方面落后或有什么不足之处而觉得无可救药。孩子的乐观心态和对自己力量的信任，是一条能够将学校和家庭牢牢连接在一起的绳索，也是一块能够将父母吸引到学校里来的磁铁。如果孩子对世界的乐观感知被破坏，那就相当于在学校和家庭之间竖起了一道坚实的高墙。

为了呵护这乐观的火种，最重要的事情，形象地说，就是父母要守在孩子知识的摇篮旁，直接参与对他的教育，和他一起为取得的进步而高兴，把他的成功和忧愁都放在心上。“母亲教育学”不只是教育，同时也是教学。在孩子入学前的两年，我们学校就开始与家长共同进行目标明确、计划翔实的工作，教给孩子基础的识字和算术知识。这些未来的学生每周来学校一次（入学前半年开始每周来两次），由即将教一年级的教师教他们识字、阅读、做简单的算术题。当然，如果孩子在家里不能持续学习，那么每周一个小时的在校学习将会变得毫无意义。在“家长培训学校”的课堂上，我们教给父亲、母亲、祖父、祖母教孩子识字、算术的方法，为母亲制订有趣的家庭教学计划。这一切建立的基础是：孩子对知识、书籍有浓厚的兴趣，能将游戏与有针对性的脑力劳动相结合，孩子与家长能够不断地进行心灵沟通。为了让学龄前儿童学习识字和算术，高年级学生还制作了专门的直观教具。我们的孩子进入一年级时，就已经会阅读和数数了，这在很大程度上减轻了日后学习的负担，使脑力劳动成为一件有趣的事。好处不止于此，在为学校课程做准备的过程中，孩子与父母的心能够贴得更近。父亲和母亲发自内心地关注孩子的成功和失败，也懂得了一门微妙的学问——要尊重孩子想要变得更好的意愿。同时，学前教育还能防止家长产生一种错误的思想：只要“好好逼孩子一下”，他就能得五分或四分。我们努力让父母明白，学习成绩并不代表道德水平。要是违背这一点，就会给孩子带来很大伤害，有时甚至会让他的心灵备受摧残。将各科成绩与道德面貌等同看待，是一味地追求表面成绩（分数）的结果。我们认为，不能将一切都归结到这个片面的结论：分数高就是好学生，分数没有达到要求就说明学生不合格。这个奇怪的、不符合教育学常识的观点，没有把人看作是由多种特点、品质、能力、爱好组成的和谐统一体。

遗憾的是，这种观点存在于很多家庭中，甚至在社会生活中也屡见不鲜。现在有不少文章大肆宣扬，学生得三分就是知识掌握不足，学习能力太差。每当我听到或读到这样的观点时，都会感到愤怒。尊敬的教师同志们，是时候坚定地告诉自己，三分是完全合格的考核结果。顺便说一句，如果所有教师都能够正确看待此事，那么弄虚作假的做法就会消失，人们不会再用三分来评价不合格的知识掌握情况

（遗憾的是，很多学校偏偏就是这么做的），父母也不会再向孩子提一些不可能完成的要求——因为并不是所有人的能力都是一样的，有的孩子很容易地就能取得五分、四分，有的孩子能得三分就已经是很大的成就了。在即将普及中等教育的今天，记住这一点尤为重要。

57 怎样随着孩子的成长和发展，加强针对家长的教育工作？

我们将一系列教育思想贯穿于家长培训的全过程。我们认为，孩子的家庭精神生活与学校教育保持统一，具有非常重要的意义。全体教师都努力让父母相信，家庭中应当充满尊重科学、文化和书籍的氛围。我们和家庭一起举办读书节，其目的就在于让父母为家庭藏书增加一些文学作品。为了宣扬书籍对家庭和家庭成员精神生活的作用，我们在家长培训学校的各个小组都举办过讲座，也会跟家长进行单独谈话。我们努力培养孩子多方面的精神爱好和需求，其中排在首要位置的就是对书的渴求。在我们的倡导下，很多家庭都把黄昏时分作为阅读时间——孩子和大人都在阅读家庭藏书或从学校图书馆借来的书。

同时，我们还十分重视另一个重要的教育思想——儿童、少年和青年的自我教育。这一点离不开家庭和书籍的参与。我们努力让正在成长的学生学会利用并珍惜空闲时间，做一些发展精神需求所必需的活动。

我们会告诉父母，从孩子开始明白事理的那一刻起，就应该在他心中树立一些公民特征，并不断将之深化、巩固。公民意识和公民情感的源头在童年；播种在孩子心中的一粒种子，会长出茁壮的幼苗，并在心中深深扎根。我们认为，针对如何种下这颗公民的种子、公民意识如何生长出来，提出一些建议是非常有意义的。我们教给家长，要在家庭中，即孩子的精神生活中反映出公共利益，这一点非常重要。

请这样培养孩子的意识：让对公共利益和他人利益的关心，成为未来公民个人的事情；让他的思想和情感不再受物质需求和精神需求的限制。这里不得不再提醒一次，一个人的道德面貌很大程度上取决于他在童年时期感受到的快乐源泉是什么。生活中有很多机会，可以让孩子发自内心地接受一些乍看上去与他无关的事物。在帮助父母用心发现、感受这些机会的过程中，我们让他们意识到，教育也是一种创造。比如，在你家院子对面的街上，长着一棵枯萎的树，不知道是谁在什么时候种下的。如果没有任何人照料这棵树，它很快就会枯死。请提醒自己正在上二年级的孩子，让他关注这件原本他没有注意到的事，如果没有唤醒他心中的公民情感，那他永远也不会注意到眼前的一切。让孩子去照料这棵快要枯死的树，给它浇水，为它驱除害虫。另外再帮他种下三棵树，让他第一次体会到为他人付出的自豪感。孩子越大，他所做的事情就越有意义，而这些事情正是构成公民情感、忧虑、关切的现实基础。

在我们和家长的工作中，对青少年“社会成熟度”的问题也很关注。对于这个同样非常细微、难以捉摸的精神领域，学校与家庭做到一致努力具有非常重要的意义。如果没有家庭参与，就什么也做不了；如果撇开“母亲教育学”去研究孩子的社会成熟度，就是在白白浪费时间。青少年社会成熟的最主要根源，在于他们对家庭收入的劳动贡献。我们认为，如果快要中学毕业时，青少年还只是物质财富的消费者，这是完全不能接受的。这也是一些青年患上“幼稚病”的主要原因。我们和家庭一起操心中高年级学生的社会成熟度，应当努力做到，让每个孩子都能参与社会生产活动——注意不是学校组织的以教育为目的的劳动，而是真正为创造物质财富而进行的劳动。正是由于提出了这个更贴合实际生活需要的目的，才把劳动从某种死板的义务转变为生活本身的事业。在劳动中，学校教育——准确地说是死板的教育越少，劳动真正的教育意义就越深刻。由于学校和家庭的理念一致，对青少年劳动生活的要求一致，我们形成了这样的传统：

十二岁至十四岁的孩子要自己赚钱，用来购买冬季的衣服和鞋。

十四岁至十七岁的青少年要自己赚钱，用来购买全年的衣服和鞋。

通常从十岁开始，学生就要通过自己的劳动来换取教科书和教学用具。

一个人怎样劳动，以什么样的目的劳动，决定了他的思维方式。如果在校期间的劳动只被当作教育的附属品，那么无论是有意识的未来规划，还是慎重的职业定位，都是无从谈起的。如果青少年的劳动不被视为一种严肃的、成年人的事情，那么我们就无法与家长谈论孩子思维的成熟度、课堂上的独立性、公民的责任感和未来建立家庭的精神准备。

58 怎样与家庭共同指导孩子劳动？

我要再次强调，将儿童、少年和青年的劳动纳入家庭的经济、物质生活，使其成为不可或缺的有机组成部分，让父母把劳动视为孩子的神圣职责，是非常重要的。如果做不到这一点，那么在学校里使用的任何教育技巧都不会收到成效。如果家庭不需要儿童劳动，如果父母千方百计地想减轻孩子的负担，不让他们参加劳动，那么学校每周、每两周、每个月组织的实践活动，对于孩子来说都不是真正的劳动，而是一种游戏，并且是一种令人厌烦的、繁重的、只想尽快摆脱的游戏。只有当劳动成为经济必需品时，它才具有教育力量。如果能做到这样，那么所有的问题都会迎刃而解——学习也会成为劳动；父亲病了无法工作，也会促使青少年真正地像成年人那样思考。

在农村学校，很容易就能解决儿童劳动的组织和教育问题。是的，我重复一遍，这里说的正是儿童劳动。只有当一个人意识到劳动不再是抽象的教育练习，而是一项具体的工作，完不成就什么都没有，没有穿的衣服和鞋时，他才能成为一个真正的劳动者、一个真正的人。我们和家长一起努力，为孩子寻找力所能及且生产效率较高的工作。七岁至八岁的孩子和自己的母亲、哥哥、姐姐一起在养蚕小队工作：准备好桑树枝（剪下来），放到架子上，铺开摆好，最后清扫垃圾。九岁至十岁的孩子除了在养蚕小队工作，还去掰玉米、培育蔬菜种子、收集土肥并施到菜地里。十一岁至十二岁的孩子则可以晾晒干草、采摘蔬菜、放牛和羊。

少年们可以照料畜牧场里的牛、青贮饲料作物、清洗种子，部分十二岁至十四岁的男孩可以在菜园里开拖拉机；还有一些男孩和女孩能够操作各种农业机械和耕地，在经济作物和蔬菜的畦间松土、播种、收割。

年轻的朋友，你可能会觉得，让孩子过早地参与真正的生产劳动是不正常的。我知道，有些教师会对我们的劳动教育体系有所顾虑：孩子们还有时间休息吗？他们会不会负担过重了？其实，我们不需要有这些顾虑。这个体系不是我们臆想出来的，而是民间教育的古老传统：孩子帮助父母劳动，父母也需要孩子帮忙。当孩子学会拿勺子从盘子里把饭菜送到嘴里时，他就开始劳动了。这不是为了练习，而是因为对于他身边的每一个人来说，如果不劳动就无法生活。

民间教育很清楚，哪些是孩子能做的，哪些是不能做的。因为这其中融合了生活的智慧和父母的爱。民间教育也不担心劳动会带来劳累，因为如果不流汗、手上不磨出茧子，那就算不上进行了劳动。

民间教育懂得劳动的神奇力量，为我们揭示了教育智慧的新源泉，这是教育理论书籍未提及的。我们相信，只有在劳动中挥洒了汗水、磨出了茧子、感觉到劳累，人的心灵才能变得敏感、温柔。正因为劳动，人才具备了用心感知周围世界的能力。儿童劳动者和少年劳动者看待人的方式，会跟那些没有真正劳动过的人完全不同。

59

怎样通过劳动培养高尚的心灵和人性？

我记得有一个叫卓娅的小女孩，她的母亲非常宠爱她，对她的任性一再纵容。后来，这位母亲生病了，是一种非常折磨人的慢性病，病情时好时坏。卓娅读三年级时，班级要组织一次沿第聂伯河的趣味旅行，为期五天。卓娅的母亲来到学校，咨询应该为女儿准备哪些路上要带的东西。母亲的身体状况很糟糕，但还在竭力表现得未受到疾病的侵袭。我好不容易才说服她，不让卓娅去旅行——难道能把已经病成这样的母亲留下不管吗？我把小女孩从课堂上叫出来，告诉她不能去旅行了，她一下子大哭起来。

“难道你没看到妈妈现在是什么状态吗？”我问她，“她病得很严重，还装出一副健康的样子，这得花多大的力气啊！难道你不为此感到不安吗？”

小女孩莫名其妙地看了我一眼。

“我怎么会知道呢？”卓娅用漫不经心的语调说，“妈妈又没告诉我她生病了。”

很明显，小女孩对于不能跟同学一起去旅行非常不满。理智告诉她，不能丢下妈妈一个人，但她的心灵毫无反应，这就是不幸之所在。

我花了很长时间来唤醒这个小女孩的心灵。我从教育上首先关心的是，要让卓娅体验到为母亲、为同班同学付出劳动所带来的自豪感。当看到她的眼中闪烁着人性的自豪感时，我可以确定地说，现在这个生命变成一个真正的人了。

如今，卓娅已经长大，成了两个孩子的母亲。她的大儿子马上就要入学了，我们正在和他的母亲一起教育他。

学校培养的是共产主义新人。在我们创造的社会中，人与人应当成为朋友、同志、兄弟姐妹。只有当一个人愿意为他人的幸福奉献出自己的一份真心时，才能培养出高尚的品质。只有奉献出精神财富，才会收获精神财富。当一个人在劳动中能够为他人进行创造时，人与人之间的关系才能得以明显地体现。劳动是一个无限的概念，因为这是人的劳动。劳动并不只是人们种庄稼、种树，最细致、最复杂的劳动是一个人走近另一个人，从对方的眼睛里“读出”他所需要的帮助。这种劳动是人类精神活动的最高境界。但要达到这个顶峰，必须先从山脚出发——为家庭的物质财富工作，创造物质价值，满足衣食住行的需求。

60 怎样与家长一起培养未来的父母？

是的，这件事只能与家长一起完成。学校培养的，不仅是公民和劳动者，也是未来的父母及他们的孩子的教育者。我们教师群体都很关切的问题是，要防止年轻人对婚姻、爱情、生育持轻浮、草率的态度。遗憾的是，这种态度在年轻人中依然存在。我们会和父母一起分担这份忧虑。在家长培训学校的课堂上，我们会告诉父母，当孩子将要性成熟时，家长会面临哪些任务。针对如何使性本能变得高尚这一问题，我们努力与父母达成一致。当儿童成长为少男少女后，我们会和他们进行谈话——男教师、父亲与男孩谈话，女教师、母亲与女孩谈话。多年的学校工作经验让我相信，这是一件非常必要的事情。可以说，这是对青少年心灵最温柔、最细腻、最小心翼翼，同时也是最必不可少的触碰。我们教男孩、女孩怎样生活，教他们成为真正的人。这项使命只能交给心思最细腻、最具人性关怀的教师来完成。

我们告诉青少年和家长们，没有专门的关于爱情的科学，但是有关于人性的科学，谁掌握了它，谁就为树立高尚的精神和道德做好了准备，谁就为孕育新生命做好了准备。爱情是对人性最严苛的考验。在童年、少年时代，这种考验就开始了，当一个人愿意将自己的精神力量奉献给他人时，他便通过了入门考试。

年轻的朋友，我想建议你：在培养一个人进行最明智的创造——创造人的时候，请用牢不可破、相互依存的关系来培养他的智慧、意志和情感。在精神生活领域，智慧和意志应当成为性欲的警卫。不要相信某些作家和评论家的观点，认为不能命令情感，欲望是无法控制的。这是性放纵和“爱情自由”的遮羞布，也是列宁坚决反对的。

年轻的朋友，请用人类的伟大真理来教育即将步入人生新阶段的青年——爱情，首先是对你所爱之人的责任。在爱情中只想追求享受的人，只是一个好色之徒、流氓恶棍。爱，首先意味着付出，将心灵的力量献给自己的爱人，并为之创造幸福。

请让你的学生终生牢记：男女婚前的关系如何，在这种关系中，精神和道德的因素有多少，决定了人一生的品格操守。

不要害怕告诉少男少女们，什么是家庭生活，精神和物质在家庭生活中是怎样纠缠在一起的。我们要告诫他们，不要被感情冲昏头脑，对未来家庭的物质财富要有清醒、理智的认识。有这么一句老话：“和爱的人住在一起，窝棚也是天堂。”现在这个观点已经不适用了。如果生活连最基本的保障都没有，那就不是天堂，而是一种折磨。在考虑创建家庭之前，要先掌握一技之长，有一定的经济收入，具备独立生存的能力——这就是我们要教导青少年的。

语言在教育中起着很大的作用。但要让关于如何生活的话语深入年轻人的心，还需要很多必要条件。必须再重复一遍，只有把为别人带来福利的愿望融入劳动中，并且能够从为别人创造的幸福中获得快乐的人，他的内心才能对语言保持敏感。一个人在步入青年阶段之前，也就是在少年时期，就要拥有足够多这样的经验，如此，话语才能进入其内心的最深处。首先要唤醒心灵，让它感受到为别人奉献所带来的快乐，然后再用一些激励、鼓舞人心的话来号召——这就是教师对年轻心灵施加教育影响的逻辑。在这一影响下，积极的精神活动会与语言有机结合起来。在教育和培养未来的丈夫和妻子、父亲和母亲时，这种结合显得尤为重要。在人类生活的领域内，学生积极的精神活动与教师话语的结合，源自世界上最纯洁的溪流——对女性的尊重。没有学校与家庭的共同协作，这条溪流很快就会干涸，源头也会枯竭。

61 怎样培养学生对女性——女孩、母亲的尊重？

我年轻的朋友，你要从理智和情感上向学生灌输一个真理：神圣的爱国主义精神源自母亲。要善于教导学生观察生活，生活中有很多复杂的人际关系，这些关系在提醒青少年，甚至在向他们大声疾呼："不要视而不见，不要无动于衷，要参与到你所看到的事情中。"

一月里寒冷的一天，路上是厚厚的积雪，我八年级的学生艰难地来到学校。他们聚集在学校温暖的走廊里，抖落着身上的雪。突然，有个人想起来一件事：我们学校旁边不是住着一位老奶奶吗？她现在怎么样了？雪已经连着下了两天。我们去她家看看吧！大雪可能已经盖住了老奶奶的小屋，我们怎么能就这样安心地坐在温暖的教室里呢？估计连个给老奶奶送水的人都没有。

我们蹚着厚厚的积雪，艰难地来到那间小屋前。打开门之后，发现老奶奶发烧了。怎么办？我们赶紧给医院打电话。

需要马上把病人送往医院。集体农庄给我们安排了一辆汽车，可是雪太厚，车子连院门都出不去。老奶奶因为发烧，翻来覆去地呻吟着。少年们的眼中亮起了我从未见过的光芒，那是一种坚毅和勇气，他们已经做好了帮助他人的准备。我们做了一副担架，用皮大衣把老奶奶裹住，六个人抬着她往前走，另外十二个人在前面清扫道路，每走两百米轮换一次。我们商量好，一组人抬到前面的雪堆处，然后就换下一组。大家睫毛上沾满了雪花，室外的气温已经降至零下二十多度，但我们每个人都浑身冒汗，丝毫感觉不到寒冷和疲惫。经过五个小时的奋战，在天色已近黄昏的时候，我们终于到了医院，把病人送上了病床。

从这一天开始，孩子们一下子变得成熟了。这些十四岁的少年，变身为勇敢的男子汉。这一天，他们将永远难以忘怀。现在，他们敞开了心扉，聚精会神地听我讲关于女性、母亲、女孩，关于美丽和勇气的话语。接连好几天，我们都在静谧的夜晚聚集在被称为“思考室”的房间里，我能感觉到高尚的行为唤醒了灵魂、打开了心灵。此刻，话语成了强大的教育力量，而在其他时刻，虽然用同样的语调，说同样的内容，却是空洞的。如果想让有关女性的话题能够经常震撼少年的心，那就一定要让少年朝着男子汉迈进，让他们为女性做一些了不起的事情。

关于母亲，我是这样跟青少年说的：孩子，永远不要忘记，母亲是生命的缔造者。她给了你生命，养育你长大，向你展示了世界和母语的美，教你区分善恶和荣辱。孩子，请记住，母亲所有的愿望、牵挂和忧虑都是关于孩子的，关于他的命运的。孩子心地善良、行为端正，母亲便是幸福的；孩子内心邪恶、行为不端，母亲就会满心痛苦。每一位已经是母亲或即将成为母亲的女性，都在用自己的方式深刻地、巧妙地履行着对整个人类的责任。母性能够让女性变得美丽而聪慧。一个女性从成为母亲的那一刻起，她的情感就获得了一种除她之外任何人都无法体会的崇高意义。

62 教师应该具备哪些品质？

只要学校还存在，康·德·乌申斯基的这段话就仍然是不可动摇的真理：“教育中的一切都应当以教育者的个性为基础，因为个性是教育力量的源泉。任何规章制度和纲领，任何组织机构，不管设置得多么巧妙，都取代不了个性在教育事业中的作用……没有教育者个人对受教育者的直接影响，就不可能有深入人性的真正的教育。只有个性才能影响个性的发展和定型，只有性格才能培养性格。”

生活让我们相信，受教育者就像教育者的一面镜子。教育的艺术和技巧就在于，要能够从受教育者身上，从这个我们从小培养起来的会思考、会感知、会领悟的生命身上看到自己。“有教养的人身上，起主导作用的是人的形象。”阿·瓦·卢那察尔斯基[1]的这句至理名言让我们不得不思考，教师的真正作用是什么。评价一个人受教育的程度，不能只看他掌握的知识，还要看他多方面的综合表现。教师个人教育力量的强弱，在于并取决于他将教书和育人有机结合的程度。如果我们说学校是用知识来进行教育的，那么知识的教育力量首先就在于教师的个性。

我年轻的朋友，要在学生身上留下我们的影响，并不意味着要机

---

〔1〕 阿·瓦·卢那察尔斯基（1875—1933）：苏联文学家、教育家、美学家、哲学家和政治活动家。

械地把知识从我们的头脑中转移到学生头脑中。要时刻记得，在帮助他们认识周围世界时，我们自己也是周围世界的重要组成部分。他们在认识世界的同时，不可能避开对我们的认识。我们传授给他们的知识，与人的个性密不可分，与人的情感世界融合在一起。在这个融合的过程中，隐藏着教育教学工作的一个秘密，那就是把知识转化为信念。我认为，这个秘密是人成长过程中最难以捉摸的地方之一。因为学生对在学校获取的知识的态度，很大程度上取决于他们对待教师这盏指路明灯的态度。如果一个教师热爱自己所教的学科，那么他的学生也会热爱知识、科学和书籍。教师的言谈中不仅包含了所教学科的含义和内容，更有一种思想层面的感情色彩。只有当学生面对的是一位酷爱科学的人时，他们的情感和领悟才会被激发。

对学科的热爱指的是什么？它源自哪里？又该如何培养对科学的热爱？我坚信，最重要的一点是教师要有渊博的知识储备。只把自己知识的百分之一用于课堂讲授就已经足够的教师，才是真正热爱自己学科的教师。教师的知识越渊博，他对知识、科学、书籍、脑力劳动和智力活动的态度就会越鲜明。这种知识财富也是教师对所教学科、对科学、对学校、对教育的热爱。

热爱自己所教学科的教师具有一种非常宝贵的品质。他不只是向学生传授具体的知识，还激发他们进行思考。所有努力用知识和对学科的爱来教育学生的教师，都在为这个目标而奋斗。当一个人看到自己的智慧、聪明才智、蓬勃的求知欲在另一个人身上得以延续时，他就看到了自己对学生的影响。在课堂上，要在必修知识和超出大纲的知识之间架一座小桥，教育者要引导学生都通过这座小桥，只有这样，教师对学生集体和个体施加的影响才能实现。我把在课堂上教给学生的知识看作一粒种子，它可以萌发出茁壮的思想幼芽，并获得丰厚的收获——对知识更渴求、更聪慧、更有进取心，精神上更富有。如果没有这些收获，学习就会变成死记硬背，上课就变成了对背诵的检查，学生就变成了听话的背诵知识的机器。我认为，只有当学生不满足于课堂所学，渴望获取更多知识，且这种渴望成为促使学生不断学习、掌握知识的刺激因素时，教师才会成为点亮知识的明灯，成为真正的教育者。

课堂上，我会精心耕耘，在肥沃的土壤里播下知识的种子；下课后，我会给学生安排丰富的智力活动，让他们沿着知识的河流，一路游向辽阔的大海。如果把学习局限在课堂、教科书和几页家庭作业上，我就不可能成为一个教育者，知识也发挥不了教育的作用。只有在下课后，学生心中依然能燃起蓬勃的求知的思想火苗，知识的种子才能萌发，成长为茁壮的思想幼芽。

这个火苗首先指的就是个人的阅读，在书的世界中丰富精神世界（我们还会再讲到这个问题）。其次，这个火苗还指的是课程小组。正是因为有了它，教师成为教育者，学生成为受教育者。我坚信，没有这个精神生活的发源地，上课就会变得枯燥无聊，只是机械地把知识从教师头脑中转移到学生头脑中。我们所有人——教师和学生都包括在内，都是知识海洋中的航行者。我们会准备有关最前沿的科学研究的介绍和报告，对科学期刊上的论文做简评。

年轻的朋友，我想给你一个建议：你的知识、你的求知欲、你对阅读的热情，都是你个人教育力量的强大源泉，你要正确对待这个源泉，并引导学生也走近这里。要让自己成为所教学科的主人。要让学校的教学大纲和教科书对你而言只是最基础的知识，就像字母之于精通修辞学的人。要持之以恒地补充科学知识。你在学校讲授某门学科的基础知识，那么你的个人藏书中就应该有大量与这门学科有关的书籍。这些书籍的数量要能够保证，在未来四五年的时间内，每个月向每个学生提供一本（有些学生可能每周就需要一本）。请找到“自己的学生”，并培养他们——培养与你的爱好、兴趣、志向和能力都相似的年轻灵魂。让每个班级都有几个对你的知识领域着迷的学生。让语文教师、历史教师、地理教师、生物教师、数学教师等每一位教师都有自己的学生。

学生越喜欢你的课，你就越能成为一位好教师，在你身上教书和育人的有机结合就越紧密。如果教师的人格不能对学生的人格产生直接的影响，那么对能力、志向、才干的培养问题就得不到解决。能力只能通过能力来培养，志向只能通过志向来培养，而才干也只能通过才干来培养。

在这里说句题外话，好的教师是从做学生时就开始培养的。只有那些爱孩子、具有极高的教育智慧、善于唤醒青少年心中向善和不断进步的愿望，同时有着强烈自尊的人，才能让孩子的心中燃起对教师职业的热爱之火。

我设想的理想学校是这样的，里面的每位教师都有自己的学生（这一点前面提到过）。可能有人会有这样的疑问：每位教师都在努力为自己的学生营造某种程度上独立的知识世界，会不会对班集体或全校产生负面影响呢？答案是不会。不仅没有任何危害，相反，只有当每位教师都有自己的学生时（教师在这些学生身上留下自己的影响），才有可能形成真正具有教育力量的集体。

63 作为教育工具的集体是如何形成的？又是如何维持的？

集体（儿童集体、少年集体、青年集体）是一个非常复杂的统一体，就像是一条由千万条小溪汇成的河流。在学校工作的三十二年里，我一直在观察一年级学生的生活，有很多届学生，我从一年级一直教到四年级。我想我有资格说，在孩子们刚跨进学校大门的一段时间里，班级里还没有，也不可能有所谓的集体。因为集体是逐渐形成的。有一种观点认为，维持集体主要依靠严格的要求和组织有序的从属制度。我认为这个观点非常幼稚。严格要求、责任心强、服从安排、听从领导是集体得以维持的重要基础，但缺少其他同样重要的基础，集体也不可能形成。有些教师认为，从学生中选拔班干部，分配职责，明确要求，就可以创建集体。事实证明，这种想法根本不现实。一般来说，在像学校这样复杂的精神共同体中，没有哪个因素是可以完全绝对化的。不要下过度宽泛和绝对化的结论，比如这样做一定行、那样做一定不行。集体并不是无缘无故冒出来的，而是教师创造出来的。集体就像水滴，从中可以反映出教师的教育理念和世界观。

我认为，形象地说，集体是在这些基石上形成的：思想的统一、智力的统一、情感的统一、组织的统一。

集体的形成和这些基石的奠定都取决于教师。有时候，集体形成的要素在孩子们入学的第一年就会出现，有时候则会晚一些。一块基石的稳定、牢固，取决于其他基石的稳定、牢固。其中，组织的统一

（包括严格要求、服从安排、听从领导、有效管理和从属制度）取决于思想、智力、情感的统一。因此，不要急于建立这样或那样的组织从属结构。不要寄希望于只要班上选出了班干部、分配了职责，一切就会自动走上轨道。

我认为，集体的形成要从思想的统一开始，组织的统一这块基石正是以此为基础。通常情况下，我是这样建立集体的——先让孩子们对善与恶，或者说对“什么是好，什么是坏”产生一致的概念、理解和认知。建立集体最重要的基础是，让孩子们一心向善，与恶作斗争，通过集体活动树立善的信念，同时对恶采取零容忍、不妥协的态度，让孩子们用果敢和坚强与恶作斗争。你越是能够在孩子们的思想和心中，树立对美、善的追求和对恶的不妥协的态度，你就越能够成为他们真正的教育者。我力争让每一个孩子都能明白和感受到，只有在集体中才能成为真正为善良而斗争的战士；集体斗争能带来极大的快乐，让人认识到自己的力量，感受到自己的美；在共同奋斗的伙伴关系中，一个人得以认识另一个人，并由此萌生最重要的精神需求——需要他人，需要他人的支持和帮助。在管理（领导）他人之前，首先要学会管理自己，要让自己做有良知的事，能够敏锐地感知到良知的呼唤，要对善与恶极其敏感。只有当一个人（哪怕他还很小，也是一个人，这一点永远不能忘记）已经有了为善良而斗争的道德体验，体会并感受到这种斗争带来的快乐时，才能获得这种敏感性。而这种快乐，只有在最初共同创造某种美好、善良的事物时，才会被感受到，没有这些美好、善良的事物，什么都不可能做成。

学生的年龄越大，他内心向善、反对邪恶的斗争就越有意义。我们的教师集体认为，让每个人在童年和少年时期就接受这种集体斗争的训练，是非常重要的。首先便是用自己的双手劳动，创造和树立对善的认识。在培养集体的过程中，没有比“口头的热情”（只是嘴上喊着坚决抵制恶，实际上什么都不做）更糟糕的事情了。要知道，我们生活中的恶，首先就是懒惰懈怠、玩忽职守、对社会主义财产麻木冷淡、自私自利、庸俗市侩。我们要努力做到，让集体成员在童年、少年和青年早期，拥有为他人创造物质财富和精神财富的共同思想和体验，并因此联合起来。在荒芜的土地上培育出一片小橡树林，把贫瘠的土地改造成一片沃土，这样的劳动只有集体才能完成，也只有在劳动中，集体才能发挥巨大的教育作用。正是这种劳动，用共同的信念和情感把人们团结了起来，同时奠定了思想的统一、情感的统一这样的基石。当把学生的力量一点一滴地聚集起来，他们就能感觉和意识到集体具有强大的力量，只有在集体中才能真正认识到人性之美。

年轻的朋友，你要善于通过劳动把学生团结起来，因为在劳动中能够鲜明地体现为人民服务、为人民利益贡献力量的思想。在我们身边，这种劳动的机会比比皆是。比如说，在你的学生面前有一片空地，他们都已经习以为常，根本没注意到这里都快变成垃圾场了。要想办法引导他们关注这片空地，并打算在此建造一片小树林，以在盛夏时节为过路人提供阴凉的休息之所。请记住，为他人谋福祉而进行的集体劳动才是真正的思想教育的基础，集体的思想基石和情感基石是在劳动中得以汇聚和融合的。无论如何都不能让学生在做事情时半途而废，那样只会让人堕落。也不要让你的学生只会抱怨这也不好，那也不好，别人的什么都好，我们的什么都不好，在做事情时却连手指头都不动一下。空话是没有任何教育意义的。集体是在实践活动中、在斗争和劳动中诞生并发展壮大的。

智力的统一是集体的另一块基石。但这并不意味着，要让所有人都对某个具体的知识领域产生相同的兴趣。相反，成功的秘诀恰恰在于，要让集体的成员有不同的兴趣和爱好，要让他们阅读不同的书籍。智力的统一是指对知识的共同追求，对科学思想、对书籍、对聪明而有教养的人的尊重。关于集体智力的统一，我是这样设想的：比如，在七年级或八年级的班里有三十五名学生，其中八名学生爱好数学——也喜欢上了数学老师，七名学生痴迷于物理，还有八名学生深爱着文学，九名学生喜欢生物、土壤学和农艺学，等等。这就是真正的智力的统一。每个人都有自己的爱好，有自己的“干劲”，都在努力用自己的兴趣爱好充实集体，集体的智力活动也因此变得丰富多彩。孩子们在上课前或是放学回家的路上，会聚在一起讨论，畅想未来科技的发展。有趣的是，他们谈论的不仅仅是教学大纲或教科书上的内容，那些课堂上没有学过的东西让他们的思维更为活跃。整个集体因为不断追求知识的丰富而生机勃勃，这是非常重要的。这种追求完全取决于历史、地理、数学、物理、生物和文学等各科教师是不是一位成功的教育者，取决于他们在多大程度上通过自己的学识赢得学生的头脑和心灵。这种集体教育首先是教师为了赢得学生的心灵而进行的聪明、机智的斗争。实际上，就是在学校里设立若干个智力活动的基地、小组，每个小组都有自己的组织形式，比如我们学校是课程小组，当然也可以是其他组织形式。

64 怎样通过集体让个人全面发展?

人是一个不可分割的整体(道德、智力、情感、审美、创造),要在单个集体中对这个整体进行揭示、表现和发展是不可能的,因为各个成员的关系在集体中存在局限性。例如,作为基层组织的班集体不可能是完成个人全面发展任务的唯一集体形式。一个学生对数学感兴趣,另一个喜欢生物,第三个喜欢文学,第四个则喜欢发明创造。此外,每个学生可能不止一个兴趣,还会有别的爱好——音乐、绘画、木雕等。随着年龄的增长,学生的兴趣爱好也会不断发展变化,需要进行与其他人完全不同的活动。所有这些复杂多样的兴趣、爱好、活动,是班集体这种单一的集体形式无法容纳的。前面已经提到过,如果教师已经成为一名教育者,那么他就不可避免地会成为集体的中心,而这个集体是由于孩子们智力兴趣的一致而形成的。各个课程小组就是保证个人全面发展最必要的一种集体形式。这样的小组一般由六、七年级的学生创建,在一些智力活动蓬勃发展的学校,四、五年级的学生也可能加入进来。通常,这些小组都由同龄人组成,但并不排除七、八年级或八、九年级的学生在同一个课程小组的可能性。

除了对知识、科学、书籍的兴趣,学生还会有诸如劳动、发明创造等方面的兴趣。劳动及与劳动相关的发明创造是个人爱好、能力和才能得以发展的一个重要领域。在我们学校,有些劳动创造小组——技术小组、农业小组,它们也是根据年龄组建起来的,比如,三、四年级少年机械师小组，五、六年级少年机械师小组，六、七年级少年无线电技师小组，一、二年级少年园艺师小组，三、四年级少年园艺师小组，五至七年级少年育种师小组，八至十年级少年机械师小组，等等。每个小组少则八至十人，多则十五至二十人，都是长期、稳定的组织。在有的学校，这些小组已经存在了二十多年，一些学生加入某个小组两三年之后，会转到高年级的学生小组，也会有其他新加入的学生接替他们。劳动创造就像智力的统一一样，是把学生团结起来的有力工具。

无论是课程小组，还是劳动创造小组，都要有自己的活动基地。课程小组要有自己的“思考室”（或图书室），学生在这里度过精神生活中最丰富、最充实的时光，他们与书交流，进行着马克思称为智力游戏的活动。劳动创造小组的基地是工作室、实验室和活动室，学生们在这里完成各种活动任务（设计、安装等）。课程小组的负责人是教师，劳动创造小组的负责人是教师或高年级的学生。这是保证课余活动能够独立进行的一个重要因素。

还有另一种类型的小组——课余文艺小组、文学创作小组、音乐小组、戏剧小组、文学阅读小组。在这里培养、发展的兴趣，不仅能够在审美层面，还能在道德、情感和智力层面丰富个体的精神生活。我们全体教师坚信，这是对学生心灵和理智的一种敏感而温柔的触动，没有这种触动，基层集体就不可能成为精神上的统一体。如果学生在以上任何一个集体中都没有积极地表现自己，那我们就会非常担忧。

我们把这些集体称为“艺术文化集体”，这个称谓充分表达了在这些集体中进行的活动的本质。即便是年龄最小的学生，也可以加入。我们还有两个童话小组，每个小组有十五到二十个一年级学生，由高年级学生负责管理。孩子们来到“童话室”，高年级的学生给他们朗读、讲述一些有趣的童话，他们还会排演一些民间童话剧。对于他们来说，小组中最有趣的活动形式就是改编童话故事。

我们认为，在这些艺术文化集体中，最有意义的要数儿童木偶剧，有四十多个低年级学生参与其中（他们被分为三个小队），由高年级的共青团员负责管理。

65 怎样培养服从和领导的能力？怎样培养严格要求的精神？

如果学生的全面发展是在多个集体（我所说的远远不是全部）中进行的，那么就会出现这种情形：每个高年级学生都会成为领导者、教育者，许多少先队员也可以获得领导经验。同时，领导是在活动中产生的，可以说是活动的产物。通常，当一个人在某个领域表现出较强的能力时，他就会被选为领导者。孩子们愿意服从这样的领导，因为这种情况下的服从，等同于他希望自己今天能变得比昨天更好。在学校里，如果没有通过共同目标来鼓舞集体进行积极活动，那就谈不上服从和领导。在这里，非常重要的一点是，你用来培养集体严格要求的精神的活动，要具有显著的社会意义和公民意义。

服从首先是对自己下命令。这种意志上的举动需要具备高度的自觉性。一个人在少年时期、青年时期，尤其是童年时期，只有在了解活动自身意义的同时，懂得情感的言外之意，才能理解活动的崇高目的（社会、公民的目的始终是崇高的）。只有在情感上认可了自我服从，才会有意志上的服从。简单来说，儿童和少年只有在服从自己的内心时，才会自觉地服从伙伴的领导。最为重要的是，要让领导者的意志建立在崇高的道德和情感基础之上。换句话说，领导者号召集体开展的活动，本质上应该是为人和社会服务的。在这里，我们看到了集体的所有基石——思想、智力、情感、组织的统一——之间的紧密联系。如果学生在即将参加的活动中看到让他内心激动、精神振奋的事情，他就不会产生不服从领导者意志（命令、要求）的想法。因此，我向年轻教师建议：

要通过具有道德和思想的劳动来引导自己的学生学会服从。要让领导者对学生的要求和命令与学生内心的声音相结合。在进行具有重大社会意义的劳动时，要让这些明天的公民在自己今天的劳动中感受到公民意识，让集体在自身的规则、规范、要求中传达出社会理想，即全国所有劳动人民这个社会主义大集体的理想。

当我的学生集体被分为一定的团体（小组、小队），开始能够独立完成具有社会公益性质的劳动时，我就努力让这种劳动包含鲜明的思想核心，让每个学生不只是理解，更要感受到自己行为的崇高性。

66 怎样培养少年列宁主义者？教师在少先队生活中有什么作用？

孩子从加入少先队起，便开始了社会政治生活的新阶段。多年的经验使我相信，基层集体的教师、教育者的主要任务，就是用崇高的公民理想鼓舞少先队的生活。少先队是儿童、少年的公民生活和社会政治生活最重要的组织形式。少先队的集体生活应该是这样的：用比个人志向、能力、兴趣和对劳动、创造的热爱都更为重要的东西，鼓舞儿童和少年，丰富他们的精神，让他们团结起来。

在我们全体教师看来，少先队是培养公民意识的学校，是苏维埃爱国主义者社会政治关系的学校。我们认为，少先队和共青团的主要教育任务，就是让青少年的内心变得高尚，让年轻的心灵意识到，对于每一个苏维埃人来说，最宝贵、最神圣的就是我们的伟大祖国、社会主义制度、革命成果以及为共产主义建设而进行的奋斗。要帮助少年列宁主义者开展自己的组织生活，让这些最珍贵的事物在他们心中牢牢扎根。

如何在实践中实现这一点呢？首先，要让儿童、少年的活动带有充足的社会政治意义和思想意识层面的意义。祖国、家乡、革命成果、共产党、伟大的卫国战争的瑰宝，这些都应该作为最珍贵、最打动人心、最攸关个人的东西，深深根植于少年心中。只有当这些思想存在于各项事业和行为中，存在于各种关系和社会活动中时，这一点才会得以实现。

我们学校的优秀教师一直以来都十分注意，不让实践工作中的各项琐事遮蔽少年列宁主义者意识和情感中伟大、神圣和崇高的东西。在少先队组织的整个阶段（五年），我们不断向少年列宁主义者传达这样的思想：先辈们交给我们的所有的物质财富和精神财富，都是用巨大的代价换来的，每一块苏维埃的土地都是无数先辈用鲜血浇灌的；如果没有祖国，作为个体的我们便什么都不是；只有祖国强有力的怀抱，才具有让我们每个人精神振奋、道德高尚的神奇力量；如果没有在反法西斯战争中为祖国的自由和独立而流血牺牲的两千万英雄，就不会有我们安宁的童年和幸福的少年；我们的神圣职责就是要为伟大的苏维埃祖国的繁荣富强而奋斗，就是要了解并珍视任何事物都无可比拟的、最为神圣的祖国。

我们认为，列宁少先队组织最重要的任务之一，就是认识祖国，用理智和心灵认识祖国，让每一个未来的公民在认识最珍贵、最神圣的祖国时，都为她的伟大、富饶和强盛感到由衷的自豪。要让每个少年内心深处都有一种不断增强的责任感：为了祖国更加伟大、富饶、强盛，我做了些什么？我们努力做到，把用理智和心灵认识祖国同积极的活动结合起来。

我们每个少先队都会组织“漫游祖国”的演讲活动，主要讲述我国的自然资源和各族人民有趣的、激动人心的故事。少年列宁主义者面前有一幅地图，每个故事对应着我国的一个地方。孩子们在脑海中漫游，从自己的家乡出发，一路飞向越来越远的东方。我们会给他们看一些反映苏维埃人民生活和劳动的影片和幻灯片。一个各族人民团结友爱的美好世界在少年的心中展开。“漫游祖国”活动会持续很多年，直到儿童成长为少年，准备加入共青团，这个活动还在继续。由此，孩子们对祖国伟大和强盛的印象也会不断加强。

“漫游祖国”活动不只是用理智和心灵去认识现在，也是在回顾过去。我们向孩子们讲述，各族人民是如何为反抗阶级压迫和外来入侵而斗争的。各族人民团结友爱、同属一个大家庭，这是一种最为复杂、深刻的情感。在各族人民摆脱剥削、反抗侵略的斗争中，如果没有团结一致的坚定信念，这种复杂、深刻的情感就不可能存在。

要培养这种情感，必须开展具有崇高思想的活动。我们的少先队员与其他兄弟民族的孩子建立了友谊，同俄罗斯和白俄罗斯的少年列宁主义者的友谊尤其牢固。我们的孩子与同住在第聂伯河沿岸的斯莫连希纳和白俄罗斯的少先队员交好已经超过十五年的时间。每年同一天的同一时间，乌克兰、白俄罗斯和俄罗斯的孩子们都会到河边种下“友谊树”。少年列宁主义者宣誓：我们这三所学校存在多少年，就在第聂伯河畔种下多少棵树。

在友谊日（我们这样称呼这个节日）这天，孩子们都能感受到激动人心的兄弟情谊。由于与兄弟民族的孩子进行了会面，这种情感得到了加深。十年来，我们的少先队每年都会派出代表开启激动人心的旅程，前往戈梅利州科尔缅寄宿学校，拜访那里的白俄罗斯兄弟。白俄罗斯的兄弟每年也会来我们这里一次。孩子们在这种会面中体会到的深厚情谊，是难以用语言来表达的。每个人都有来自远方的朋友。几天之后，在分别的时候，孩子们的眼中都噙满了泪水。

我们全体教师深信，人民之间友爱的情感是人类最细腻、最高尚、最令人激动的内心活动之一。在这种内心活动中，社会与个人有机地融合在一起。我们认为，非常重要的一点是，让男孩女孩把这种情感投入劳动中——每个少先队员都会在友谊日种下一棵橡树，纪念与自己同龄人的永恒友谊。几年之后，橡树长大了。就像母亲照料孩子一样，照料树木同样能够使人的心灵变得高尚。

每个少先队都有一个神圣的纪念地——国内战争或伟大卫国战争时期发生过战役的地方。在那里，孩子们为英雄竖起有生命的“纪念碑”——他们种下从有二百年树龄的橡树上采来的橡实。少先队员们深受这一精神的鼓舞，在未来五百年甚至更久的时间里，这些有生命的“纪念碑”会一直挺立着，不仅能提醒人们缅怀英雄，还可以为疲倦的路人带去清凉的愉悦。

年轻的少先队员追踪历史的遗迹时，在距离第聂伯河不远的地方找到一块嵌入土地的大石头。据目击者称，在从法西斯侵略者手中解放乌克兰的战斗中，有两名苏联战士首先从第聂伯河左岸强渡到右岸，在这块石头的掩护下坚守了一个昼夜。少先队员找到了很多被子弹打下来的碎石块。他们在石头旁种下两棵橡树，以纪念这两位为保卫家乡而牺牲的英雄。经过长时间的找寻，少先队员找到了两位英雄的亲人，他们从遥远的西伯利亚被邀请到我们这里做客。少先队员在加入共青团时，会把这座有生命的“纪念碑”像传递接力棒一样，传给下一代少年列宁主义者。

缅怀为苏维埃祖国的自由和独立而牺牲的烈士，已经成为少先队组织生活中最为重要的内容。少年列宁主义者用几年的时间创建了“永垂不朽纪念室”，这里陈列着在伟大的卫国战争前线牺牲的同乡画像。少先队员把陆、海、空战争参加者的故事，作为人民的无价之宝和无上荣誉，小心翼翼地记录下来。“任何人、任何事都不会被忘记。”这句话已经成为我们学生的座右铭。

67 怎样让共产主义思想深入少年列宁主义者的头脑和心灵？

有句古老的拉丁谚语说："语言可以教导人，榜样能够吸引人。"我们全体教师认为，最重要的教育目标，就是通过能体现人最崇高的美德——为人民的幸福而奋斗、奋斗中的自我牺牲精神、对信念的忠贞不渝、克服困难时的不屈不挠、对共产主义意识形态敌对者的毫不妥协——的鲜明形象和榜样，在儿童的意识和心灵中树立共产主义理想。我们要努力做到，让每个学生的心灵在童年和少年时期，就被那些真正为共产主义而奋斗的人深深鼓舞。在孩子们系上红领巾，庄严地宣誓之后，作为教师的我，便会带领他们每周举行一到两次的共产主义阅读课。我们每个教师都认为，这是非常重要的事情。这是教师和学生进行近距离精神交流的时刻，少年列宁主义者的心扉会坦诚地在你面前敞开。在这个时刻，如果不和他们待在一起，就意味着你不可能了解孩子深藏于内心的诸多想法，也意味着你无法用精致的刻刀在你所塑造的那个人身上刻下最精细的线条。

共产主义阅读课既包括读书活动，也包括气氛热烈、引人入胜的故事会。多年以来，已经形成了一套固定的阅读和故事会主题。我们会朗读、讲述那些杰出的共产主义战士的故事，如捷尔任斯基、斯维尔德洛夫、拉佐、台尔曼、季米特洛夫、卡莫、伏契克、奥斯特洛夫斯基、尼克斯·贝洛恩尼斯的故事，还会讲到伟大导师列宁的生平及其为人类幸福奋斗的事迹。

共产主义者的精神中，尤其让孩子们深受鼓舞和激励的，是他们坚守信念、坚贞不屈、对敌人决不妥协的精神。每当我给少年列宁主义者朗读并讲述共产主义战士、列宁主义者卡莫的故事，特别是讲到他在监狱中遭受酷刑英勇不屈，即使是最残酷的刑罚也没能迫使他发出一声呻吟或说出一句求饶的话时，我都能看到孩子们的眼睛里燃烧着钦佩的火焰。这样的阅读课越多，共产主义真理就越能深刻地进入少年的心。

我的朋友，请像爱护无价之宝一样，去爱护儿童和少年心中对共产主义思想伟大力量和真理所怀有的惊叹、钦佩的情感。你要明白，用理智和内心去认识周围世界的真理的年轻心灵，是在努力了解最神圣的事物，努力发现自己眼前的榜样，努力寻找指路的明灯和光明的道路。不要熄灭少年心中永恒的火焰——对神圣的、颠扑不破的共产主义思想真理的信仰，对为共产主义思想进行斗争的信仰，甚至在必要时愿意为此献出宝贵生命的信仰。这是人最伟大的壮举、最高尚的美德。

共产主义阅读课点燃了学生对神圣而不可动摇的真理、对豪迈的思想美德的信仰之火。只有当一个人努力用自己的行为来表达对共产主义者光辉灿烂、英勇豪迈的事迹的惊叹和钦佩时，敬仰的火苗才会像光明的火炬一样熊熊燃烧。不只是要有所作为，还要用自己的行为和劳动证明一些事情，这是共产主义教育和自我教育非常重要的一条规则。我们认为，教师的任务在于，要让少年儿童在劳动中充满崇高的精神，而这种精神正是他们在用理智和内心去认识共产主义伟大真理的瞬间产生的。如果儿童的生活中有共产主义劳动，那么这种劳动就是这个未来的公民用以证明自己的劳动。正是由于有了这些劳动，他今天已然是一个公民了。我们努力让学生通过自己的劳动证明：

在我们的社会中，人与人是朋友、同志和兄弟姐妹；

自由的劳动者希望在劳动中发现自己，希望在双手创造的过程中留下自己的美；

社会主义社会的公民只有通过劳动才能树立自己的荣誉和尊严；

在任何一件平凡的小事上，劳动都可以彰显创造力，成为谱写诗篇、激发新灵感的源泉；

每个公民都可以通过自己的劳动，增强祖国的实力，让她变得更加强大。

通过这样的激励，可以使劳动变得高尚。在我看来，这是对少年列宁主义者进行思想教育的技巧之一。

那么怎样在实践中体现出劳动的这种思想性呢？

对此，生活中存在着大量的机会。比如，在培植公共花园的活动中，我们的每个少先队员都种下了一棵树。劳动成了一种无声的竞赛。每个人都为照顾小树做出自己独有的贡献。

我相信，每个人都在快乐地与自己的小树相处，把它当作亲手创造的作品，认真细致地观察，并由此开始热爱劳动。每个人都在证明，他有能力用自己的双手创造美。

我坚信，如果一个人能通过劳动树立崇高的思想，那么他会非常自豪，坚持自己的原则。他会非常珍视这些思想的瑰宝。在社会生活中，没有任何一件事情是与他无关的。这样的人会成为踏实又务实的社会活动家，少年时期的他便已经在道德上走向了成熟。

我的朋友，你可能会感到疑惑：作者开始讲的是如何让共产主义思想深入少先队员的头脑和心灵，后面却转到了劳动上。这是因为我们的时代是劳动创造的时代，应该教育年轻一代首先要在劳动中成为英勇无畏的人。在我们的时代，一个人的品质正是在为共产主义胜利而进行的劳动中展现出来的。

68 怎样才能让青年在领到印有伟大列宁肖像的红色共青团员证时满心激动，进而珍惜共青团员的称号？

作为一名年轻教师，你一定会有机会带高年级的学生。根据我的个人经验，我想给你提一些建议。

一天的工作结束后，我回到家，打开笔记本，回想起我的那些少年朋友们，于是，一双双聪明的、笑眯眯的、快乐的、调皮的、沉思的、忧伤的眼睛再次浮现在眼前。我建议你，能够经常独自思考，爱上这种为青少年命运而思索，既快乐又忐忑的时刻。

请记住，共青团是志同道合者的组织，是在思想、信念、世界观、对待生活、对待他人、对待自己等方面都持有共同态度的兄弟姐妹的组织。共青团教育的一条黄金定律，就是要努力用这样的思想和信念鼓舞和团结青年：我们志同道合，聚集在共青团这座绝妙的宫殿，准备为我们的思想、信念奉献一切，必要时甚至献出自己的生命。

这种思想上的统一指的是什么？怎样使之确立，又怎样在实践中实现呢？

意识和思想上的志同道合是共青团员的灵魂和心脏。每一个持有共青团员证的人，都应该坚信自己是一名共产主义战士。我们的理想和观点是直面未来的，共青团员都是为未来而奋斗的战士；我们平凡普通的生活由于被未来的光辉照耀，而变得璀璨夺目、令人神往——一个人受到伟大、美好、崇高思想的鼓舞，就是从这里开始的。思想上的志同道合，就是为未来而奋斗，在这一斗争中，共青团的豪迈精神激励着每一颗鲜活、跳动的心。让我们回顾一下党和英雄共青团的历史篇章：是什么指引人们在缺衣少食的条件下与全副武装的侵略者进行殊死战斗的？是什么鼓舞人们在前几个五年计划里不分昼夜地突击劳动的？是什么帮助人们在垦荒运动初期克服艰难困苦的？是对未来的向往，是对最公正、最美好、最合理、最人道的共产主义体制的向往。

然而，怎样才能真正地把共产主义的未来展现在每个人面前呢？并不是每个人都有机会飞向太空，或者在二十二岁时就通过博士论文答辩，或者成为全球知名的歌唱家，或者破译学者们多年来绞尽脑汁都无法攻克的古文字。我们大多数人不是宇航员、科学家，而是农民、畜牧工作者、泥瓦工、车工。亲爱的朋友，我们来想一想，怎样才能在平凡普通的日常劳动中，向青少年揭示伟大的思想，让他们看到劳动创造的不仅仅是生活所需，还有更加重大、无可比拟的意义。

通往思想和意识统一的道路存在于劳动中。这种劳动乍看上去平常无奇，对于人们来说，它既可以是繁重而令人生厌的负担，也可以是一种美好，能够激发人们为创造世界和自身的美而奋斗。在我看来，共产主义战士的志同道合，是要走在时代的前列，成为未来的预见者，在劳动中看到未来，用双手感受未来。

我还记得，在集体化初期，村里的第一个拖拉机手是多么自豪。因为他率先跨入未知的领域，打破了自古以来生产资料私有制对人的束缚。他开垦荒地，让不可思议的怪物——机器——服从他的控制。每一年，当我来到由十四五岁的少年组成的共青团员小组时，我都会告诉他们，父辈们建议他们做些什么，应该从哪里开始做。此时，我仿佛又看到了第一个拖拉机手那充满崇高精神的眼睛。热情的亚什科——姑娘们都这样称呼他，她们每个人都悄悄地爱慕过他。

我的朋友，我要跟你说说我们学校共青团刚刚成立时的情况。当时一共有二十五个人……摆在我们面前的，是先辈们已经重复过无数次的劳动：种一公顷小麦，培育种子，然后交给集体农庄。我们可以继续重复先辈们在这片土地上从事的劳动，但也可以向前一步，就像未来共产主义社会的人们那样劳动。在我们这里，一公顷肥沃的土地，一年最多可以产出三十五公担[1]到四十公担的粮食，而我们定下的目标是七十公担。这样的产量是前所未有的，但是要知道，自然的力量和奥秘还远远没有被人类发现。如果把小麦的本性完全挖掘出来，它的产量就可能翻倍。年轻的朋友们，这是一项非同寻常的劳动，而我们也会成为非同寻常的人。到共产主义时期，我们的土地就会产出这样的财富——不只是这一公顷土地，还有大片大片广阔的田野。而我们在今天就要收获这样的财富。

我们的劳动的确是非同寻常的。这不只是指劳动过程的性质，比如很多事情不得不采取与大面积种植小麦不同的做法。之所以非同寻常，主要在于它占据了这些少男少女精神生活的方方面面。劳动成了为追求一种思想而进行的斗争，这种思想鼓舞、激励着我们，将我们团结成一个志同道合的团体。学生们感到自己是非同寻常的人，他们的劳动并不是为了满足生活所需，而是要在鲜有人涉足的地方开垦出第一道犁沟。

如果没有思想的统一，没有崇高的共产主义思想对大家的鼓舞、激励，那么集体中的任何组织联系都是毫无意义的。我在想，当需要我们用双手把沟池里沤好的粪肥挖出来，装车运到田地里的时候，如果我们的共青团员中有人拒绝来肥料工厂参加这项劳动，会发生什么？如果出现了这种情况，这个人一定会被大家批评得“狗血淋头”。大家会骂他是偷懒、贪睡、娇生惯养、好吃懒做的人——所有这些批评都是发自内心的、没有做任何的“提前准备”。因为一旦心灵受到崇高思想的鼓舞，就会对周围世界的一切非常敏感，成为理智的捍卫者，进而提醒我们应该做什么、应该说什么。年轻的朋友，请记住，不要让心灵沉睡，要永远做自己良知的守护者——这也是共青团教育中的一

〔1〕 公制重量单位。一公担等于一百公斤。

条非常重要的规则。学生们都说，我们那时候真是拼了命地在劳动。倒在沟池里的粪肥沤成了腐熟的废料，我们把它运到田里，像播撒种子一样撒在土地上，让每一株麦苗都能得到养分。我们在科学杂志上读到，淤泥是小麦的绝佳肥料。于是，我们把池塘里沉积着的上百万吨的淤泥挖出来，运到田里。冬天下过雪之后，我们来到田里把雪收集起来，堆到那一公顷的田地上，用来滋润土壤。春天，我们给小麦追肥。夏天，每个共青团员都在忙着自己的工作，有的在畜牧场劳动，有的在蔬菜园劳动，还有的在养蚕。种小麦是我们额外的劳动，我们会在清晨或晚上相约一起去麦地里劳作。我们用小锄在垄间松土，以使土壤保持水分，促进小麦分枝。茁壮的麦田结出沉甸甸的麦穗，让我们满心欢喜。我们一粒粒地数着麦穗上的麦粒，在收割前还会称一称麦穗的重量。收割庄稼成了大家的一个节日，人们穿着盛装前来，每个人都欢欣雀跃。但大家同时也在担心：这一公顷土地的产量到底有多少？结果是，土地慷慨地回报了我们——一公顷产出了七十多公担的粮食。

在这个喜庆的时刻，少男少女们欢欣鼓舞！把所有的小麦收割称重之后，共青团员们不约而同地聚集到学校，尽管没有一个人召集大家。我们想要一起憧憬未来，就像是刚刚从一场战争中得胜归来。我们就像登上了高峰，举目望去，眼前出现了一座又一座新的高峰，在阳光下闪闪发亮。我们梦想着：有一天，我们的土地每公顷能产出八九十公担的粮食。农业技术在不断发展，新的机器也会不断出现在田地里，谷物的垄间会进行套种，比如种上甜菜、玉米，到那时，作物的产量会是之前的三倍。我们心潮澎湃，充满了自豪和对未来的憧憬。

69 怎样培养共青团员的上进心？

我亲眼看到，少男少女们看着彼此的眼睛，相视而笑。

伟大的思想鼓舞我们创造自身的美。年轻的朋友，让我们好好思考一下共青团教育中的这条真理：要这样教育青少年，让他们每个人都能感到自己是美好的；要让道德上的美好滋养出崇高的自豪感和公民的尊严；要让每个人不仅能仔细观察周围的事物，还能够审视自我。如果一个人不能为自身的美感到自豪，那他就不可能感受到良心的责难，长辈善意的教导和批评的话语也不会触动他的内心。只有在集体被共同的思想所鼓舞时，这种自身的美才能培养出来。

我们的确向未来迈出了一步，我们的劳动受到了崇高的共产主义思想的鼓舞。但是，无论多么神圣的真理，也不能无限地重复，否则就会变成陈词滥调，就像懒散匠人手里的工具。如果每次遇到困难，都使用这个脆弱而锋利的工具，那么再伟大、再神圣的东西也会变得庸俗。比如，我们去除草，要在酷热的天气中劳作一整天，教师就会提醒学生：保尔·柯察金在采伐树木的时候，是在什么样的条件下工作的？阿穆尔共青城的第一批建设者经历了怎样的困难阻碍？不，我们不能这样教育学生，否则，锋利的工具就会只剩下一个木把，这对年轻人的内心起不到丝毫作用。要努力让共产主义思想持续地鼓舞人心，成为发自内心的道德力量。但要尽可能少地使用最锋利的工具，只有这样，这些工具才能对年轻人产生影响。

不过，感受自身的道德之美，并不意味着自我欣赏。一个人在感到自豪的同时，也会对自己感到不满。他要有想要变得更好的上进心，否则就不可能获得自身的道德尊严。这是青少年道德发展的一条难以捉摸的规律：只有当一个人今天变得比昨天好，或者在同伴和自己的身上发现了全新的东西，并且想要变得更优秀、更完美的时候，他才会具备上进心。共青团教育的一条非常重要的原则是，要让青少年不断成长、不断变化，永远不要停留在昨天。同样重要的是，要让一个人意识到、感觉到自己的成长。年轻的朋友们，要警惕学生道德发展的停滞，要提防道德的僵化。不要让一个人在很长一段时间内，都觉得自己无论如何也克服不了身上的种种不足。

70 怎样激励人们不断发展和完善道德？

这绝对是一项非常有趣的工作，而且在我看来，也是少年教育工作中一个鲜有人研究的领域。我们的教师集体制订了一条规则，可以这样简单概括：要让一个人追求自身道德的美好和完善，就应该让他看到身边的人——同伴身上的美好和完善。如果不与人相处，不关注人际关系，一个人是不可能形成独特的“我”的。正如马克思所说，要形成自我意识，“人起初是通过别人看到自己的，名叫彼得的人把自己看作人，是因为他把叫保罗的人看作和自己一样的人”。要像对待别人一样对待自己，这是集体教育中教育技巧的一个秘诀，遗憾的是，很多教育者始终无法理解它。

我们坚信，集体教育力量的源泉首先存在于集体劳动的过程中。当一个人在精神生活丰富的集体中，在自己的伙伴身上发现昨天没有看到的东西，这就是发现他人。正因为如此，形象地说，他会审视自己、评价自己，并进行比较：我身上昨天有什么，今天又有什么。这是集体精神生活中非常重要的一点。教育青少年的时候，请努力做到，让你的每个学生都能在集体劳动中、在同伴的眼神里，感受到崇高目标的鼓舞和激励。让哪怕是最不活跃、最冷漠的学生，在看到同伴的眼睛时，也能像是照镜子一般，看到自己的思想和追求；让他惊奇地停下脚步，让他的内心因自己的伙伴而燃起自豪的、饱含人性的火焰。只有这样，你才能在学生心中播下关于自我的思想的火种。

由此可见，在教育工作中，用劳动来鼓舞、激励集体，具有多么重大的意义！要善于通过一些能够鼓舞和激励人的活动，把青年男女的思想和情感联结在一起。要让每个学生在发现同伴身上真正的人性的美德之后，都能问一问自己：我能达到这种境界吗？我具备这种美德了吗？我明天会变得比今天更好吗？一个人能够在多大程度上严格要求自己，决定了他的道德面貌，也决定了少年的心灵能否走上神圣、宽阔、美好的公民之路。

71 怎样教育青年不要冷漠地看待生活和斗争？

这里我们所说的是青年心中的神圣之地。在每个青年共产主义者的心灵和思想中，都应该有一个神圣、珍贵、任何事物都无法比拟的地方。心灵和思想中的这个神圣之地，就是我们的苏维埃祖国，是她的富饶、荣光和强盛。其他的一切，在祖国面前都会黯然失色。

培养爱国主义者和公民，是我们共青团教育中最主要、最复杂的任务。怎样才能让每个青年男女都珍视神圣的祖国，小心翼翼地呵护她呢？怎样才能让祖国成为每个人心中的明灯，可以照亮一切，并能在她的光芒下看到周围的世界，更主要的是能够审视自我呢？

这里，我们要讲一讲公民意识的培养问题，我一直把它称为“最神圣的教育”。一个内心敏锐、勇敢的人，才能成为爱国主义者和公民。爱国主义，形象地说，就是情感与思想相结合的产物，不仅要用理智，更要用心去理解神圣的祖国。这种理解开始于这一过程：一个人在周围世界中发现了一个万分珍贵的人，并愿意为其献出全部的精神力量。爱国主义源于对人的爱。爱国主义的精神、对周围世界的观察和感知、对祖国的情感，都源于对世界上最珍贵的人——母亲——的爱。别林斯基[1]曾写道：“自然界最伟大、最崇高的东西就是人。”而这一伟大和崇高的顶点就是母亲。在一代又一代人的意识中，爱国

[1] 别林斯基（1811—1848）：俄国文学批评家、哲学家、政论家。

主义的概念起源于人类的珍宝——生养、抚育我们的母亲，这一说法并非偶然。与青少年打交道的三十多年的工作经验使我有资格坚信，培养青少年以亲切、诚挚、温柔、关怀的态度对待母亲，是共青团组织重要的思想政治任务之一。一个对自己的母亲冷漠无情、铁石心肠的人，不会有任何美德；一个舍弃埋葬着母亲遗骨的祖国、投奔异国他乡的人，是卑鄙的背叛者。飞廉草开不出玫瑰花，缺乏诚挚、温柔和热情的人，也不可能成为爱国主义者。

年轻的朋友们，我们要了解共青团教育中的一个基本原理：一个人应该爱别人，应该细致入微地感知周围人的快乐和悲伤。这种感知是从对待母亲开始的。请想一下，在周六、周日的义务劳动日，以及劳动周与劳动月，我们组织了多少次抽查与远足。可是，你们找不到哪怕有一个单位的书记曾这样问共青团员们："朋友们，你们最近为自己的母亲做了些什么？"因此，我要建议青年教育工作者：请在我们极度丰富的语言中，挑选如露珠般纯净晶莹、像泉水般潺潺流动的话语，来歌颂人类忠诚和美好的代名词——母亲，亲爱的母亲。让每一位青年男女都把这种美好带回家，把自己精神的力量献给母亲。

我对男生女生们说："今天是一个重要的日子——你们领到了共青团员证，去和你们的母亲分享这份喜悦吧！给你们每人发一棵苹果树苗，拿上它吧！这可是一个非同寻常的品种——粉色透亮的苹果能映出柔和的朝霞，还能映出大风来临前深红的晚霞。我们把它称作'母亲的苹果'。我们要好好爱护这些树苗，就像爱护母亲一样。"

这是最具思想性、政治性和集体主义精神的教育。在七月一个晴朗的夜晚，当我的学生、我的少年朋友，从"母亲的苹果树"上摘下果实并献给母亲，对我来说，就是一个登上教育智慧高峰的快乐时刻。

对别人的爱，是培育热爱祖国、为祖国服务的花朵的沃土。为了让这些花朵竞相绽放，每一个男孩女孩都应该用理智和心灵去理解伟大的祖国。每个人都应该为自己是祖国的儿女，是祖国千百年来荣耀和精神财富的继承者，是伟大祖国今天的创造者而自豪。

在培养青少年的实践中，教师应该如何做到这一点呢？

要用热烈的、火炬一样明亮的话语点亮青少年的心灵，让他们看到，我们的祖国从古至今走过的艰难又光辉的道路，还有通往美好未来的坎坷之路。要让年轻的公民感觉到自己是千年历史的旅行者，有责任承接先辈们留下的一切，有义务把接到的无价之宝完完整整地传到未来，不丢下前进路上的任何一点财富，不忘记在为伟大光荣的祖国而进行的斗争中获得的任何一条真理。

这些热烈的语言描述的是祖国的英雄儿女，他们的名字就像永恒的明星，永远闪耀在祖国的苍穹，无论过去还是将来，永远是新一代人的指路明灯。

或许，有人读了这些话后会哑然失笑。可能有人会想：你是不是太过夸大了语言的力量，是不是把理想当成了现实？不，事实就是这样。语言是带领人们驰骋战场的统帅，是拨动人们沉睡的心灵琴弦的乐师，你要知道拨动哪一根琴弦能奏出美妙的音乐。在向学生讲起珍贵的、崇高的思想时，我会拨动那些被称为公民意识、人性、荣誉和尊严的琴弦，直接与每个鲜活的心灵进行交流。在我面前的，并不是抽象的受教育者，而是热情洋溢、目光炯炯的科利亚、柳芭、万尼亚、加利亚、季娜、舒拉。教师的语言能够热情似火，前提在于它能真正触动学生的内心，触动科利亚、柳芭、万尼亚、加利亚、季娜、舒拉的内心。教育不应该培养抽象的爱国主义者，实际上，抽象的爱国主义者是不存在的。

这也是我们共青团教育中的一条黄金定律。

关于真正的祖国儿女，我们有很多鼓舞人心的故事。我既会给学生讲遥远的过去，也会讲不久之前的激情岁月。我的少年朋友们屏住呼吸，听我讲扎波罗热哥萨克的故事。他们的皮被活活剥下，伤口被烧红的烙铁烫，敌人逼着他们背叛祖国，或者默默顺从，他们却一身傲骨，冲着敌人的脸吐出烈火般的话：“不！”还有谢尔盖·拉佐的故事。由于他坚定地信仰共产主义，被活生生地扔进火车的炉膛里。还有我的两个同乡——英雄少先队员的故事。法西斯分子对他们进行了毫无人性的折磨，却没有从他们口中得到哪怕一丁点有关游击队的秘密，最后竟将他们残忍地活埋。我看到，我的少年朋友们眼中熊熊燃烧着对敌人的仇恨之火。如果对他们说，少年朋友们，苏维埃祖国正在号召我们，为了她的自由、独立、荣誉和强盛而战，那么他们每个人都会以祖国的名义投入殊死的战斗中。

只有痴呆或道德堕落，才会封堵语言通往人的心灵的道路。语言是为人的心灵而战的勇猛战士。一切都取决于语言背后的教育者。有些话像痴呆患者一样瘦弱、丑陋，有些话像枯草的影子一样孱弱、贫乏，而有些话则像永恒的星辰一样璀璨、明亮，为人们照亮道路，永不消逝。努力让你的话语成为指路的明星吧！

72 怎样用社会主义祖国的思想充实共青团员的精神生活？

这里又要谈到一个细致而复杂的问题——用热爱祖国，为祖国服务的伟大、美好、崇高的精神，来激发个人的高尚情操。这种精神引人深思，让人日夜思虑、辗转难眠。如果科利亚、柳芭、万尼亚、加利亚、季娜、舒拉这些执着地追寻人生目标和意义的十四岁学生，没有通宵达旦地阅读有关马克思、列宁、亚历山大·乌里扬诺夫[1]、尼古拉·基巴利契奇[2]、费利克斯·捷尔任斯基、尤利乌斯·伏契克的书籍，我简直无法想象共青团的教育工作应该如何进行。他们在受到教师关于热爱祖国、为祖国服务的热烈话语的激励后，都去寻找并找到了自己喜爱的书，在祖国的苍穹上找到了属于自己的璀璨明星。当学生在春天的夜晚埋头阅读喜爱的书籍时，那一个个忠于祖国的英雄楷模，会让他们心潮澎湃，感到极大的震撼和敬佩。我是谁？我是怎样的人？以前我是怎样生活的？以后我要怎样生活？我能够为社会主义祖国做些什么？如果没有对这些个人的、个性化的问题进行深入思考，真正的共青团教育只会沦为空谈。

年轻的朋友，如果你想要成为一名真正的共青团员教育者，就请一定要留意，这些少男少女们在独处的时候，都在做什么、忙什么、

〔1〕 亚历山大·乌里扬诺夫（1866—1887）：俄国革命家，列宁的长兄。

〔2〕 尼古拉·基巴利契奇（1853—1881）：俄国革命家。

读什么、思考什么。他们是否愿意独自思考？如果不愿意，那事情就糟糕了，这意味着他们没有个人的精神世界，而没有个性，也就不会有集体。

我们学校有一个被称为“思考室”的房间，那里总是非常安静。书架上陈列着很多关于祖国英雄儿女的书，供学生们翻阅寻找适合自己的一本，找到自己的明星和指路明灯。不能让任何一个青少年错过属于自己的书，我认为这是青少年教育工作者一项非常重要的任务。每次讲完爱国主义者的事迹，成功触动了少年内心深处最敏感的琴弦后，我都会看到有男孩女孩到“思考室”去。祝你们成功，我年轻的朋友们，你们正在攀登自我教育最艰难的一级台阶。比如，我第一次看到那个蓝眼睛的高个子时，他正站在窗边的玫瑰花丛旁。同学们都叫他万尼亚。他才十四岁，就已经长得比他爸爸还高了。不过，他看待世界的方式有些过于幼稚，这让我很是担心。我焦急地期盼着成年人的思想在他的心灵和理智中泛起涟漪。终于，我看到他捧起一本关于尤利乌斯·伏契克的书……万尼亚，你要成为一个真正的男子汉！把这本书带回家吧，去阅读、思考吧，去经历整夜难眠的折磨吧，让成年人的思想在你的心里翻腾吧！

青少年的自我教育正是由此开始的。

但这只是一个开始，要想让青少年达到心智的成熟，还需要进行大量的工作。

73 青少年的心智是怎样走向成熟的？

有时候会听到这样的争论：青春期应该从什么时候开始算起，十四岁还是十六岁？什么时候加入共青团更合适，十四岁还是十五岁？近年来，儿童早熟的问题让学者们很是忧虑——少男少女身体的发育在加快，但社会、精神、道德层面上的发展没有跟上。

我们教师坚信，青春期是从十二三岁开始的。如果你想让孩子心智成熟，就要帮他们迈好公民之路上最初的几步。在童年和少年时期对一切都漠不关心，是孩子思想不成熟的根源。在生活中，青少年应该对一些事情保持关心，我指的是对人民、社会和国家的关心和担忧。要让我们的男孩女孩们在青春期伊始，就能发自内心地关注、担心、忧虑周围的一切。生活中的任何事情，无论近在眼前还是远在天边，都要看作是与自己有关联的。让青少年学会用公民的视角看待世界，这是一种顶级的教育智慧。最重要的是，要让男孩女孩们对社会保持关注，将社会事务当成切身的事情。

那么，在实际工作中，应该如何做到这一点呢？

当一个人开始思考自己能够为他人做些什么、付出些什么的时候，他的公民意识就开始走向成熟了。这是青少年道德财富最重要的源泉。只有那些在十二三岁就已经拥有自身道德财富的人，才能用理智和心灵理解祖国。如果孩子在这一阶段未能获得这种财富，那么不管你说什么，都将毫无用处，既不可能热情似火地鼓舞他们的心灵，也不可能让他们思考“我为什么活在这个世界上”。而正是因为这种思考，年轻人在读到谢尔盖·拉佐的功勋事迹时，才会想到自己，会因为受到了伟大且神圣的事情的熏陶而心潮澎湃。或许，你会听到一些青少年教育者的抱怨：你给青少年讲一些神圣的事情，讲英雄主义，讲英勇无畏和自我牺牲的精神，可不知道为什么，这些话就是进不到他们的心里。究其根本，是因为青少年内心充满的只有满足需求的快乐，实际上是贫乏的、空虚的，他们没有那种由于为他人带来美好而感到快乐的道德财富。

请一点一滴地积累青少年的道德财富，从童年和少年时期就开始积累。人在十二三岁时回顾过往，应当能够看到自己为他人做了些什么，并为此感到自豪——这就是我的劳动成果。这种自豪感是共产主义思想的精神武装，是思想统一的基础。

在我的这些少年朋友们十来岁时，我们决定建造一片葡萄园。我们的面前，只有山丘南面的一片贫瘠的斜坡，被灼热的阳光炙烤着，看上去毫无生气。但就是在这里，每公顷土地可以产出几十公担的果实。于是，我们开工了：先清除斜坡上的杂草，挖了几百个坑，再往每个坑里倒入淤泥和腐殖土，或者按照老一辈的建议，把一些可以杀死害虫的植物的根部土壤挖来放进坑里（这是民间的“植物医学”）。我们来回搬运了几百吨土，在每一株葡萄苗周围都做好土垄，以防水土流失。对于教师来说，这是最艰难的阶段，毕竟单调的体力劳动不会令人愉快，也不会带来任何满足感。那么，究竟什么才能激励青少年完成这项劳动呢？是语言，火热的语言能够在青少年心中点燃为人民服务的火种。我相信，充满共产主义信念的语言具有强大的力量。

葡萄藤的幼芽开始变绿，我们已经开始欣赏自己的劳动成果了。现在，我已经不再担心沉重的体力劳动会削弱哪个学生的精神力量，或者对劳动产生轻视的态度了。而我们的劳动才刚刚开始——要用心给植物浇水，保护它们免遭酷热和严寒。

月复一月，年复一年，对我们每个人来说，照料葡萄园已经成为一件宝贵而亲切的事情。我们与土地紧密地联结在了一起。第一批果实成熟了，我们也迎来了收获公民意识的盛大节日。孩子和老人都来到果园，我们和他们分享果实。我们还把果实带给病人，当得到他们的感谢和祝福时，我们的内心都非常激动。

这就是顶级的教育智慧之一：让十三四岁的男孩女孩因自己的真挚、热忱和仁爱得到他人的感谢。除了这些朴实的话语，很难找到别的更能鼓舞人心的力量了。通过为他人做好事，我的学生体会到了无与伦比的快乐。如今，这些火热的语言已经在他们心中深深扎根，激励他们不断投入新的劳动中，这种激励已经成为每颗心灵内在的精神力量。我坚信，此刻的每个人，不论是在集体中，还是独自一人时，都能展现出公民的自我牺牲精神。

年轻的朋友们，只有当良知不允许你对他人漠不关心时，公共事务才会成为与你切实相关、需要用心去完成的事情。

我们为周围人培育的这片葡萄园，已经成为学生们进行公民自我教育的园地。他们已经能够用公民的视角看待世界，感到世界上的每件事都与他们休戚相关。繁重的体力劳动锻炼了学生的精神意志，少年成长为真正的男子汉。我很高兴地看到，当体力劳动的压力袭来时，少年们会用另一种方式思考：他们想的是应当如何克服困难，而不是能不能克服它。

74 不要惧怕困难，去面对它吧，没有困难就无法对青少年进行思想教育

克服困难的过程，能够培养人的毅力和勇气，陶冶人的高尚情操。这并不会让人变得冷酷无情，恰恰相反，这会使人对善良温柔、敏感，对邪恶决不妥协。

我们为学生开启的生活，并不是一条平坦的道路。青少年，尤其是青年，应该做好应对一切的准备，准备好经受最严峻的考验。要把青少年培养得足够勇敢、坚毅，时刻准备面对成长道路上的困难和艰辛，不被困难弄得惊慌失措、精疲力竭。精神的坚韧不拔与身体的持久耐劳是紧密相关的。我年轻的朋友，请检验一下：你的学生，一名十六岁的少年，能否在严寒中不仅仅是待着，还要工作一整天？能否在烈日下行走四十公里，接着还要工作几个小时？能否忍着半天不喝水？所有这些，都不应该以人为训练的方式去完成，因为在日常生活中就会碰到类似的困难和艰辛。我们不会只在口头上对青少年说要锻炼耐力，而是会给他们分配一些劳动任务，这些都是和他们年龄相仿的集体农庄的庄员平时在做的——在寒冷的一月来到田间，把干草装到拖拉机的挂车上，运到畜牧场。少年们会意识到，这项劳动并不是训练，而是让奶牛产奶，因为没有干草，就没有牛奶……

如果一个人在青少年时期就学会了克服困难和艰辛，他就会看到那些娇生惯养、游手好闲、安逸享受、弱不禁风的“被妈妈宠坏的孩子”看不到的风景。

75 请保护青少年热忱内心的纯洁性

每一次谈及青少年的教育问题时，我都会反复强调：作为公民，要有忧虑之心。这是我们整个共青团教育的核心。年轻的朋友们，要像畏惧火焰一样远离冷漠。这是最可怕的毒药，会使人变得庸俗、市侩，对一切漠不关心，只遵循自私自利者无耻的道德信条："不是自己的事，根本不关心""我做事就像公鸡打鸣，叫过之后才不管天亮不亮"。年轻人的双手为别人创造得越多，他的心灵就越纯洁、高尚。他能够感受到别人的快乐和悲伤、社会的不安和忧虑。年轻公民会用充满好奇和严苛的目光审视周围的世界，不安于现状，喜欢四处奔忙，高尚的心灵永远也不可能与邪恶并存，也不能容忍对公共利益的麻木、冷漠以及对他人尊严的肆意侮辱。年轻的心灵会冲动、抗议、愤怒，会让人变得高尚、美好，尽管有时可能会做出过激、冒失的举动。

请记住，面对邪恶时的第一反应，良心所提示的最初冲动，往往是最高尚的。不要遏制良心的呼唤，不要用逻辑思考和推理去束缚青少年高尚的热情。随着时间的推移，成熟的智慧、判断力、深思熟虑的能力，会自然而然地到来。但是，只有在青少年对世界有了深刻的认识（对善与恶有了复杂且痛苦的认识），并为此感到忧虑不安时，他那颗对邪恶无比憎恶、时刻准备将之击碎的心才会剧烈跳动。不要让任何一个孩子变得像鱼一样内心冰冷。要明智一些，在对好的行为进行评价时，要避免轻率。不要担心，只要有一颗火热的心，就一定会有冷静的思考。

生活中也会碰到这样的情况：某件可恶的事情发生了，却找不到直接的肇事者，仿佛这是命中注定要发生的祸事。有时候，人们碰到这种事情，会同情地摇摇头，说一句“唉，没办法，我们什么也做不了”，然后径直走开。在这种情况下，我们要提防青少年变得冷漠，这是最可怕的堕落，会带来极大的危害。只要有一两次对别人的不幸无动于衷，就会永远认为别人的痛苦和忧虑与自己无关。

当某场灾难没有明确的肇事者，这正是唤醒青少年心中痛苦和忧虑的最佳时刻。要让青少年心中点燃永不熄灭的热情——我应该为此做些什么，如果就这样置之不理的话，我就成了一个自私自利的可怜鬼。这种热情的火焰不是凭空燃烧起来的，为与自己无关的事情而感到道德上的痛苦和忧虑，才是它源源不断的燃料。

在一个雷雨天，集体农庄的二十只羊羔走失了。它们可能被暴雨赶到了某处灌木丛或芦苇丛，也可能陷进了大雨过后形成的泥潭里。听说这个不幸的消息后，大家决定行动起来——孩子们，我们一起去找羊吧，它们还那么小，都是一些小羊羔……我们带上三天的口粮，来到一望无际的第聂伯河的河滩，将羊羔一只接一只地救了出来。我们的心中充满了喜悦和自豪之情。回去的时候，虽然被蚊子叮得全身是包，还非常累，但大家都觉得非常幸福，精神上也更加成熟了。我把这种集体行动叫作热心教育，它能够唤醒心灵对不幸、痛苦、忧虑的敏锐感知。如果没有这种教育，人们碰到类似的情况，只会冒出一句看似客观实际上冷冰冰的话：“没有我们，这些事也能解决。”

我并不认为热心教育是一件独立于周围世界的事情。年轻的朋友，这就是公民的生活，就是别林斯基怀着对人类未来的忧虑所描述的那个注重公共利益的理想世界。

76 怎样教育共青团员关注社会公共利益？

有一次，我听了一位主管课外活动的副校长的报告。在报告中，他详细介绍了学校的社会学教研室：墙上挂着什么样的标语和图片，房间的装饰多么有艺术感，还把共产主义建设者的道德准则写在一张大纸上，并镶了一个漂亮的边框……但关于如何让伟大的马克思列宁主义科学真理进入年轻的心灵，并使其永不褪色，他只字未提。当有人问到这方面应该怎么做时，这位副校长居然一个字都答不上来。原来，有关教研室的布置是有严格要求的，而对心灵的培育什么都没有。我认为，如果一个人眼里只有上级的命令，不明白没有灵魂和心灵一切都是零，那么这种人带给教育事业的只会是弊大于利。在我看来，热心教育在教育工作的所有环节和形式中都是非常重要的。

有一天，我们这个和睦的大家庭（我们是这样称呼自己的共青团组织的）一起去筛选玉米棒——最好的玉米要装上车，运去国家仓库，差一点的则运去猪饲料仓库。有个人从旁边过来悄悄建议道，可以把差一点的玉米放在车厢下面，把好的盖在上面，仓库的人只检查上面的，毕竟按照计划，我们要交很多玉米……我看到，共青团员们互相看了一眼，他们感到了羞愧。万尼亚的脸红到了耳根，季娜也垂下了眼睛。那个负责人走了，我的学生们站在那里，我也在那里站着，心一下子揪了起来：孩子们，接下来你们会怎么做？还记得之前的热心教育教给你们的吗？

“这算什么事呀！”舒拉小声嘀咕道。

之后他们没再说话，都憋着一股劲，把好的玉米一股脑地往车厢里装。之前建议我们靠投机取巧“完成计划”的那个人来了好几次，默默地看着共青团员们干活，皱起了眉头，但一句话也没敢说……一个人的良心哪怕只有一次对邪恶、欺骗与不公做出反抗，他就会对周围世界发生的现象十分敏感，就会觉得无所事事、挥霍浪费是一种罪恶，决不向谎言和欺骗妥协。

要努力让一个人在青少年时期就关心集体和社会财富。在紧张而繁重的农忙时节，任何一个少年、青年都不应该对大家操心的事情袖手旁观、置身事外。

春天到了，集体农庄几千公顷的土地上种下了谷物、蔬菜和经济作物，如果不能及时除草，就会影响庄稼的生长。这段时间，集体农庄的庄员每天想的都是如何更好地组织劳动，如何利用好工作中的每分每秒。作为教师，应该让学校集体中也充满紧张劳动、积极服务社会的气氛。要让青少年去参与那些能够在很大程度上决定社会福利、经济收益的生产劳动。不要把学生的劳动和成年人的劳动分隔开来。要处理好学生和成年劳动者之间的关系，让学生创造的物质财富正是成年人所热切期盼的，让儿童、少年、青年将自己的劳动看成是成年人的劳动。要减少学生集体劳动中程式化、书呆子气的东西。这是我们在培养学生从小关心社会公共利益时所应遵循的原则。

在教育工作中，我们要努力做到，让学生的劳动热情和付出成为社会生产大厦上的一块块砖瓦。暑假期间，让一、二年级的学生集体去田间劳动几天，为小牛犊准备最有营养、富含维生素的干草。这项劳动的成果是收获了几十吨非常优质的饲料，而收割、晾晒、存储的工作都是由孩子们完成的。四、五年级的学生负责采收西红柿、白菜、黄瓜等蔬菜的种子。除了他们，集体农庄里没有其他人做这项工作。孩子们很清楚，如果他们不把自己这块砖头投入社会生产的大厦中去，就会耽误整座大厦的建设。从他们投入劳动的那一刻起，公共利益就被列为崇高的目标。

年龄大一些的少先队员和共青团员需要完成更艰巨、更有意义的任务。集体农庄每年会分给他们十到十五公顷的土地，让他们在上面培育小麦、玉米和其他作物。从最开始的耕种，到最后的收获、存储，整个农业生产过程都由学生独立完成。

他们会觉得自己是与集体农庄的成年庄员一样的劳动者。共青团团委书记和少先队队长会像成年人生产队的队长一样，被邀请到集体农庄委员会的会议上做报告。经济利益在学校集体的精神生活中占据着非常重要的地位。对物质财富的关心，让学校集体中的相互关系、少先队员和共青团员的思想都呈现出新的特点。为了提高学生思想的成熟度，我们不仅要关注学生与成年劳动者之间的经济关系，也要关注学生集体内部的经济关系。

77 怎样在学校集体中建立劳动关系？

年轻的朋友，这里我们要讲的是在组建、培养集体的过程中一个尤为重要的因素——物质关系，即责任、领导、服从、互助、合作、经验交流等的物质表现形式。如果没有对物质财富的责任，那么一切关于责任感的话语就都成了幼稚的空谈。如果成员之间没有互助、合作、思想经验的交流，那么就不可能形成集体。

我们学校的少先队组织中有一个小型机械化小组。小组里有一些机械设备，可供学校的教学试验田和儿童工艺小组使用。有一台由教师和高年级学生组装的小型拖拉机，少先队员们用它在学校的田地和花园里耕作。还有两辆小汽车，用来供低年级教学使用。此外，还有两台播种机、一台割草机、一台脱粒机、几台簸谷机，所有这些机械都是在学校制作的，用来供孩子们劳动时使用。

共青团组织中有一个青少年机械师小组。小组选出了一名组长、两名助理和两名技工，还组建了一支青少年电工小队。就像共青团员和少先队员说的，小组拥有“成年人用的技术装备”——一台拖拉机、两辆汽车、一台联合收割机、几台播种机和簸谷机。受小组委托，组长和助理负责管理这些技术装备和维修站（那里还有给电池充电的设备和电焊机），他们还负责向青少年机械师们委派各种需要按期完成的工作。学生们认为，能够在这个机械师小组工作是一种很大的荣誉。对于想驾驶拖拉机的组员，组长会对他进行一系列考试（比如用机床加工机器零件、参加新机械的设计和安装）。春夏田间劳作期间，组长还要负责安排青少年机械师在地里（包括少先队和集体农庄的田地）工作的顺序。

少先队和共青团组织里还有另外两个小组——青少年农艺师小组和青少年园艺师小组。这两个劳动集体负责管理试验田、花园、学校养蜂场，以及进行农艺、园艺劳动时所需的手工器具。

经济关系、物质关系的经验，使得共青团和少先队组织成了很多物质财富的主人。我们的少先队员和共青团员，管理着来自学校教学试验田、花园、菜园等账目上的资产。学生把出售水果、蔬菜、树苗所得的钱记在收入账上，交到会计处，在一年的时间里积累了一笔可观的数目。共青团委员会和少先队委员会用这笔钱购买乐器、组织游览参观，丰富了共青团员和少先队员的生活经历。

与劳动密切相关的经济关系、物质关系，就像一根纽带，把集体中不同年龄的学生紧密联系在一起。

78 不能随意组建跨年龄的集体

当然，物质关系、经济关系会催生另一种关系——精神关系。构成经济关系的劳动越有趣，不同年龄学生间的精神关系就越紧密。在同一个集体中劳动的儿童、少年、青年都能操控机械设备，掌握复杂的实践技能、技巧，可以互相交流知识、经验，成员之间便形成了精神关系。只有在这种情况下，劳动才会变得趣味十足。如果没有对劳动的兴趣，没有对知识的渴望，也没有以掌握复杂的技能、技巧为前提的协同活动，那么就无法在跨年龄集体中开展教育。但是，如果你能成功地把跨年龄学生的劳动和精神生活结合起来，那么你就多了一条新的途径，让集体对个人产生强有力的影响。

这种教育影响的实质就在于，儿童、少年和青年因共同的兴趣、能力、爱好、志向而相互吸引，他们个性的特质也会在具体活动中得到体现。在鲜明的优秀榜样的影响下，儿童和少年会意识到自己想要成为什么样的人，并努力追求理想，向榜样看齐，跨年龄集体的教育效果就在于此。如果没有在引人入胜的趣味劳动的土壤中培养出的精神关系，学生就不可能产生想要成为什么样的人的志向，教师也不可能掌握学生的思想。

跨年龄的劳动集体（也可以称为创造性的劳动集体）应当是自愿组成的，绝不允许出现把一个学生和另一个学生强行拉在一起的情况。少先队员和共青团员能够敏锐地感知每个人的能力、爱好和志向，他们决不会把对机械或园艺不感兴趣的人分到相应的小组里。

跨年龄集体还有另外一种形式。暑假期间，我们的学生通常哪里也不去，因为在村子里就能得到很好的休息。每一条大街小巷，每一个“旮旯”（乌克兰那边的说法），都有人民教育的基地，我们称之为“小型人民教育学校”。这些学校的灵魂是那些热爱孩子的人，他们或是已经退休的生产老将，或是年轻的工人、集体农庄的庄员和职工。对于他们来说，和孩子交流能够带来快乐和精神上的充实。在我们的集体里，这些人被称为人民教育基地的守护者。他们带来的教育影响是巨大的——因为只有美才能孕育美，只有人才能培育人。

三十多年的从教经验使我相信，一个人在教育他人、关心他人时，能产生自我教育的最佳效果。我们全体教师要力求做到，让每个学生在少年时代就能展现出对小孩子发自内心的关怀。对孩子的体贴、关爱和同情，是少年和青年群体高尚情感的基础。这些情感在活动中表达得越积极，男孩子们的内心会越细腻、勇敢，女孩子们的内心则会越温柔。

79 请让你的学生也成为教育者

我们的共青团组织在草原上为人们设立“美丽角”时，一个名叫娜塔莎的小女孩（后来共青团员们都亲切地叫她娜塔洛奇卡），意外地闯入了我们和睦的大家庭。她家在村子边上，家里只有母亲和她。三岁时，娜塔洛奇卡得了一场重病，之后便不能走路了。到了春夏时节，母亲会把娜塔洛奇卡放在小车上，推到枝叶茂盛的苹果树下。绿意盎然的院子、苹果树、两只蜂箱、一口水井、棚子里的鹳、小狗帕尔马和它看护的家兔，这些就是娜塔洛奇卡的整个世界。小女孩嗓音清亮，很喜欢说话，但同时又因为自己的病情而感到忧郁。她请求我们带来一些她没办法看到的野花。我们每个人都很同情她，难道小女孩就无法康复了吗？医生给她治疗过，但无法保证能好起来——她的神经系统受损严重，腿无法动弹。娜塔洛奇卡，我们能为你做些什么呢？

我们为她做了力所能及的一切。在她家宽敞的院子里，我们建了一个真正的花园。我们种下枞树和松树，从学校的温室将盛开的菊花移栽过来，还在窗户下面种了玫瑰。一年之后，小女孩就该去上学了，我们便开始教她读书、画画。整个冬天，她的家里都开满了鲜花。可是，小女孩的脸色还是很苍白，看上去非常虚弱。我看到，从娜塔洛奇卡家离开的时候，季娜和加利亚在偷偷抹眼泪。我们都在盼望春天快点到来。

春天终于来了，核桃树开始发芽抽叶，草原上的花朵也渐渐绽放。

我们把娜塔洛奇卡放在小车上，带着她来到我们的“美丽角”。小女孩感到非常惊奇，仿佛来到了一个崭新的世界，一切对她来说都是那么新鲜：草原的雾气在丘陵之间涌动，云雀在欢快地歌唱，还有个头很大的蝈蝈……孩子们在“美丽角”搭了一个窝棚，暑假的时候，我们整天都待在这里。草原上对身体有益的清新空气、核桃树叶散发的芬芳、鲜红的西红柿和多汁的西瓜，还有咬起来嘎嘣脆的苹果——对于娜塔洛奇卡来说，似乎都是治愈她的最好的药物。她的双颊红润起来，眼睛里也跳跃着快乐的火苗。两年后，小女孩终于可以站起来了。医生说，能治愈人的不仅有药物，还有开心和快乐。娜塔洛奇卡的病情正是如此。

在两年半的时间里，对这个小女孩的精神关怀，成了孩子们无可比拟的热心教育。少男少女们学会了用心去感受、去认识那些眼睛看不到的不幸、忧虑和关怀。我相信，如果一个集体非常关心孩子，那么他们对于人的最大的不幸——孤独，也会表现出深深的同情。

80 请教育集体不要对孤独视若无睹

在娜塔洛奇卡还没站起来的时候，我的学生们又被另一件不幸的事震惊到了。有一天，我们在从树林里回来的路上，碰到了一位妇女，她深沉而忧郁的目光引起了我们的注意。在村子里，不管大家认识还是不认识，碰面时都会打招呼。我们用“晚上好”问候她，她用“亲爱的，祝你们健康”回答我们。从她的声音里，我们察觉到了悲伤的情绪。

“为什么她的眼神这么悲伤？”一个小男孩问道。

“她看上去非常悲伤，为什么会这样呢？”

一天之后，我们了解了她的伤心所在，每个人都大受震动。她的丈夫、三个儿子和两个兄弟，都牺牲在了伟大的卫国战争前线。不久前，她的母亲也去世了，那是她在这个世界上仅剩的亲人，现在的她孑然一身。

这位名叫玛利亚的奶奶的痛苦让我们也感到深深的心痛。亲爱的玛利亚奶奶，我们可以为您做些什么呢？“只要能让您开心一些，我们愿意把心里所有的温暖都献给您。”当我们得知她的悲惨命运后，科斯佳这样说道。

这一天终于来了，玛利亚奶奶终于露出了笑容。她带着微笑，回忆起自己的儿子们。我们在她家种下了六株葡萄和六株玫瑰，以纪念她的丈夫、儿子和兄弟。这时，她笑了，笑着笑着，泪水又从她眼中夺眶而出，我们也跟着哭了……因为在这个世界上，我们还从未见过一位母亲承受如此巨大的悲痛。

我们想尽量减轻一点她的痛苦。我们觉得，不能让她一个人待着，孤独会让她更加痛苦。内心的声音告诉我们，语言无法安慰玛利亚奶奶，也不能让她忘掉自己的痛苦。这种痛苦会永远伴随着她，直到生命的尽头。

看着这些走过来的男孩女孩，玛利亚奶奶笑了。我们每天都去她那里，在她美丽的花园里劳动。终于，玫瑰开花了，葡萄也成熟了。我看着孩子们的眼睛，听他们叽叽喳喳地说着话，我发现在他们的内心深处对玛利亚奶奶似乎有一种愧疚感。他们可以笑对彼此，快乐地生活，享受灿烂的阳光和晴空，玛利亚奶奶的儿子却牺牲在了战场上——这就是这些男孩女孩内心的想法。我在思考，这到底是好事还是坏事？是的，我认为是好事。这种无法用语言表达的复杂情感，代表着孩子们对那些为守护幸福而牺牲的烈士有一种崇高的责任感。

对崇高责任的忧思、纯洁而高尚的心灵的悸动，这些宝贵的财富，如果等到成年之后才去追寻，是无论如何也得不到的。要在青少年时期发掘它、塑造它，像无价之宝一样珍视它。

我一次又一次地提出这条建议：请教会自己的学生观察他人。要让每个学生都学会把别人当作一面镜子，在镜子中看到自己。让每个孩子都拥有这样一面镜子吧，学会审视自己，也是一种顶级的教育智慧。如果你想成为真正的青少年教育者，就请教会他们在镜子中发现自己最细微、最隐秘、最意想不到的特征吧！

81 要教育学生不说空话

我之所以非常重视这一点，是因为空话就像铁锈，不仅会腐蚀人的心灵，还会腐蚀集体。从本质上说，说空话的集体没有也不可能达成思想的统一。说空话，等于不负责任地炫耀武器，把武器当成玩具，让人从精神上解除了武装。

与此同时，还要提防谎言和虚伪，它们都是最可憎的毒药。要让男孩女孩们在童年、少年时期就把诚实融入自己的身体和血液之中，成为他们的习惯；让实话实说的习惯成为他们的性格和天性。请教育自己的学生，对爱说空话、夸夸其谈、自吹自擂的行为毫不妥协、绝不容忍。

那么，如何将这些可贵的真理付诸实践呢？这里，我们要谈一谈自我教育的问题了。多年的执教经验使我相信，如果语言能留存在人的心中，没有变成无用的空话，它就会成为进行自我教育的强大力量。要教育孩子们言而有信，不要说那些轻浮随便的漂亮话。我经常教导自己的学生：如果想做某件事，但不确定是否能够完成，那就永远都不要说“我保证能完成”，而要说“我想做这件事，我会尽力去完成”，然后努力去做。无论多难，都要达成既定的目标，哪怕一次又一次重来，也不要让自己在别人面前感到羞愧。

请记住，自我教育的过程不可能一直一帆风顺、没有坎坷。没有比战胜自身弱点更闪光的胜利了。青少年的教师们，请记住，诚实，首先是对他人的诚实，同时也是对自己、对自己良知的诚实。要对自己做出实事求是的评价：我能做的是什么，不能做的是什么，怎样才能登上自我完善的顶峰。只有做到了这些，才有资格说："我是自己意志的主宰者。"对这一切真实的评价，是铸就诚实、正直的基石。

诚实的镜子能够正确地反映生活，它是通过劳动打磨出来的。要尽力做到，让思想和语言通过劳动变得崇高。要言出必行，说到做到。我要再重复一遍，在教育事业中，所有的一切都是相互关联的。正直诚实、对谎言和欺骗毫不妥协，这些非凡的品质都是在劳动中孕育的。难怪古老的乌克兰谚语告诉我们："谁手上的茧子多，谁说话就诚实。"面对谎言和欺骗，劳动者的内心会奋起反抗。真理的根源存在于为公共谋求利益的劳动中、为他人创造快乐以及克服困难的过程中。一个人如果一直顺风顺水，做事情毫不费力，他的思想就会像蝴蝶一样飞来飞去、飘忽不定。而思想本该像粗壮的橡树一样坚定，像射出的箭一样有力，像火焰一样明亮。坚定的正义、不可动摇的思想、明确的真理——这些都是从名为困难的泉眼中喷涌而出的泉水。青少年应当知道什么是困难，而且通过自己的经验去了解。一个真正认识了困难的人，就会谨言慎行，不会容忍说空话的行为。

82 怎样教导学生进行自我教育？

在科学开展共产主义教育的过程中，有一个非常尖锐和迫切的问题，那就是集体和个人精神财富相互依存的问题。如果每个人都只是索取者，那么集体生活中精神的充实与丰富又将从何而来呢？如果不认真、严谨地弄清楚，流入集体精神财富之泉的溪流从何而来，还怎么说集体是个人的教育者呢？如果人与人在交往时不能坦诚相待，那么这群人只能是一盘散沙。个人与集体，就像是一枚硬币的两面。如果没有对个人的教育，就谈不上集体的教育力量；若离开自我教育，个人的教育也是无法实现的。我认为，从广义上讲，教育就是集体教育和个人教育的统一，而在对个人的教育中，自我教育起主导作用。

育人，意味着要教育他对自己严格要求。要做到这一点，就要敢于放手，让他独立，对自己负责，形成自己的生活态度。

那么，在实践中应该怎样做呢？

要从小就教育孩子认识自己、教育自己。伟大的思想家、文学家陀思妥耶夫斯基有这样一句关于自我认知的箴言：“要寻找自我、战胜自我、掌控自我。”培养情感，锻炼思想和意志，塑造并秉持性格——一个人在认识自我、掌控自我的同时，这一切都应该由自己完成。

自我教育需要非常重要且强有力的促进因素——自尊心，即尊重自我，还要有上进心。只有当一个人的心灵对极其细微、极具人性化的教育手段（善意的话语和建议，亲切或责备的目光）非常敏感时，才能进行自我教育。如果一个人习惯了粗鲁的行为，只能对强硬的话语、大声的呵斥、强制的行为做出反应，那么自我教育就无从谈起。从本质上说，自我教育要求人与人之间保持信任，并重视个人的荣誉和尊严。教师指导学生进行自我教育，首先应当建立彼此信任、互相为善的关系。

基于多年的经验，我可以给教师提供一条切合实际的建议：学生的自我教育要求你的教育应有一定的风格。在你的集体中，应当以安静平和的氛围为主，不应存在大喊大叫、急进暴躁的情况。如果教师动不动就对某个学生感到恼火，要通过大声呵斥、怒气冲冲的惩罚和极尽严厉的责骂来发泄不良情绪，那么自我教育就想都不用想了。一个人被训斥、责骂、惩罚得越多，对善意的话的感知就越迟钝，那种被列夫·托尔斯泰称为“好好思考”的能力就越难发展。

我坚信（这份信念并不是纸上谈兵，而是多年实践得出的结果），在完全正常的教育中是不会有惩罚的。教师同志们，这里需要先声明一点：这里说的是儿童，以及对儿童的惩罚问题。当一切都建立在惩罚的基础上时，是不会有自我教育的，而没有自我教育，就根本不可能有正常的教育。因为惩罚已经让学生从良心的谴责中解脱了出来，而良心是进行自我教育的主要推进器。如果良心陷入了沉睡，自我教育就会不复存在。受到惩罚的人会认为：我的错误行为已经没有什么值得深思的了，因为我已经受到了应得的惩罚。

我们学校发生过这样一件事。九岁的科斯佳是一名三年级学生，有一天，他用弹弓打了一只麻雀。打伤小鸟之后，科斯佳捉住它，还折磨它。为此，教师惩罚了科斯佳：三次禁止他跟全班同学一起去树林。在第二次趣味远足的前一天，孩子们个个满怀期待，只有科斯佳闷闷不乐。课堂上老师提问他，他回答得牛头不对马嘴。全班同学去树林里时，科斯佳独自一人留在了学校。在草棚子的顶上，他抓了几只还没长毛的可怜的小麻雀，把它们放进了老师的桌子里。一天之后（去树林远足是在休息日的前一天），教师发现了桌子里的小鸟，它们已经被闷得奄奄一息。

应该如何解释这种残忍的行为？为什么被惩罚后，孩子往往会变得更加凶狠、暴躁？因为这种粗暴的影响手段，会让孩子不再思考、斟酌和分析，让他感到痛苦的，不是自己错误的行为，而是惩罚。实际上，他已经忘了自己做了不好的事情，而教育的逻辑又要求孩子对自己的行为进行思考。这样的结果是，孩子的想法会朝着坏的方向发展，他会觉得自己受了委屈，由此在心里积攒了怒气。而且，一旦惩罚中哪怕有一丁点不公，愤怒的雪山就会崩塌，其剧烈程度是教师无法想象的。

我认为，正常的教育应该是这样的：孩子没有严重的不良行为，只是犯了一些微不足道的错误，他会感到深深的难过，并把这件事放在心上，受到良心的谴责——这一点是最重要的。教育的艺术就在于，要预防发生严重的过错。那么应该如何预防呢？首先就是要与孩子进行单独谈话。

83 请掌握与学生单独谈话的艺术

请仔细了解孩子们的童年，并好好思考一下他们平常的表现：他们是怎样对待彼此的，怎样对待父母的，怎样对待你——他们的老师的。然后你就会相信，孩子有在你面前流露情感、表达思想、敞开心扉的精神需求。

但是要知道，只有在你从不请求或要求任何人来约束、驯服孩子的前提下，他才会坦诚地向你敞开心扉。如果你寄希望于让父母去迫使孩子变得更好，并且你的这个想法让孩子知道了，或者是你故意让孩子知道了你的这一委托，那么就会像人们常说的那样，一切都白搭了——不要说学生的自我教育，就连班级的正常教学秩序都无法维持。与家长保持联系是有必要的，与他们进行谈话也是应该的，但永远都不要让孩子产生这样的想法——老师把他们最亲近、最爱的人变成了可怕的东西。让孩子把一个人当成可怕的东西，这在教育过程中是绝对不允许出现的。应该教育孩子不要害怕父母、老师，而是要爱他们，要让孩子有自己喜爱的人。要成为儿童发自内心喜爱的人，就要能够消除他们的惊慌不安，安慰他们，帮他们树立信心，还要保护他们的情感——首先是自尊心，因为儿童的情感非常容易受到伤害，对轻率、粗暴的行为非常敏感。

在我看来，这非常奇怪且不可思议——如果教师没有成为孩子所爱的人，那么他又如何获得孩子的信任、坦诚和真心呢？

我还想建议各位老师，不要对孩子的抱怨置之不理。不要认为孩子所有的抱怨都是告密行为，也不要像我认识的一位教师喜欢说的那样，认为所有爱抱怨的孩子都是“爱哭的告密者”，事实并不是这样。要学会倾听抱怨。善于倾听孩子，是一种了不起的教育艺术。没有这种艺术，就不可能有自我教育。

当你成功做到让学生愿意到你跟前，向你敞开心扉时，你就会知道，与儿童心灵的接触应该是温柔且谨慎的。只有温柔和谨慎，才能使你能够通过谈话激发孩子进行自我教育。请记住，如果学校里的氛围是充满善良、相互信任的，那么当你的学生感到不安、无法厘清内心的想法、寻找不到答案也不知道自己该怎么办的时候，就会来找你。还要记住，在孩子激动的讲述中，你可能听不出这些问题，但要善于透过他们的话语理解其中的言外之意。你还要保守好孩子告诉你的秘密，这是教育学的一条基本原则，关系到教育和自我教育两个方面。要知道，学生向你敞开心扉，可能就是在向你诉说最困难、最复杂的事情。你可能会听到一些不道德的行为，听到学生相互关系的问题，似乎亟须成年人干预。在这种情况下，要保持耐心，要善于用理智控制自己的冲动情绪，同时要让自己智慧的思想充满火热的情感。与学生敞开心扉谈话的结果绝不能是惩罚，请记住这一点。要知道，对年轻心灵伤害最大的惩罚之一，就是在集体面前曝光他的隐私和心事。

我要再重复一遍，如果学生感到痛苦、不幸、伤心、委屈、不公、惊慌，他就会想要向自己尊敬、喜爱、信任的人倾诉内心的情感和思想。但在这种情况下，每一个诚实、谦虚的人都会感到十分拘谨。因此，要善于从学生眼中看到他最细微的内心活动，善于创造与学生单独相处的机会，在千言万语中找到最准确、最细腻、最智慧的话语来引导学生打开心扉。

学生能够向你敞开心扉，就已经是教育工作的一大成就了。但未来的结果如何，在很大程度上取决于你的学生是如何看待、感受你对他们心灵饱含人性的触动的。

就像人们常说的，我敢用脑袋担保，如果学生不与教师分享自己的快乐和痛苦，不在教师面前敞开心扉，那么在这种情况下谈论教育是非常可笑的，此时教育是根本不存在的。学生向自己喜爱的教师敞开心扉，是一个情感和思想互相提升的过程。一个人用语言倾诉内心的伤痛时，他的情感首先会得到提升——粗浅的情感会被细腻、高尚的情感代替。在这种情况下，人会控制自我，而这正好可以激发他进行自我教育。因此，与教师进行建立在信任基础上的谈话，可以使学生的压力得到缓解、心态得到改善。与人分享快乐，快乐就会加倍；与人分担痛苦，痛苦就会减半。一个人在敞开心扉、向别人倾诉自己的情感和思想后，就会相信他能改变自己的情绪，能够进行自我教育。

每每想到我们学校还有一些学生不能跟别人分担痛苦，我都会感到痛心不已。这种痛苦会让人内心变得麻木，精神变得空虚。当我看到愁眉不展、自我封闭的少年时，我的心就会颤抖。对他来说，最可怕的痛苦就是自卑感：别人学习都很好，我却什么都学不会，我就是个失败者，这就是我的命运……这种痛苦日积月累，沉重地压在心头，束缚了他的灵魂。少年想要找人分担自己的痛苦，却羞于开口，最后选择了沉默。在家里沉默，在学校也一样。年轻的朋友，请仔细观察你的学生，帮助他们摆脱难以承受的负担。首先要给他们带来快乐，要让他们看到自己在学习上的进步，并由此体会到自豪感……

如果你和学生成了朋友，如果你们因为彼此信任而紧密团结在一起，如果你从来没有让学生感到受伤、难过、痛苦，那么你就从道德层面上获得了教孩子进行自我教育的权利，你的教导也会被看作源自生活经验的智慧。

自我教育还有一个不可或缺的条件，形象地说，这个条件存在于教师意志和学生意志之间，似乎将教育和自我教育连成了一个整体。这个条件就是，受教育者要意识到自己正在成长，要理解并感受到今天的自己比昨天进步了，人类的美德正在进入他的心灵，这种进入在很大程度上取决于他自己，取决于他个人的意志。尊重自我，体验到自尊感，是自我成长过程中的美好伴侣。学生只有尊重自己，才能进行自我教育。学生的自尊心越强，当你对他进行道德上的教导，比如说“你应该这样教育自己”时，他才会对你的教导越敏感，越容易接受。如果没有对自我的尊重，学生就会对你的教导和建议充耳不闻。

自我尊重取决于什么？如何培养它？年轻的朋友，请记住，这是一种非常脆弱的东西，需要格外小心地对待，就像对待玫瑰花上颤动的露珠一样。当我们想要摘下花朵的时候，不要将这滴透着阳光的晶莹露珠抖落下来。要培养自我尊重，只能采取温和、巧妙的教育手段，而不能用粗鲁、强硬、专断的方法，这是自我尊重无法容忍的。我想把自我尊重称为“儿童的文化修养”，它是心灵中柔软的一面，随着思想、动机、目的的纯洁性的增长而增长。在这里，我们接触到的是学校里最有趣味、最值得重视，但实际上又很少有人研究的问题，我指的是儿童的脑力劳动，更确切地说，是这种劳动在情感领域的体现，即精神情感。自尊源自愉悦的精神情感，源自认知带来的快乐。而愉悦的精神情感，正是儿童文化修养的源泉。如果与学习相伴的是痛苦的情感，人就会变得对自己麻木冷漠、无动于衷，在这种情况下，自我教育是无从谈起的。作为一名教育者，教师最重要的一项任务，就是保护青少年心中闪动的精神情感的火苗，让它不要熄灭，因为一旦熄灭，再想重新点燃将会非常困难。

这样一来，你的学生就会尊重自我，珍视你说的关于他的每一句话。这意味着播撒自我教育种子的土壤已经耕耘好了。这时，你可以教他们如何进行自我教育，你的教导一定会是有效的。

自我教育包括以下几个方面：道德、劳动、学习和体育运动。它们之间是相互联系的，因为整个自我教育的过程，就是头脑和心灵复杂工作的统一，是情感和信念的结合。

84 怎样激发学生在道德层面进行自我教育？

激发学生在道德层面进行自我教育的最主要动力，就是让学生意识到我们每个人都是生活在人群中的。每时每刻，我们都生活在他人的注视下，即使不见面，他们也能感受到我们的存在。在物质世界里，我们接触的每一件东西都会留下印记。但我们留下的最明显的、最不可磨灭的印记，是在那些我们与之交往的人身上。一个真正的人不可能不在意别人如何看待他、如何评价他。无论我们做什么，无论我们去哪里，都请记住，我们一直生活在他人的注视下。人一生中最无耻、最可恶的事情就是道德败坏。想象一下，有位漂亮的姑娘，花了整整一个小时的时间来打理自己的头发，因为她想要好看，毕竟发型是人人都可以看到的。但同时，她的双脚脏兮兮的，根本没洗干净。可她并不在意，因为脚上还穿着袜子。道德败坏的人就是这样，在人前表现得光鲜亮丽，私底下却龌龊肮脏——在人们的道德观念里，就是这样评价这种可耻的恶习的。

要教导学生在道德问题上严格要求自己，做到一丝不苟。还要教他们学会自我约束。从孩子来上学的第一天起，我们就教导他们：如果你想私下做某件事，就先想想这个世界上你最爱的人——你的妈妈此刻是怎么看你的。如果你做了不好的事，并寄希望于没人看到，那就错了。你的不良行为会让你的母亲感到心痛。即便她没有看到，她的心也能感觉到；即便她没有跟你在一起，她的心也能感觉到你。当你回到家，她能从你的眼睛里看到你做了不好的事。因此，你最好立刻坦白自己的错误。当然，还有更好的选择，那就是不做坏事。要记住，你的母亲时刻都在看着你。

这里我要再说一遍，孩子对这些教导的敏感程度，取决于他的整个精神生活体系。首先应该做到，让对别人的亲近、体贴与对母亲的关爱成为孩子精神世界的典型特征。要想让孩子能够进行自我教育，让他的良心可以机警地约束自己的行为，心灵的细腻是必不可少的。我们从基本的道德修养开始，进行道德层面的自我教育。你的学生偷偷打量了一下四周，从玫瑰花丛里摘下一朵花，这已经是道德上的无知了。他从一个哭泣的孩子身边走过，却不问一句："小朋友，有什么我可以帮你的吗？"这就更糟糕了，这是道德上的冷酷无情。我们全体教师通过多年的努力，制定了道德层面的自我教育大纲。这份大纲涵盖了关于学生与他人之间道德关系的一系列要求。我们将其归纳如下：

（1）要记住，这个世界上有一些无与伦比的事物。首先就是我们的苏维埃祖国，还有这片赋予你生命、哺育了你的土地。

（2）要记住，你是生活在人群中的。你并不是自己眼中的你，而是别人眼中的你。如果你觉得自己很了不起，而别人觉得你微不足道，那你就是微不足道的。要勇于承认这一点，要善于克服自己身上琐碎的不足，成为一个真正的人。

（3）一个真正的人，不会在私底下做卑鄙、可耻、下流的事情。当你独自一人时，要让你的良心做自己行为严格、苛刻的监督者，并让这个监督者永远保持公正、严厉和坚定。

（4）为他人做善事，你也会收获宝贵的财富。如果一个人活着是为了给他人谋求福祉，那他就是最富有、最幸福的人。要记住，在这个世界上，能够衡量财富、美好与伟大的标尺只有一个，那就是人。使他人变得高尚的同时，你自己也会变得高尚。要记住，人终有一死，如果说死后能为这个世界留下一些什么，那就是为他人做的善事。

（5）女性是人类之美的最高体现。小女孩、小姑娘不仅是你的朋友，还是未来的母亲。珍爱她们的美丽，呵护她们的健康，就是在关心整个人类的美好和伟大。为了帮助女性，如果需要你做出牺牲，那你就要勇于做出牺牲，但不要偏离人类忘我精神的正道。

（6）人身上可能会有很多恶习，其中有二十个最为可怕：对善恶无动于衷、懒惰、口是心非、阿谀奉承、谄媚巴结、缺乏主见、默许谎言、面对错误顽固不化、妄自尊大、傲慢、夸夸其谈、撒谎成性、背地里作恶、背弃被众人孤立的朋友、不相信人性本善、伪善、幸灾乐祸、对待弱小残酷无情、馋嘴贪吃、吝啬。要记住，这些恶习都是从一颗微小的种子发展成庞然大物的。要首先摒弃自己身上的这些恶习。要学习别人身上让人赞赏的优点，永远不要沾染别人身上让人厌恶、鄙视的缺点。要爱自己的优点，讨厌自己的缺点。要知道，脓疮就是脓疮，即便长在自己身上。只有利己主义者才会喜欢、纵容自己身上的缺点。

（7）如果你在自己身上发现了恶习的苗头，那么就要毫不留情地把它连根拔除。用关怀、体贴根除对善恶的无动于衷；用劳动根除懒惰；用原则性根除口是心非；用正直根除阿谀奉承；要根除谄媚巴结，就要做到即使全世界都反对你，也要敢于坚持真理；用独立的思想根除缺乏主见；用与谎言的勇敢无畏的斗争根除对谎言的默许；要根除面对错误的顽固不化，就要勇于承认自己的错误，接纳那些坚持真理、与你的错误作斗争的人的意见；用谦虚根除妄自尊大，如非必要，对自己只字不提；用朴实和尊严根除傲慢，这是马克思最为看重的人的优点；用惜字如金根除夸夸其谈；用对谎言的绝不容忍、对一切都认真谨慎的态度根除撒谎成性；要根除背地里作恶，就要把良心当作最公正无私的法官，做到问心无愧；不想背弃被众人孤立的朋友，就要做好当枪瞄准朋友的时候，愿意为他挡子弹的准备；要根除对人性本善的不相信，就要对人性之美的伟大和力量抱有无限的信任；用坦诚和真实根除伪善；用怜悯之心根除幸灾乐祸；用仁爱之心根除对弱小的残酷无情；用懂得节制根除馋嘴贪吃；用慷慨根除吝啬。

（8）你看到有人作恶，意识深处却萦绕着这样一个念头：“这关我什么事？”要知道，这是一种动物的本能，在提醒你只注意保护自己的皮毛。不要放任这种本能，要将它赶走，要无情地拒绝这种只顾自己的自私。

要记住，你是一个人。如果在面对恶行时有一次无动于衷，那么接下来就会有无数次视而不见，最后会变成一个可怜虫。

（9）人世间有许多高尚的品质，而自尊心是人类所有品质的顶峰。

无论是为真理而战取得了胜利时，还是要承认自己的错误时，都要昂首挺胸。

（10）这个世界上有一些无与伦比的事物。首先就是我们的苏维埃祖国，还有这片赋予了你生命、姓名和人格尊严的土地。如果你正走投无路，如果你感到绝望和痛苦，如果你不知道该怎么做，就请想一想，在这种情况下，祖国会要求你怎么做。祖国怎么要求你，你就怎么做。

道德层面自我教育的本质是什么？

除了积极向上的愿望和极其敏感、细腻的心灵，还有一点尤为重要，我想把它称为对人的认识。人在从小认识周围世界的同时，也应该认识人——认识人的思想、情感、最为细腻复杂的内心活动，还有志向和热情。只有当一个人在认识他人的同时也认识自己，并从旁观者的角度审视自己的时候，教育和自我教育才会统一。在我们教师的教育技巧中，最复杂的就是对人物的讲述。我会给每一届小学生讲述一位英勇的苏维埃战士的故事：在伟大的卫国战争期间，他在敌方阵地上用自己的胸膛保护了一个小女孩，拯救了小女孩的生命。我也会讲我的两个同乡的故事：他们是年轻的游击队英雄，在落入法西斯敌人手中之后，没有泄露半点游击队的秘密，也没有出卖朋友，最后遭受了残酷的折磨，被敌人活埋了。我还会讲尼古拉·加斯捷洛、卓娅·科斯莫杰米扬斯卡娅、亚历山大·马特洛索夫的故事，讲那些已经在这片土地上工作了五十、六十、七十年的杰出劳动者的故事。

我坚信，通过智慧和心灵去认识道德，不应当只有对美的赞扬，还应当有对恶的愤慨。从一些不朽的世界文学作品中，我挑选了一些人物形象，天才的文学家们通过这些人物把人类的恶习体现得淋漓尽致。通过讲述伊阿古[1]、戈洛夫廖夫[2]、高布赛克[3]和泼留希金[4]的故事，我唤醒了年轻心灵对恶的绝不容忍和绝不妥协的情感。每天持续不断地接触不同的人，能够使孩子从小就感受到日常生活中发生的各种社会状况及关系在道德层面的意义。想着他人好的一面，孩子就会追求善良的行为，善良的行为能够给他们带来极大的道德满足感和充分的快乐体验。这些情感能够使人对善恶更加敏感，无法容忍任何侮辱人的行为。要让孩子在很小的时候就能表达自我，勇敢地与邪恶进行斗争，展现自己的原则，感受善良带来的胜利，因自己是这一胜利的参与者而感到快乐——这对于教育和自我教育都是非常重要的。

我的朋友，你要知道，想激发学生的自我教育，需要教师用语言拨动他们内心最珍贵的琴弦——荣誉、尊严和高尚的品质。要善于发现、感受孩子内心需要这种触碰的时机。这种时机往往会出现在孩子面临两种选择的时刻：一种选择是默许恶的存在，对它无动于衷；另一种选择是与恶进行斗争。对孩子来说，第二种选择通常会带来不小的压力，需要付出很大的精神力量，尽管从成年人的角度来看，生活中的这种情况并不是那么复杂。

---

〔1〕英国作家莎士比亚《奥赛罗》中的反面人物。

〔2〕俄国作家萨尔蒂科夫·谢德林《戈洛夫廖夫老爷们》中的主人公，是冷酷无情、唯利是图的典型。

〔3〕法国作家巴尔扎克《高布赛克》中的主人公，是典型的守财奴。

〔4〕俄国作家果戈理《死魂灵》中的吝啬鬼。

85 怎样在劳动和学习中激发学生进行自我教育？

要做到这一点，首先要在学校和家庭中为学生营造劳动的氛围。无论是在课堂上还是在家里，无所事事都会让通过劳动教育自我的宝贵教导变成没用的空话。

有一些普遍性的教导对于各个年龄段的人都是适用的。我们的教师集体将它们归纳如下：

（1）要记住，人不劳动就会退化，变成低等生物。

（2）民间有一句俗话："看你种出来的麦穗，就知道你是什么样的人。"人是通过劳动展现自我的。你亲手种下的树，就代表了你自己，代表了你的勤劳和技艺。你的笔记本也代表你自己，代表你的劳动和对父母的责任。

（3）能坐在学校的课桌旁学习，是因为你从长辈那里借取了生活所必需的物质财富。父母供你吃穿，给你买书本和学习用品，是为了让你学习，为将来的劳动做准备。你的责任就是尽早开始劳动，帮助家庭，赚钱给自己买衣服、鞋子和书本。

（4）要知道，劳动并不是一件轻松的事。"劳动"和"困难"是同根词[1]，并非偶然。没有汗水和劳累，没有身体和精神上的压力，就谈不上劳动。劳动不可能像游戏和消遣娱乐那样有趣。或者说，劳动的

〔1〕这里指的是俄语。

趣味和意义并不在此，而是体现在：把思想、智慧、力量投入工作中，创造出人们所需要的美好事物，创造生活和美，并通过这些事物树立和展现自我。一个人可以活七八十年，而他亲手栽种的橡树可以活几百年甚至上千年。在劳动中留下自己的痕迹，你会成为幸福的人。

（5）劳动一开始，就要想着去完成它。不要害怕单调，也不要被日复一日、月复一月要做同样的工作吓跑。劳动就像攀登高山，不走完崎岖艰难的石子路，就无法到达风光无限的顶峰。

（6）劳动能够使人变得成熟、勇敢。请从六岁开始，就做一些需要持续好几年才能完成的工作。要这样生活：十岁的时候回头去看，看看自己的劳动成果——树木结出了累累硕果，原本寸草不生的地方变成了一片沃土。只有当你亲自劳动，只有当你挥洒汗水、感到劳累、手上长出茧子的时候，你才会真正地理解什么是科学的智慧和知识的光辉。

（7）只有学会将双手的技巧和头脑的智慧结合起来克服工作中的困难，学习才会成为你的劳动，你才能管控自己，掌握知识。只有在工作中善于思考的人，才能掌握思维运转的奥秘。要记住，很少有人一出生就拥有牛顿或爱因斯坦那样的天赋。要做好最坏的打算，预想到自己天资不足。要用劳动和创造培养、发展自己的能力。

（8）做事永远不要半途而废，一旦开始就要坚持到底。如果你习惯了有始无终，这件事没做完就去做另一件事，那你就会变成一个游手好闲、不学无术的人。

（9）要知道，学无止境。可以重复做一个工作几十次，但每次都要有新的突破。要把自己培养成能工巧匠，不要满足于已经取得的成果。世界上有成百上千个专业，想要全部掌握是不可能的。只掌握其中之一就足够了，但要让自己成为这一领域的佼佼者。

只有在特定的条件下，这些教导才能深入学生的意识。如果学校里缺少愉快的劳动氛围，那么这些教导就会沦为空谈。学生甚至根本不会理解，就像是你在用他们听不懂的语言跟他们讲话。学校里应当充满劳动带来的快乐。但劳动的快乐究竟是什么呢？它就是劳动中的自我展现。这是一种复杂的精神状态——人们会惊叹、赞美自己双手的创造，在单调乏味、微不足道的劳动中找到自我，看到自己付出的努力。为了使劳动成为自我教育的一部分（没有劳动的自我教育，算不上真正的自我教育），应当让每个学生都体验到劳动的快乐，让劳动成为他们的创造。在劳动中探索自我，这一探索要持续很多年，直到个人志向得以形成。

只有人的个性在劳动中得以展现，劳动的快乐、劳动的创造、自我的探索才有可能实现。劳动中的自我教育，并不只是简单地挖土豆、收废金属，而是对自我的深入了解，是头脑智慧和双手技艺的结合，是有意识地制定目标并克服困难的过程。我要再强调一遍，没有紧张的思维活动，没有智力的创造活动，没有广泛的课外阅读，没有超出教学大纲的基本范围（超出这一范围，学生的个人志向才开始形成），劳动中的自我教育就不可能实现。如果课堂乏味无趣，如果学生不能从教师激昂的话语里听到让他们去无边的知识海洋里遨游的召唤，或者即便听到也不去做，那么劳动中的自我教育也不可能实现。如果教师没有自己的学生，无法借助自己对学科的极度热爱对学生产生影响，那么劳动中的自我教育同样不可能实现。

如果这一切条件都已经具备，那么就请给每个学生安排一些劳动任务，以激发他们的兴趣，让他们拥有崇高的精神和上进心。例如，某个学生对土壤学的实验很感兴趣，当你讲到土壤中发生的复杂的生物、化学反应时，能看到他的眼睛里闪烁着好奇的火苗，那么就请在学校生物实验室或温室里拨一块地方给他，让他对实验产生兴趣——一块毫无生机的黏土可以变成有生机的土壤。和学生一起，把有益微生物植入土壤，学生根据你的建议，为微生物的生命活动创造有利条件。自我教育就这样开始了：学生已经离不开这个实验的角落，他会长时间地待在装有土壤的箱子旁，观察试管和显微镜，读书直到深夜。这个时候，他已经不再需要任何的激励，因为他的内心已经燃起了足够的热情。现在需要注意的是，不要让学生的热情冷却下来。为此，教师要细致又有分寸地守护这团兴趣的火苗，让它持续燃烧。

86 怎样在脑力劳动中培养自律?

这些建议是我们针对七年级以上的高年级学生提出的，它们关乎学生精神生活的重要领域——阅读、思考、解决智力问题。这些建议是否有效，取决于很多条件和前提，其中最重要的是，在学校里，首先是在教师集体中，要有热衷文化知识的浓厚氛围；课堂教学应该建立在多样化的智力生活的基础上；教师的知识储备应该是课堂上所讲授的一百倍；要让每个学生都有自己喜爱的脑力劳动。如果能做到这些，学生会很容易接受在脑力劳动中培养自律的教导。我们认为，以下几点非常重要：

（1）如果你想拥有足够的时间，就请每天都读书。每天至少读两页你感兴趣的科目（你的选修课）的科学文献。你阅读过的所有内容，都在为你的学习打基础。基础越扎实，学习就越轻松。你每天阅读得越多，储备的时间就越多。因为你阅读的所有内容，都与你上课所学的内容有着千丝万缕的联系，这些联系被称为“记忆锚点”，会帮助你把必须掌握的知识融入人类知识的海洋。要坚持每天阅读，不要把这项工作推迟到明天。今天错过的，明天永远也补不回来。

（2）要善于听讲。九、十年级的学生在学习一些重要的专题课程时，要学会记笔记，不管教科书中是否有这个知识点，都要记下来。记笔记可以促进思考、检查自我、查缺补漏。要学会当堂思考记下的内容，每天都要花点时间整理笔记，哪怕只有半个小时。我建议把笔记分成两栏来写：第一栏简要记录课堂的内容；第二栏记录要思考的问题——关键性的、重要的问题，它们就像是一个框架，整个课程的知识体系都依附于此。每天都要思考这些框架性的问题，还要把这种思考和日常阅读的科学文献结合起来。如果你在各科的学习中都遵循这个建议，就不需要搞什么考前突击了。备考的时候，没有必要再反复阅读、记忆整个笔记。课程框架就是一个特殊的大纲，通过它能把所有的知识点都记起来。

（3）早上要尽早地开始学习，六点就可以开始。五点半起床，做做早操，喝杯牛奶，吃点面包，然后就可以开始学习了。上课前的一个半小时到两个小时，是进行脑力劳动的黄金时间。在早晨可以完成最复杂、最具创造性的脑力劳动——思考某个关键性的理论问题，阅读、钻研某篇有难度的文章，草拟介绍性的学术报告。如果你要进行的脑力劳动带有研究性质，请在早上完成，这样就不用熬夜了。安排好自己的作息，不要晚于十点睡觉，这是最有益健康的睡眠安排。

（4）要善于规划自己的脑力劳动。这里指的是要分清主次，合理分配时间，不要主次颠倒。主要的事情要每天都做。要明确最主要的问题，对它们的理解将直接影响到你的才能和秉性的形成。对它们的处理要放在早上要进行的脑力劳动的首要位置。要善于根据主要的问题查找相关的书籍和资料，并长时间地坚持阅读和研究。

（5）要善于为自己创造内在的驱动力。脑力劳动中的很多事情并不那么有趣，我们很难抱着很大的热情去完成。通常情况下，唯一的驱动力是“需要”。脑力劳动要从那些无趣的事情开始。要善于研究这些理论问题的细节，把“需要”这么做逐渐变成“想要”这么做。把最有趣的工作留到最后。

（6）要让自己置身于书的海洋。要严格挑选阅读的书籍和刊物。求知欲强、好学的人几乎什么书都想读，但这是不可能的。要善于控制阅读的范围，把可能会影响学习进程的阅读剔除掉。同时还要记住，随时都有可能产生阅读新书的需求，这是无法预料的。为此，必须储备富余的时间，而富余的时间是靠课堂上认真听讲、记笔记、不搞考前突击积累起来的。

（7）要善于对自己说不。要做的事情有很多，比如参加业余活动小组、运动会、舞蹈晚会。这类活动大都很有吸引力，但也可能给你带来危害，因此要能够果断地说不。娱乐和休息都是必需的，但不能忘了主次——你是一个劳动者，国家在你身上投入了大量金钱，被你排在第一位的不应该是跳舞和休息，而应该是劳动。关于休息的方式，我建议高年级学生可以下一下象棋、读一些文学作品。下象棋需要绝对安静的环境，并且要全神贯注，这是增强神经系统、提升思维能力的好方法。

（8）不要把时间消耗在闲聊、闲逛这样的琐事上。会出现这样的情况：几个年轻人聚在一起，就像乌克兰人说的那样，开始"扯闲话"。一个小时过去了，什么也没有做，谈话的内容也没有任何意义，时间却一去不复返了。要善于把同学间的交谈变成丰富精神生活的源泉。

（9）要学会减轻自己未来的脑力劳动，也就是说，为未来储备时间。为此，要养成记事的习惯。我现在有将近四十个记事本，每一个都是用来记录那些灵光一闪的想法的（它们都有一个"习惯"，在大脑中出现一次后就一去不返了）。我还会记录一些读到的有趣的内容。所有这些都会在将来用得到，都可以减轻脑力劳动。因此，要建立自己的一套记录体系，珍惜从书中获取的知识。

（10）对于每一项工作，都要找到最合理的脑力劳动的方法，避免墨守成规。在思考各种事例、现象、规律的本质时不要吝惜时间，你思考得越深刻，记忆就越牢固。没有理解的时候，不要强行记忆，那样只会白白浪费时间。已经熟知的内容，不用重复阅读，简单浏览一下即可。还没有理解的内容，切不可蜻蜓点水似的一掠而过。浮光掠影的学习方式，会让你在未来不得不反复学习这些事例、现象和规律。

（11）在受到打扰的时候，脑力劳动是无法顺利进行的。在需要全神贯注进行脑力劳动的时间里，每个人都应该完全独立地完成自己的任务，最好是在大家能够严格遵守制度的阅览室（读书室）。

（12）在进行脑力劳动时，要让抽象思维和艺术思维交替进行。在阅读科学文献时，可以穿插阅读一些小说。

（13）要克服一些不良习惯（例如：在开始学习之前先闲坐大约十五分钟，随意翻翻并不打算读的书，睡醒了还躺在床上不起来，等等）。

（14）“明天”是勤劳最大的敌人。永远不要把应该今天完成的工作留一部分给明天。要养成今天就完成明天的一部分工作的习惯，这将是非常有效的内在驱动力，会为你的未来奠定良好的基础。

（15）永远都不要停止脑力劳动。暑假也不要丢掉书本。每一天都要用知识充实自己，这是未来脑力劳动所需时间的来源之一。请记住，你知道的越多，越容易掌握新的知识。

87 怎样在体育活动中进行自我教育？

德、智、体、美、劳应该作为相互联系的统一体来研究。体育活动是丰富精神生活、促进智力发展的基本条件，同时还能提升人在其他方面的能力。

在工作的过程中，我们全体教师始终秉持这样一个理念——体育方面的教育和自我教育要统一起来。如果不让学生从小就开始帮大人干一些话，那就根本谈不上“健康的精神来自健康的体魄”。

我们坚信，体育方面的教育和自我教育的统一是从小就开始的。有一种与此相关的民间教育思想认为，从孩子刚刚学会用勺子把盘子里的食物往嘴里送的时候起，就应该开始劳动了。我们要努力让孩子做到边劳动边思考，边思考边劳动。只有这样，他们才能明白体育的意义，才能感受到自己充足的力量，才能认识到健康的精神取决于健康的体魄，进而有意识地增强自己的身体素质。如果孩子没有从小就开始劳动，那么任何关于在体育活动中进行自我教育的教导，他们都是听不进去的。而我们的学生从小就劳动，所以他们很敏感，乐于接受我们的教导，还带着很大的兴趣，做事情也会遵照我们的建议。以下就是我们关于在体育活动中进行自我教育的一些建议[1]：

（1）健康意味着精神生活充实、心情愉悦、头脑清晰。你的健康

〔1〕作者这里提出的建议具有一定的时代和地域背景，仅作参考。

掌握在自己手中。

（2）健康最重要的源泉是我们周围的大自然——空气、阳光、水、酷暑寒冬、茂密的树林和长满三叶草的田野。要到大自然中去生活和劳作。夏天时太阳升起得很早，但你应该比太阳起得还早，去田野里呼吸新鲜空气，用露水洗手洗脸——这才是童话里所说的活水。空气中弥漫着鲜花的味道，还有日渐成熟的粮食的香气，这一切对健康都是有益的。能够在夏天呼吸到这种空气的人，不会得肺病。

（3）给自己定一个规矩：每天从梦乡中醒来后，立刻开始做早操。夏天，在院子里的干草或新鲜麦秸（刚刚打完粮食的麦秆）上睡觉，干草和新鲜麦秸上的植物抗生素可以预防流行性感冒。

（4）每天早上坚持用冷水擦身。尽可能多地去池塘游泳，直到秋天天气转凉。冬天，用雪擦洗腿脚（从脚到膝盖），直到从膝盖到脚底开始发热。光着脚在雪地里走几分钟，不要担心，这对脚部和全身都是一种很好的锻炼。

（5）每天都要进行体力劳动。劳动可以强健身体、净化心灵，坚持每天劳动，还可以延年益寿。一个从小到老都在劳动的人，即便在生命的最后时刻，也仍然是一个当之无愧的人，仍然体力充沛、头脑清晰、理解力强、感情丰富。

（6）每天行走三到十公里（三公里针对的是小孩子）。养成去树林、草地、田野散步的习惯。如果你要走两三公里去上学，路上还会经过一片草地，那你就太幸运了。夏天的时候，要养成在日渐成熟的庄稼地旁或开满鲜花的草地（尤其是长着小麦、大麦、燕麦和三叶草的田地）上走几公里的习惯。

（7）把朴素、适度、节制当作你的人生信条。童年时期不要吃太多甜食，最好完全不摄入碳水化合物。不要贪嘴，不要吃撑，最好在还没有完全吃饱的时候就起身离开饭桌。

88 在什么条件下，集体能够有效地发挥对个人的教育作用？

这是一条基于一定理论基础的建议，在教育实践工作中很重要。首先，最重要的是要知道教育的基本原则，以及教育实施过程中相互依存的复杂关系，这一点对于构建集体与个人之间和谐统一的关系尤为重要。

那么，集体教育力量的源泉来自哪里？在什么条件下，集体才能顺利、有效地发挥对个人的教育作用？总结前面提到的许多建议，可以得出一些结论，最重要的有以下几点：

（1）每个人都应该理解并领会这样一个道理：人是和他人在一起生活和劳动的（我想把这个条件称为对人的感知），他有自己的快乐和悲伤，要以人道主义的态度对待他，理解并感受他的精神世界和内心状态。如果每个人都不善于在茫茫人海中用理智和心灵辨别方向，那就不可能有集体的存在，也不可能有对集体中每个成员的尊重，更不可能有对自我的尊重。

（2）每个人都要有能力克制自己的欲望，善于将自己的欲望与他人的欲望进行对比、衡量，从而放弃自己的某些欲望。这一难能可贵的精神品质是通过平时的关怀教育和人性教育（前文已经讲过）培养起来的。这些教育的本质在于，引导一个人用心灵去感知另一个人的精神世界，向他提供帮助，献出自己的力量，在他身上留下自己的痕迹。要能够为了他人的利益克制自己的欲望，也就是我们通常所说的谦让精神。如果人们做不到这一点，生活就会变得一团糟。如果每个人都随心所欲、为所欲为，世界就会变得如同地狱。

（3）要不断发展人的道德、情感、智力、审美和创造精神。只有当精神层面不断提升时，集体才能成为真正的集体，才能发挥巨大的教育作用。只有当集体中的每个人都一天比一天更加智慧、更加成熟、心胸更加宽广时，这一切才有可能实现。这里说的是集体在精神层面上不断地自我丰富的过程，就像一位创造新作品的雕刻家，始终不懈地雕琢着自己的作品，用越来越精细的线条丰富这个作品。

（4）要有强烈的自尊心和自我认同。我们要培养、珍惜、呵护每个人的自尊心，培养内心对善意的语言和美好事物的敏锐感知，集体的教育力量也会因此得到提升。人的精神生活有一个重要阶段，从五六岁到九十岁，我们称之为集体生活的准备阶段。在这一阶段，绝对不能粗鲁、冷淡、漠不关心地对待孩子，因为这样会打击孩子柔软、脆弱的心灵，被打击之后，原本柔软的心灵会变得像水牛皮一样坚硬，没有了知觉。在这个阶段，教师要小心翼翼地保护孩子敏感的心灵。要知道，如果学生在小的时候，就被你伤得冷漠无情，那么晚些时候，等到了少年时期，他就会对你的那些"严加斥责"的教育招数嗤之以鼻。一个人在童年时期经受的惩罚越少，对善意的语言的反应就会越敏感，他良心的守护者——心灵也会越忠诚，由这样的个人组成的集体就会越强大。

（5）要让学生有上进心和获得别人认同的渴望。这是集体教育力量最具活力的源泉之一，蕴含着丰富的道德关系和有利于集体活动的思想。当一个人看到同伴身上的优点，对美德发出由衷的赞叹，他自己也会想要变得更加优秀。只有在具有崇高思想的集体劳动中，个人的自尊才会产生，这种自尊也决定了个人的精神面貌和对其他人的态度。教育的智慧和技巧就在于让人去观察他人、认识他人，用崇高的劳动目标鼓舞集体。

（6）不要在集体面前曝光孩子的弱点，不要揭露他们"心底的秘密”。个人不应该惧怕集体，而应该为集体发现了他身上的优点、给予他肯定的评价而感到高兴。集体对个人的管理应该以细致入微的人际关系为基础。只有当集体在个人身上看到的优点远远多于缺点时，这种管理才会发挥作用。

（7）要注重集体成员兴趣、爱好、活动的多样性。如果学生千篇一律，没有个性，那么集体也将不复存在。只有当每个人都拥有独一无二的面孔，每个人都以自己独有的方式丰富彼此间的关系时，集体才能获得教育的力量。

（8）集体要积极参与社会活动。集体的教育力量和对个人的管理，取决于它对社会思想表达的鲜明程度。学校集体应该经常参与社会事务，参与建设和巩固共产主义物质技术基础的事业，参与能让人变得高尚的活动。

（9）集体内部要有一定的经济关系。如果一个人不能从个人经验中感受到自己对集体财富的责任感，那么所谓的责任、义务、服从、个人利益和集体利益的结合这些大道理就只能是美好的愿望。多年的经验表明，集体中的领导与服从这种组织从属关系，正是从这种责任感开始的。

（10）不要把集体成员划分为积极分子和消极分子。这样会让有些人觉得自己就是消极分子，注定碌碌无为，只能服从别人的安排。对集体成员积极性的判断，不仅要看他是否具有号召力和领导力，还要看他多方面的表现。要让每一个集体成员都能在自己最擅长的领域充分展示天赋、才能和志趣。在现代学校里，没有个人的全面发展，就谈不上个人的社会积极性。在集体中，不应该有消极的、没有个性的、毫无表现的学生，也不需要只对领导别人有积极性的学生。一个人的领导权力，应该来自他在创造性劳动中展现的天赋、才能、技艺和模范带头作用。要想在学校集体中领导别人，意味着首先要在劳动中成为榜样。

（11）集体要具有多样性。只有当每个人都能积极参加各个集体，每个集体又能各自发挥不同的作用时，集体的教育力量才能得以体现。要让个人兴趣、爱好和各种各样的活动交织，让个人探寻自我的定位，有意识地发展自己的禀赋、能力和才干。只有具备了这些条件，才能实现集体和个人的和谐统一。没有集体的多样性，就无法调动全部学生的积极性。如果学生的生活都被局限在一个基层集体内，那么这个集体就会慢慢“枯萎”，集体中也会不可避免地出现消极的状况。

（12）要教育儿童、少年、青年关心他人，尤其是关心小孩子。只有当集体中的每个人都全心全意地关心他人时，集体才能成为一股有效的教育力量。在思想、信念、生活理想正在形成的阶段，这种关心他人的教育更具重要意义。

（13）作为集体的教育者，教师要有智慧。毫无疑问，集体是由教师创造的，它不可能凭空出现，也不可能独自存在。没有睿智的教师，就没有集体。因此，那些认为可以不要班主任、让集体独立运行的“创新”提议是完全不可取的。这就像让病人去治疗病人，是不可能的事情。教师作为教育者的智慧，体现在不要让学生觉得教师管得太多，是形式上的监督者，而要让学生充分领会教师的意图，把它当成自己的想法一样去实施。在孩子们眼里，真正的教育大师从来不是一个统治者。但是，随着学生年龄的增长，他们对教师的要求也会提高。孩子们已经清晰地认识到，教师应该是集体的榜样、典范和良心。因此，青少年的教育者要对生活和人有深刻的认识。集体的教育者是一股力量，有了这股力量，包括道德、智力、情感、审美在内的集体精神层面的发展就能永不停歇。为了实现这一发展，教师必须每天与学生进行理智和心灵的接触，必须不断地向他们展示日常生活和精神世界中的新鲜事物。

89 在学校集体中，什么可以讨论，什么不可以讨论？

多年的教育工作经验让我相信，不是所有与学生行为举止相关的事情都可以拿出来在学校集体中讨论。以下便是不能在集体中讨论的事情：

（1）由于父母损害社会的行为和彼此争吵、打架、分歧等明显或隐蔽的家庭异常情况，导致孩子出现的不良行为。在这种情况下，不能对孩子的不当行为进行讨论。他们很清楚自己的行为与家庭生活之间的关联，将这种生活的灰暗面暴露出来，会让他们感到压抑、苦恼。

（2）因单亲家庭因素导致的儿童不良行为。父亲或母亲的缺失会给孩子带来精神上的创伤。如果一个孩子没有父亲或母亲，那么无论他多么严重地违反纪律，都不应该在集体中分析、讨论他的行为。

（3）为了反抗家长或包括教师在内的成年人的粗鲁、专横，孩子做出的某些不良行为。这一点之所以非常重要，与其说是为了维护成年人的威信，不如说是为了保护孩子自身的利益。如果一个孩子通过不当的行为表达自己的抗议，那么他一定会认为对自己行为的讨论是不公的。

（4）由教师的过错导致的儿童（少年）不良行为。在分析学生的不良行为时，教师绝对不能这样说："说的是你的问题，不是老师的问题，老师的事情与你无关。"同样，在讨论学生的错误时，也不可以讨论教师的错误。

（5）因教师在评定学生学习过程中的偏见导致的儿童不良行为。就像在很多情况下一样，我们现在要面对的是孩子的抱怨，它就像一个娇气又任性的小伤口，你越是担心它、接近它，它就越疼。最好是不要管它。总而言之，有些问题完全没有必要拿到集体中讨论，这并不是因为孩子没有明辨是非的能力（有时候他们的这种能力并不比成年人差），而是因为没有必要再去触碰伤口。在很多情况下，确保不再出现新的委屈的"伤口"才是更有益的做法。

（6）由学生智力发展异常导致的成绩落后，或者学生学习非常努力，但就是学不会某个知识点。教师要能够准确区分懒惰、懈怠和不懂、不会，如果做不到这一点，就称不上是一个合格的教育者。如果在集体面前把不懂、不会当成懒惰、懈怠，那么带来的就只有伤害、痛苦和委屈。

（7）学生在为自己的不良行为辩解时，会牵涉到他与同龄人或者大朋友、小朋友的亲密友谊。在这种情况下要求学生坦白，会让他觉得自己是在背叛、出卖朋友……学生之间的关系，并不像乍看上去那么简单。孩子们对于荣辱有自己的理解和信念，这些理解和信念应该得到尊重。

（8）因家庭中的特殊关系造成的儿童不良行为。孩子们不应该过早地知道这些关系，也不宜向他们解释，要在不知不觉中巧妙、低调地处理和化解。

还有很多不能公之于众、不宜公开讨论的不良行为，很难对它们进行归纳分类，也很难用一个通用的、公式化的标准来衡量。

当初在写下这些内容的时候，六年级发生了这样一件事。

一个名叫尤尔科的学生平白无故地说自己的同桌弗拉基米尔"卑鄙"。我们的少年们很清楚这个词的意思。如果尤尔科没有任何理由就指责弗拉基米尔，弗拉基米尔肯定会觉得委屈。但事实恰恰相反，弗拉基米尔的良心受到了谴责，意识到了自己的错误。究竟发生了什么？事情原来是这样的：尤尔科是近视眼，他的眼镜也不太好用，透过镜片看到的物体位置并不是实际的位置。美术课上，弗拉基米尔跟尤尔科开了个玩笑，在尤尔科低头画画的时候，偷偷地把他面前的颜料盒移动了几厘米，这就导致尤尔科画画时用的不是自己想要的颜色。发现这个恶作剧之后，尤尔科非常生气，在回家的路上大哭起来。全班同学都听到了“卑鄙”这个词，但没有人知道弗拉基米尔耍了什么把戏。我也是在两天后才了解到事情的真相，而且不是尤尔科告诉我的，是弗拉基米尔主动承认的错误。三天之后，尤尔科来找我，请求我不要把弗拉基米尔的行为告诉任何人……

多年的经验让我相信，在我们遇到难以解决，甚至非常棘手的问题时，应该坚持一个非常重要的原则：如果学生能够理解并处理好彼此间的复杂关系，那就不必在集体中进行讨论。

读者可能会有一个疑问：究竟哪些问题是应该、可以在集体中进行讨论的呢？答案是：哪些都不应该。

我要明确一下，如果说的是过错，那就完全不应该在集体中讨论。首先，真正的共产主义教育是要完全消除或尽可能减少异常和不良行为的发生；其次，集体作为一种教育力量，不应该以探究各种过错的方式来影响个体；最后，集体对各种矛盾冲突讨论得越少，它具备的教育力量就越大。

还有一个非常重要的共产主义教育原则：要善于将矛盾冲突削弱、消除在萌芽状态，不要让火星烧成火堆，要在刚开始燃烧时就熄灭它。

大家可能会问：“你是不是支持‘无冲突教育’？”是的，我认为在对孩子(这里说的正是孩子)的教育过程中，不应该采取严加斥责、强力干预的手段，这些都是有百害而无一利的。不要把成年人世界里的概念和规律照搬到儿童世界中。在对儿童的教育中，震惊、冲突、愤怒并不是客观必要的，最好不要用过于激烈的方式。

90 集体的自主活动是什么？

集体精神生活的富足并非取决于自主活动，恰恰相反，集体的自主活动是丰富多彩的精神生活的产物。在集体中，个人感知他人的能力越强，给同伴带来的精神财富就越多，就越能在他人面前鲜明地展示自己的内在美。这种美在大家共同受益的集体活动中被认可得越充分，集体就越能充分地做好真正关心每一个人的准备，协调人与人之间的关系，并努力使这种关系充满人文关怀，彰显崇高的共产主义原则和严格要求，以及对“我想干什么就干什么”这种任性行为的零容忍。

年轻的朋友们，要努力做到让集体对个人的每一项要求同时也是集体对个人的关心和保护，集体的自主活动正是建立在这一关系准则之上的。我想简单谈一谈学校中集体关系的基本规范，这种关系所表现出的对人的要求和对人的关怀是协调一致的。

（1）从四年级开始，班集体会在每个学季选出一名学生，负责记录考勤和家庭作业的完成情况。每个学生来上课的时候，都要告诉这位教师的小助手自己是否完成了作业，如果没完成，要说明原因。小助手会把检查作业的情况汇总，并报告给教师（例如，三名学生读不懂题目条件，一名学生不会算术运算）。教师在每个班级都有一名（也可能有好几名）所教科目的答疑员，答疑员是最优秀的学生，他们的学习进度通常都比大纲快，知识面也远远超过了“优秀”的标准。听完小助手对家庭作业完成情况的汇报，教师会立刻安排答疑员，要帮哪些同学学习，要给他们讲解哪些知识点，要让他们练习哪些题目。必要时，教师也会亲自给学生辅导。补课和答疑都要在课前进行，永远不要放在课后。所有人下课后都要立刻回家，不要把任何一个学生留下来补课。想要补课的学生可以在课前来。由于这种互相信任的精神贯穿于学校的全部工作，由于学习是建立在对人尊重的基础上的，所以每个人都能首先做到严格要求自己。因此，凡是需要帮助的学生，总是早早地就来到学校补课或听答疑。

（2）从班集体中选出一名学生负责统计参加社会公益劳动的情况。我们各个班级轮流在学校教学试验田或集体农庄劳动，每天都有一到两个班级参与（视需求而定，但要全年不间断）。

这名学生负责人要统计好每个人的劳动情况：谁参加了劳动，劳动得怎样。如果有人因为正当理由无法参加今天的劳动，他可以向学生负责人提出请求，把他安排到明天或后天，跟其他班级一起劳动；如果生病了，他可以在康复之后再参加劳动。在没有正当理由的情况下，任何人不能不参加劳动。

（3）从二年级开始，每个班级都要有一名学生负责管理班级财产（图书室、直观教具、练习本、画册、颜料、打扫教室用的扫帚和抹布、上体育课用的运动鞋、粉笔），同时负责统计班级值日的情况。每天安排两名值日生，他们胳膊上戴着有字的袖章。值日生的职责很广，要在上课前十五分钟到教室，用湿抹布擦黑板和课桌，在教室门口铺上一块湿毯子，不让一点灰尘被带进教室，不让大家呼吸到有灰尘的空气。放学后，再用湿抹布擦一遍黑板和课桌。

（4）每个班级每年选出一名学生负责了解同学们的健康状况。他要统计学生在家做早操的情况。每个星期六，健康管理员都会询问同学们做早操的情况，哪怕只有一天没做也要汇报。之后，班主任会和这些同学进行有关自我教育的谈话。健康管理员还会把身体不舒服的学生记录下来报告给教师，教师会安排生病的学生去看医生。

（5）从三年级开始，每个班级要选出一名学生负责管理日志。教师在成绩册上打出的分数，要由学生自己记录到日志中。在日志上签字的不是教师，而是负责管理日志的学生。我们非常重视集体的这种自主活动，它展现了集体中互信的精神。有必要补充说明一下：如果学生还无法完成某项任务，我们就先不要给他打分。分数只是对劳动成果的正面评价，没有分数，就意味着还没有做到应该做的。这样可以防止管理日志的学生和班级其他同学之间的关系出现异常——一名学生绝对不会给另一名学生记下不及格的分数。如果在一个学生的日志中没有分数，比如说语法课，对家长而言，这就是一个让人忧虑的信号——他们的儿子（或女儿）肯定在某个地方学得不好。

（6）从四年级开始，班集体在每个学季或学年结束之前，要决定降低哪位学生的操行分数。这个决定对学生来说非常重要，教师和学生要在具有同等投票权的会议上进行表决。学校还有这样一项规定：如果班级对操行分数的评定没有达成一致意见，那就交由教务委员会最终决定。但我们还从未出现过必须交由教务委员会决定的情况。操行分数不需要教务委员会的批准。

（7）共青团委员会和少先队委员会掌管学校账面上收入的物质财富，也就是钱，比如来自学校试验田、花园、养蜂场的劳动所得。每年都会有两千多卢布的收入。共青团员和少先队员可以决定这些钱的用处。这些钱可以用来为需要的人提供物质帮助。如果某个学生家里发生了不幸，同学们得知情况后，就会帮助他。这些钱还可以用来组织旅游参观、购买乐器、为来自兄弟共和国的客人购买礼物。

以上就是集体内部在组织和物质生活方面进行自主活动的基本内容。这是在集体自主活动基础上构建社会政治关系和精神道德关系的必要条件。我们努力让自主活动在精神生活，尤其在社会政治生活中有突出的表现。这对少年、青年在社会和道德层面的成熟度有着决定性的意义。我在前面提过的课程小组、为居民举办的自然科学知识晚会、跨年龄集体等，都是生机勃勃、极富创造性的自主活动。

91

什么是课堂上的思想教育?

在教育教学实践中，有这样一个广为人知的观点：一个人在掌握知识的同时，也得到了道德上的教育，掌握知识的过程就是道德发展的过程。这种道德启蒙观念已经在很多教师的意识中根深蒂固，想让他们摒弃这种僵化保守的观念是十分困难的。他们认为，学生在课堂上获取知识的同时，对他们的思想教育也会自然而然地进行。"通过教学进行教育""通过知识培养道德"，基于这些论断建立的道德启蒙观念是完全错误的，实际上它会让人变得自满、盲目乐观。

生活的经验让我们相信，掌握知识、理解自然科学和社会规律、出色地回答问题、获得优异的成绩，这些并不等同于道德教育。教育是从知识转化为信念时开始的。只有当知识中的真理触动了人的灵魂，让他内心激动不已，激发他用行动来证明、捍卫神圣而宝贵的真理时，才谈得上信念。人要掌握知识，也要珍视信念。缺乏某方面具体的知识，并不代表这个人在道德上有所缺失。而如果没有信念，即便拥有渊博的学识，这个人的道德观念也是模糊的。

我建议年轻的教师们，如果想成为一名真正的教育者，首先要学会区分知识和信念。要善于为信念奠定基础，让道德的热血——信念——在跳动的神经中沸腾，而我们要唤醒这根神经，让它迸发活力。

请记住，关于自然和社会的具体知识是形成科学、社会、政治和道德思想的基础。在具体知识和信念之间有一座桥梁，那就是思想。

只有让知识走上思想的桥梁，才能变成信念。思想中包含着“灵魂的碎片”，也就是一个人对他所了解的事物所持的个人态度。人们可以详尽地了解悲剧英雄尤利乌斯·伏契克的一生和他所作的斗争，但这些关于事实的知识还称不上思想。只有当读者发自内心地成为这位英雄忠诚的追随者，思想才会诞生。只有当你的学生准备好和英雄并肩前行，准备像这位共产主义英雄一样为共同的事业献出生命时，作为教育者的你，才算是真正触碰到了思想。思想的特点就在于，在对具体事例思考的基础上得出感悟和结论，受个人对事件、现象和事例的态度的影响，这些结论具有鲜明的感情色彩。

当具体知识转变为思想时，就会产生信念。教师的任务就是让这个转变的过程具有鲜明的表现力，要注意不能让人成为冷漠的“知识需求者”，而应成为真理和正义的追求者。

所有的科学知识都能用于思想教育吗？不，并非如此。有些知识在思想上是中性的（当然，并不是说讲授这些知识就不是教育）。在学习简易乘法公式时，无论是在资本主义社会的学校，还是在社会主义社会的学校，科学真理从道德层面上来看都是一样的。然而，即便是在自然科学领域，也有很大一部分知识包含着激烈的思想斗争和碰撞。很多科学真理是在付出了昂贵的代价，甚至是牺牲了生命后才获得的。我的朋友，我建议你要极其认真地钻研这些真理。在讲到太阳系时，要对那些反对因循守旧、愚昧无知、精神奴役的思想家们表达深深的敬意。要将他们思想斗士的形象鲜明地呈现出来，使青少年形成这样一个思想——真理永远都充满革命精神。

你在课堂上讲解物理、化学、数学教材时，不要只是冷冰冰地阐述原理，你的讲解应当充满求知探索的精神，用崇高的动机鼓励在崎岖的科学之路上探索的少年研究者，让他们为真理而斗争。请这样讲解自然科学（物理、化学、生物、数学、天文学），要让对科学知识的理解、思考、掌握成为青少年内在（头脑和心灵）斗争的工具，反对死板教学，反对不学无术，反对让人毫不抗辩地相信教条，反对禁锢人的思想，反对明目张胆的宗教迫害。人类的求知精神、对真理和知识的极大热情是不可遏制、无法熄灭的，要把这一思想贯穿于课堂教学的始终。

善于思考的教师，会格外注意研究自然科学教学大纲中可能会有新发现的部分，以及尚未经过科学考察或未经充分科学证明的部分。讲空间与时间的相互关系、物质与能量的本质、光的性质、粒子和反粒子、重力的概念时，要善于说明这一切都是智慧的胜利。在向学生展示宇宙的浩瀚和世界在时间、空间上的无限性之后，不能让学生感觉自己只是一粒微不足道的尘埃。

在人文学科中，没有也不可能有思想含义为中性的知识。我的朋友，如果你教的是历史，那么你首要的教育任务就是，要看到在你面前的不是某个抽象的学生（这样的学生在现实中是不存在的），而是一个个具体的、活生生的、独一无二的人——科利亚、尼娜、瓦利亚、谢尔盖……他们都是有着各自深刻思想、情感、志向和热情的人。这一点非常重要，因为只有当人拥有鲜明的个性时，思想的鲜活血液才能涌动、流淌。思想只存在于人具体的精神世界中，在他的思维、行为和斗争中。不管你给学生讲的是什么（斯巴达克领导的奴隶起义、反抗沙皇保罗的宫廷阴谋、预谋第二次世界大战的秘密活动、英勇的斯大林格勒保卫战），永远都要直面每一位具体的少年、青年的精神世界。时刻都要记得，在你面前的是科利亚、尼娜、瓦利亚和谢尔盖。我的朋友，请记住，思想只存在于这些孩子的头脑和心灵中。这就是为什么你作为人文学科的教师，要多加注意，不要让科利亚、尼娜、瓦利亚和谢尔盖成为麻木的知识需求者，而要让他们觉得自己是事件的真实参与者。人类社会的历史，永远是一部斗争史。在剥削社会，是进步力量与反动势力的斗争；在无产阶级的社会主义社会，是人类为掌控自然、为建设共产主义而进行的斗争。历史课的教学技巧就在于，要让掌握知识的人拥有战士般的灵魂。

怎样才能让少年、青年在听过你的课后，想成为一名战士呢？这取决于两个条件。而这两个条件又都取决于作为教育者的你，取决于教师集体，取决于学校的精神生活，还取决于学校参与社会生活的积极程度。

第一个条件是，要让学校、集体生活、学习和社会公益劳动中充满时代精神。只有当人们理解并感受到当今时代的意义时，他们才能明确自己的立场，在掌握知识的同时，始终站在进步、先进的一方。只有当年轻的头脑和心灵理解并感受到我们的时代是英雄的时代，最伟大的成就正在我们眼前实现时，课堂上的教育才会具有思想性。只有透过时代的棱镜，我们才能正确看到并理解每一起历史事件的意义。把时代精神灌输到青少年的头脑和心灵中，这是学校教育艰巨的任务之一。

第二个条件是，教师思想和个性的和谐统一。赋予知识以思想的意义，将具体知识转变成信念，如果教师没有个性，这一切就不可能实现。思想存在于书籍的字里行间，有些书籍的内容就像烧红的铁一样滚烫，像阳光一样耀眼。学校里是否充满共产主义思想精神，取决于你怀着怎样的想法和意图去阅读这些滚烫的书页，你阅读得有多频繁，以及阅读之后会激励你采取什么行为、进行什么活动。要想把思想灌输到学生的头脑和心灵中，教师仅仅掌握渊博的知识是不够的，还要对知识进行深入思考。思考你从人类财富宝库中汲取的东西，思考你向学生头脑灌输的东西。我认为，并不是每一个熟知自己所教学科的教师，都拥有思考的宝贵天赋。对知识的思考，意味着要了解、预见、考虑到每一条真理会触及人内心的哪个角落，会引起怎样的思考、问题和疑惑。对知识的思考，意味着要站在青少年的角度，能够接受他们的观点。那些善于思考知识的教师，他们培养的学生会有一种罕见且珍贵的品质——在学习教材的时候，他们像是能从中抽离出来，从对知识的思考转向对自身、对命运的思考。

教学的思想性是激发求知欲最主要的刺激因素之一。学生越是能鲜明地确立自己的思想立场，就越是坚信人类对真理的追求是永恒的，就越想知道更多的东西。在那些课堂上思想活跃的学校里，书籍会成为青少年形影不离的伙伴。阅读以及对书籍内容的独立思考，都是能够让思想喷涌而出的源泉。思想和信念的本质正是如此，人们会相信并珍视那些通过自己的劳动、思考和探索获得的东西。

如果你想让学生的知识转变为坚定的共产主义信念，就要像防火一样防止死记硬背，防止不假思索地“生吞”现成的原理。好好想一想谢尔盖·拉佐的至理名言：“信念的获得要历经磨难，要检验它的生命力，要与他人的信念进行交锋……一个人宁可放弃生命，也不能放弃自己的信念。”掌握知识需要与他人的信念进行交锋。向学生讲授自然和社会的知识时，不应把它们当作不容辩驳的真理，而要把它们当作不同观点进行斗争、碰撞的结果。要让这种斗争和碰撞一直延续到课后的阅读中。请为自己的学生找到合适的书，书中的真理并不是现成的、经久燃烧的火焰，而是那些为真理而战并最终取得胜利的人们用心灵之火点燃的跃动的火炬。

92 怎样让时代精神深入青少年的头脑和心灵？

当今世界正在进行着尖锐且不可调和的意识形态斗争和政治斗争。无数受资本家豢养的资产阶级思想家对我们的国家极尽污蔑和诋毁，成百上千的广播电台无时无刻不在散布大量谎言，其目的是要从精神上腐蚀我们的年轻一代，并让他们相信，这个世界上没有也不可能有任何值得为之奋斗的思想。资产阶级“自由”生活方式的鼓吹者和维护者暗中想要让我们的青年相信，有思想的生活是虚幻的，不论在资本主义社会还是在社会主义社会，人的最高目标都是物质享受，而不是“虚无缥缈的思想”。让苏联青年远离共产主义理想，就是资产阶级进行宣传的主要目的。

我们要用崇高的共产主义思想，来对抗这些险恶的企图。我国的青年应该懂得并感受到，他们周围的人，父母、兄弟、姐妹，包括他们自己，都在用自己的双手完成世界上最伟大的正义之举：建立一个全新的，世界上最公正、最民主的社会——共产主义社会。感受共产主义的公正、伟大和美好，就是当今时代思想的核心，年轻人的思想、期望和志向都应当围绕它展开。不参加前面提到的共产主义劳动，就不可能激发这种感知。但这只是教育工作的一个方面。只有当劳动与思想结合，经过思想的斗争，并能有意识地分析斗争、明确自己的立场时，才能使时代精神深入青少年的头脑和心灵，才能在他们心中树立共产主义信念。

我们要努力做到，在面向高年级（九、十年级）进行政治报告时，能够鲜明、生动地阐述思想斗争的内容。高年级学生每周集合一次，由校长为他们简要介绍国内外的重大事件。在政治报告中，着重强调的是资产阶级思想家发布的有关我们的言论，以及他们的谎言是如何被我们的社会主义现实戳穿的。有些资产阶级思想家的论断还引起了青少年的哄堂大笑，因为实在太过拙劣。随着这样的报告的不断进行，青少年会更加相信，真理是站在共产主义思想这一边的。

我们的时代充满了人类精神的伟大和美好。我们的思想活跃在人们的事业、经历和行为中。在高年级学生每周一次的集合讨论中，我会给他们讲一些非常普通、乍看上去微不足道的事情。但如果深入思考这些事情的意义，我们的心灵就会为之震撼，并萌生出一种自豪感。因为那些人是我们的同胞，是与我们同时代的人，他们的人生看似平凡普通，实则是年轻人的指路明灯。

我讲过的一个故事，是关于一位名叫叶皮斯基尼娅·费奥多罗芙娜·斯捷潘诺娃的俄罗斯妇女的。她抚育的九个儿子，都在争取我们伟大祖国自由与独立的战争中牺牲了。这位母亲说："战士们都回到了母亲身边，我问了他们每一个人，我的儿子们在哪里……我日夜期盼，等着他们回来。"在听到这些话的时候，没有任何一个学生无动于衷。我一边重复这位母亲的话，一边展示她的照片，她身上体现了全人类的美好、伟大和智慧。我努力让这个故事震撼人心的悲剧之音深深触动青少年的心灵，让这位母亲的话成为未能从战场归来的亡灵的安魂曲，让我的每个学生都进行思考——谁该为母亲无辜的泪水负责？让每个人在生命的初期就能够受到崇高的公民意识的激励，并对祖国的敌人更加憎恨。

我还讲了两位英勇的拖拉机手的故事。为了使国营农场几千公顷的小麦免遭火灾，他们献出了自己的生命。讲这个故事时，我给自己定了一个教育目标——要让每一个少年、青年透过这场夺走英雄生命的熊熊烈火，看到自己内心最隐秘的角落。"我年轻的朋友们，你们要知道，在我们的社会中，没有比人更珍贵的了。但如果人听从内心的召唤，愿意为了某事献出自己的生命，那就意味着有一样神圣的事物，是我们每个人的生命都无法比拟的，那就是祖国。”

在我们的英雄时代，每一天、每一周都会揭开崭新又光辉的一页，就像上述两个鲜活的故事一样。我的朋友，请在青少年面前打开这本书，让学生从头至尾读完这本炙热的书，不要遗漏任何一页。

93 要善于让美德具有吸引力

既然十七岁的青少年容易被鲜明的事物吸引，那我们就有必要把伦理道德的最高原则变得光彩夺目。有些教师认为，我们的道德原则本身已经十分完美了，不需要再进行特殊形式的呈现，也不需要再进行“装饰”。事实并非如此。一个原则越是高尚，揭示这一原则的活动就应当越光彩照人，越具有表现力。要诚实、正直，对伪善行为绝不容忍和妥协——如果我们只是一味地重复这类话，那么对于学生来说，它们就会变成令人厌烦的说教，就像鱼肝油一样，虽然对身体有益，味道却让人反感。诚实、正直、对欺骗零容忍，应该成为令人激动、有吸引力和诱惑力的行动（这里要说明，行动和美德的融合统一，是教育实践的主要问题之一）。我们成功做到让青少年在独立完成作业时不抄袭，不偷偷翻书，因为那样做会让他们觉得羞愧。如果我们只是一味地重复“靠自己的能力做功课才是好样的，剽窃、抄袭他人的劳动成果是不好的”，那么苦口婆心的教导只会变成令人反感的说教。我们要鼓励学生去参加一些能够揭示美德的美好与魅力的活动。我的学生从小时候起，每年暑假都会在被我们称为“蓝天学校”的地方待上几天，它们是我们用干草和树枝搭建起来的窝棚，孩子们会在这里度过炎炎夏日。在这里，不仅所有事情都要自理，还要自己准备所需的一切食物。在去蓝天学校之前，孩子们会把自己的食物用纸袋和金属罐装好，带到我们的秘密基地（要让一切都带有浪漫主义色彩）。在这个过程中不会有任何的清点登记，每个学生拿食物过去时，也没有任何人在场。这里从未发生过欺骗的情况，欺骗行为是完全不可想象的。孩子们在这里能够感受到，通过自己的劳动、关怀，他们可以为集体创造快乐。如果有人想欺骗集体，那么大家会认为他想偷走这份快乐。

在童年和少年时期，孩子们拥有自己的物质财富——集体图书室。升学时，图书室藏书会被转交给下一届学生。在个别情况下，还会把图书送给低年级的某一个学生。这种事情会让青少年们激动不已、终生难忘。

我们的青少年努力为那些丧失劳动能力、独居的老人带去快乐。每年春天，高年级的学生都会为独居老人开辟几个花圃。这项劳动被美德的浪漫光环所笼罩。劳动时，学生们的想法是——我们每个人都会变老，年轻一代也会来关心我们。让学生在青少年时期就拥有这种想法是非常必要的。它能够让少年们变得更加高尚，成为真正的男子汉，同时也让姑娘们做好履行母亲伟大使命的准备。关爱老人的劳动充满浪漫色彩和吸引力，是最有必要、最高尚的活动。我的朋友，请不要错过任何一个能够触碰孩子心灵深处的机会，那里藏着对老人的关怀和担忧。对老人的关怀是最为动人的爱。对老人冷漠无情会对社会造成严重损害——人们会变得铁石心肠。

94 教师的权威是什么？应该如何体现？

这是教育领域中最细致又鲜有人研究的一个问题，是人对人的权威问题，是年长者对年幼者的权威问题。在教师可以使用的教育手段中，对学生的权威是最必需、最普遍、最全面，同时也是最尖锐、最不安全的一种。它就像一把手术刀，可以做最精细、最不易觉察的手术，但也可能触痛伤口。它是一把有着危险的隐患但又不可或缺的刀。它是检验教师意志和耐力、确立其勇气和智慧的工具，但同时也可能损害、扭曲学生的心灵。这一切都取决于教师怎样运用这个工具，怀着怎样的动机去接触学生。年复一年，我越来越相信，用好在学生面前的权威是对教师最艰巨的考验，是衡量其教育水平的一个指标。

我的朋友，当你迈进学校的大门，决定将一生奉献给塑造人的伟大事业，请记住，你可能会陷入反复无常的冲动情绪之中。要成为一条汇集了火热的情感和冷静的理智的河流，不做出草率、莽撞的决定，这是教育技巧不竭的源泉之一。一旦枯竭，书本上的所有知识都将化为乌有。

当一个人对另一个人无限信任时，在某种程度上，就会使自己变得毫无防备。在整个教育生涯中，我一直在思考这个道理。而孩子对好老师就是这样无限信任的。孩子迈入学校大门，成为你的学生后，就会无限地信任你。你的每一句话，对他来说都是至理名言。对学生来说，你就是智慧、理性和道德的楷模。请珍惜这份信任，这意味着学生对你是完全不设防的，请让这种教育智慧成为衡量你自我教育的标准。教师由于自身的局限性，把儿童不设防的心理变成关住小鸟的笼子，并对他们为所欲为，那就是教育工作上的愚昧无知。对儿童这种不设防心理的不了解，是教师丧失在儿童面前的权威，最终处境不佳的一个主要原因。要知道，把人像小鸟一样关在笼子里是不可能的。

只有当你理解并用心感受到孩子对你的无限信任和由此必然出现的不设防心理，而你在孩子面前的权威正是建立在这种信任和不设防心理的基础之上时，你才有资格成为一个真正的导师、教育者。要认真思考、用心倾听，弄明白无限的信任究竟是什么——也许是孩子有意识地放弃了一切个人的想法，盲目地相信教师；也许是孩子在刻意放弃个人的自由和快乐。

不，事情根本不是这样。孩子的信任无论多么无限，也只是一种信任——他追求的是精神财富和多彩的个人生活，追求丰富的观感，追求思想和美的享受，追求与不同的人交往。他们希望有一个年长的、有智慧的、生活经验丰富的人来关心自己。请像珍惜无价之宝一样珍惜孩子的这种愿望。只要这种愿望还在，通往孩子内心之路的大门就是向你敞开的。儿童的上进心也正是源于此，一定要珍惜他们想让你成为朋友和导师的愿望。

当孩子无限信任教师时，就会由衷地感觉到，无论遇到多大的困难，他年长的朋友都能找到解决问题的办法。

教师要珍惜儿童对你的无限信任。为了和儿童永远保持充满人性、真诚、善意、和谐的关系，教师应当成为一个睿智且慈爱的儿童守护者。教师对学生的权威应当是充满智慧的——永远不要忘记，孩子是和你一样的人。要珍惜孩子的信任，因为它是孩子对你的热爱，也是教师能够在孩子面前智慧地运用权威的核心。正是基于这种信任，孩子希望从教师身上寻找并得到保护。请像珍惜无价之宝一样，珍惜孩子的这份希望。只有当孩子满怀希望地看着你、相信你时，你才能成为一个真正的教育者和导师，是孩子生活上的引导者，是权威和生活智慧的化身，也是他们的朋友和伙伴。请记住，信任和希望都是非常脆弱的东西，很容易遭到破坏。如果你打碎了它们，那么你作为教育者的生涯也就走到了终点。到那个时候，你只能算是个监护者，而不是教育者。

95 怎样珍惜儿童的信任？

在这个极为细致的教育领域，最重要的就是深刻理解，确切地说，就是要用心感受儿童的世界，感受童年的生活。

童年生活、儿童世界是一个特殊的世界。儿童对于善恶、好坏有自己的认知，对美有自己的判断标准，甚至对时间也有自己的衡量标尺——童年里的一天就像一年那样漫长，而一年在孩子心中就像是永恒。为了进入这座名为“童年”的神奇宫殿，你需要改变自己的形象，在某种程度上让自己变成一个孩子，只有这样，你才能在孩子面前智慧地运用权威。

朋友们，不要以为我把孩子的世界理想化了。我非常明白，童年是由我们成年人在孩子身上留下的影响构成的。孩子虽是娇嫩的幼苗，但终将长成参天大树，所以需要在童年时给予格外的尊重。教师要智慧地运用权威，首先要有能够理解一切的能力。这种能力不应当有任何限制。要记住，儿童是不会有故意作恶的想法的。如果教师把这种想法强加到孩子身上，认为孩子是故意做出不当的行为的，那么教育上的无知便诞生了。教师在“砍断恶根”的同时，也砍断了所有根茎，童年这株生机勃勃的幼苗便由此枯萎了。当孩子被指责故意作恶、懒惰、散漫，而事实并非如此时，他们会觉得受到了极不公的待遇，会疏远教师，丧失对教师的信任。一旦失去这种信任，孩子就会变得执拗、故意不听话，通过专门和老师唱反调来捍卫自己。请记住，当儿童对你的信任出现裂痕，这种情况便不可避免。

要充分发挥教育的智慧来对待儿童的各种不当行为，他们并非故意使坏，通常只是一时疏忽，在无知或无意中犯了错。在这种情况下，不要当众批评儿童的行为，你一个人知道这件事即可。你有知道一切、了解一切的权力。你应当明白，为什么一年级的学生会从同学漂亮的笔盒里拿走彩色铅笔，把玩了一会儿之后，就把笔放进了自己的口袋。请不要为此担忧，这并不是偷窃。你还应当明白，为什么上课铃响了之后，孩子们还不跑回教室，而是想在草地上“再玩一小会儿，再玩一分钟”；为什么费佳不用心听作业要求，而是屏住呼吸观察飞进教室的蜜蜂；为什么奥克桑卡偏偏要在大家朗读的时候，在吸墨纸上画小花；为什么在去森林里活动的时候，米科尔卡、皮利普科、彼特里克三个调皮鬼故意掉队，躲进了灌木丛……

为什么，为什么，为什么……无数个这样的为什么，引发了无数的冲突。教师与学生之间的冲突，是教育无知最为极端的一种表现。之所以会出现这样的情况，是由于教师缺少父亲、母亲般宽宏的智慧，缺少足够的教育权威，对儿童的行为、思想和观点也缺乏充分的理解。不能把儿童和成年人放在一起比较，能够同时衡量成年人和孩子的标准是不存在的。

我记得有一个叫德米特里克的小男孩，事情发生在他上三年级的时候。请想象一下当时的情景：班里正在上语法课，你正在讲台上讲解语法规则，所有人都在认真听讲、记笔记。德米特里克看上去也在记，而你却为他隐隐感到担忧——他的两只眼睛像小球一样滴溜溜乱转，正在书桌里鼓捣着什么，他的心思根本不在学习语法上。你悄悄靠近他，发现他面前有一个半开着的火柴盒，里面有什么东西在蠕动。德米特里克完全沉浸其中，他的目光和心思都被这个火柴盒吸引了。你仔细一看，发现盒子里有一只不太常见的甲虫，长着一只锯状的角，正在锯着囚禁自己的牢笼——火柴盒，却怎么锯都锯不开。

当然，你可以发火，可以狠狠地斥责这个小男孩，让他流着泪认错（你自己也气得发抖），但这有什么用呢？你获得的唯一结果就是白白浪费了时间，甲虫则成了全班娱乐的对象，孩子们会羡慕德米特里克，并嘲笑你发脾气。

在这个时刻，请好好想一想：孩子，你的心里在想些什么？为什么就不能先把甲虫放到一边半个小时，好好理解一下语法规则？随后，你拿起火柴盒，盖上盖子，装进口袋，伸手摸了摸德米特里克的小脑袋，再解释一遍语法规则。小男孩开始动手记笔记，看来他已经懂了。确实会有这样的孩子，他们一边盯着独角甲虫，还能一边看着黑板，这样多多少少还是会有一些东西留在脑海里的。

下课后，德米特里克来到你的讲桌旁，低着头不说话，长长的睫毛下，一对黑眼珠骨碌碌地直转。你能发现，他的眼睛里还闪动着狡黠的光芒。你把甲虫还给他，并请他讲一讲是在哪里发现这个小东西的，又是怎么让甲虫不停地锯囚禁它的牢笼的，接下来还准备对甲虫做些什么。德米特里克很乐意讲这些事情，他拉着你的袖子来到灌木丛旁。据他说，甲虫每隔三年才能从这里爬出来一次，而且会飞。

在类似的故事中，通常能听到教师这样的暗示：在这种情况下，是教师从教育智慧的顶峰走下来，屈身来到孩子感兴趣的世界，让自己对孩子表现得比较和善。但实际上，孩子并不能容忍这种不是发自内心的宽容。真正的教育并不是教师从顶峰来到平地，而是要攀上儿童奥妙的真相之巅。教师要向上攀登，而不是往下走。不要过分迁就孩子，也不要主动适应孩子兴趣的“局限性”（如果我们不限制孩子的兴趣，就不会有这种局限性），要做一位有智慧的导师。

一个人在另一个人面前智慧地运用权威，尤其是成年人在儿童面前的权威，是一种伟大的创造性活动，是对儿童思想和情感世界真诚而深入的理解，要理解儿童的语言，使自己葆有一点童真，但同时又不能让自己和儿童等同。一位已经做了父亲的教师，把他正在上五年级的孩子带到教师休息室，质问道：“为什么你要在课堂上一直笑？你什么时候才能改掉这个毛病？这难道是一个少先队员该做的吗？”我认为，在这种情形下，这位教师已经陷入了儿童的游戏，而他并不自知。小男孩沉默着，一句话也说不出来。但如果这个五年级的学生能够像回答提问一样，立刻回答教师的问题，那才是让人非常惊奇的。学生通常不知道自己为什么会笑，但教师不能不知道为什么。教师有必要了解学生为什么会做出这样或那样的举动，否则就会导致相互的不理解——教师不理解学生，学生也不理解教师。有时候你看着他们，会忍不住这样想：难道他们是在用不同的语言交流吗？

请记住，儿童，尤其是少年，都很想在某件事上展现自己，以证明自己的意志、理智、聪慧和机敏。一个鲜活的生命，在你的帮助下认识这个世界，逐渐形成独立的人格。在这个艰难的成长过程中，教师在运用自己权威的时候要特别慎重——年长者的意志很容易变成独断专行，有时候甚至会变成对人的摧残。不要压迫和迫害，而要鼓励和支持；不要使孩子丧失内在的精神力量，而要树立他的自尊心。只有这样，你才能在学生面前运用自己的权威，也只有在这种情况下，你对权威的运用才是智慧的。如果孩子做了不对的事情，不要采用强制、武断的措施，不要让你充满人性关怀的实验室响起拳头捶打桌子和责骂的嘈杂声。希望你不要让一个活泼可爱、爱跳爱闹的小孩子变得失魂落魄、眼神呆滞、弯腰驼背，一副垂头丧气的样子，这是非常糟糕的。请珍惜人的自豪感，珍惜孩子不可侵犯的个人荣誉，把它们看作最高尚的品德。请记住，淘气的孩子对一切事物都有自己的看法和思考，这对于作为教育者的你来说是一种幸运。而那些意志力薄弱的孩子，像是影子一样，他们个人的想法都被你用强制的手段从脑海中抹除了，只会逆来顺受、无条件地服从，这才是你的不幸。要知道，那些平时不好管理、喜欢捣蛋的淘气鬼，往往会在紧要关头表现出自己的善良、真诚，而那些意志力薄弱、只会无条件服从的孩子，往往会变得非常冷漠、无情（他们自己并意识不到这一点），有时甚至会把自己的幸福建立在亲近的人的痛苦之上。那些强制、武断的措施，会摧毁孩子的意志，使他们变得冷漠、无情。

96 请用书籍、理智和信念管理学生的心灵

我曾经有一个学生叫尤拉，他很聪明，但性格倔强。他对真理和谎言、诚实和欺骗非常敏感，就像吹拂的微风之于细细的芦苇。

我把几本关于遥远国度和自然现象的书带到了思考室。当看到一本关于深海、封皮鲜艳的书时，尤拉的眼里顿时冒出光来。他请求读一读这本书，我把书给他时，他激动地问："等我读完了这本，还能再给我别的吗？"

"当然了，"我回答道，"每天读一本都可以。"

我不小心说了大话——关于遥远国度、海洋深处、热带雨林、寂静北极等离奇冒险故事的书，我当时拥有的并不够让尤拉每天读一本。一天之后，尤拉就来还书了，并且带走了一本新的。不知不觉间，几个星期过去了，书架上尤拉感兴趣的书已经不多了。终于有一天，我开始焦虑起来——一周之后该怎么办？这个五年级的小男孩尤拉，绝对想不到我的书会被他读完。要是他发现我欺骗了他，该怎么办才好？问题不仅在于我们的友谊会破裂，也不仅在于我在这间思考室里再也看不到这个孩子充满信任的目光，再也听不到他问："您这里还有很多其他书吗？"（当时隔壁房间就是我的小图书室，我没有让尤拉进去，害怕他会立刻对我失望。）问题还在于，我会对这个性格倔强的孩子的心灵失去影响力。我确信，他有着这样一种独特的性格——愿意接近那些即便在很小的事情上也能言行一致的人。

于是，我离开自己所在的偏远的村庄，前往哈里科夫、波尔塔瓦、基辅这三个城市旅行。我花光了两个月的工资，但回来的路上满心欢喜。我吃力地带回来好几捆书，还担心会被尤拉看到。

这样过了三年，七年级的尤拉毕业了(当时实行的是小学七年制)。在那三年里，我每天都在琢磨，应该选哪些有趣的书给他读。我能感觉到，小男孩不仅仅在思考书中的内容，似乎还在根据这些书籍判断，读它们的都是什么样的人。尤拉勤于思考、严于律己，在那几年里，他成了我的评判者。他读过的书内涵越深刻，我们之间的谈话就越有趣，他就越愿意接近我，这种谈话带给我的快乐也就越多。

这三年对我来说是一场真正的考验。从那时起，我每年都会遇到几个跟尤拉一样求知欲强且心思敏感的学生。如果不是这些书，我就不可能影响他们的意志。书籍会点燃儿童和青少年的兴趣之火。我觉得自己处在学生的严密监督之下。如果哪一天我没有积极地在书籍的海洋里遨游，那么我就会失去对学生心灵的影响，会成为一个他们不需要的人，因为我再也没有什么可以给他们的了。这样的教师，对学生来说只是一个让人厌烦的监督者，他们会尽可能地忍耐他，但并不会尊重他。

亲爱的朋友，我想建议你：请管理好学生的思想。要想影响学生的意志，没有比影响他的思想更有力的手段了。但是只有在拥有丰富、充实的阅读经验的前提下，你才能影响学生的思想。只要方法得当，即便是最敏感、最任性、最叛逆、最倔强的孩子，也能成为爱读书的人。请用书籍和智慧来改变他们吧！

97 怎样制订教育工作计划?

关于这个问题，没有任何可以套用的模板和方法。任何让教师偏离教育工作本身的东西，任何只是为了做样子的官样文章，都是完全没有必要的。但制订教育工作计划并不属于此类，它是教育工作的组成部分。如果没有计划，我无法想象会有完整的教育过程，尤其是那些在我看来难以捉摸的组成部分。

制订教育工作计划，首先要明确教育的目标。对于要把送到自己面前加工的“大理石”雕刻成什么样子，教师必须做到心里有数。这一点关系到教师对教育工作的实质和制定计划的必要性的理解。

你从一年级开始教课(有时候你的教育工作是从学龄前儿童开始的)，要一直教到三年级，但你应该做好教育工作全过程的计划，一直到学生中学毕业，投入工作，长大成人，为人父母。请制订一个未来十到十五年的工作计划(不只包括学生上学期间，还要包括他们毕业之后)，以便让你的学生成为头脑清晰、智力发达、求知欲强、心灵高尚且双手灵巧的人。首先，你要列出一个被纳入世界文化宝库的必读书单，你的学生要在中小学的十年时间里读完这些书。同时还要列一个“后备”书单，供那些毕业之后甚至已经工作的学生使用。怎样才能让学生毕业之后依然是我们的学生，继续读那些他应该读的书呢?这是一个很大的问题，专门写一本书谈论都是不够的。

接下来，请思考并记录下面这个问题——你的学生从入学第一天起直到成年，应该为父母、为他人做些什么，才能成为一个真正的人，才能明白什么是劳动、荣誉、尊严、友谊和对人的关怀。之后，再列一个你的学生应当参加的社会公益劳动清单，作为他们公民教育的第一课。同时，我还建议列一个介绍杰出人物的书单，让这些人物成为青少年的榜样。不过，如果不参加社会公益劳动，仅读这些书也是徒劳无益的。

然后，在对学校的育人标准有整体把握的基础上，应当制订一个更加具体、详细的计划，要涵盖整个教育工作的各个阶段。例如，低年级教师要制订三年内的计划，九、十年级的班主任则要制订整个带班期间的计划。我建议，要特别关注儿童和少年。九至十岁的儿童、十三至十四岁的少年，当他们回顾过去时，应当让他们能够看到自己亲手创造的成果。他们应该知道，什么是在劳动中磨出的茧子，什么是劳动所得，什么是疲惫和休息，什么是困难。

从某种程度上来讲，中小学教育阶段的总体计划和教师在各个教学阶段的具体计划，都是教师奋斗的目标。应当以这一目标为基础，制订出能在较短时间内完成的具体的教育工作计划。这种计划的时间周期，可根据教师的个人情况来定——可以做周计划，也可以做月计划，有人做了整个学季的计划，也很不错。但要时刻记得，教育是一项生动活泼的、时刻都在变化和发展的事业，你的学生也是时刻都在成长的个体。制订短期的教育工作计划，可以用于日常的固定工作，思考每天为实现目标都做了哪些工作。

计划首先是由现实生活决定的。在你的学生初入学校的大门时，你还不知道他的个性会如何发展。只有在各项活动、劳动和日常的相互关系中，个性才会逐渐形成。生活本身就在时刻提醒你下一步要做怎样的计划——集体应该读什么书，学生要参与哪些活动，要跟万尼亚和科利亚谈些什么，才能让他们去读那些该读的书。

教育工作计划既包括各式各样的学生活动，还包括对父母要做的工作。制订计划时，如果能够深入思考每项活动的道德意义和目标，那么这个计划一定会对教师大有益处。因此，继承和发展已经取得的成果，是制订计划和开展实际工作都必须具备的特点。可以说，教育的秘诀之一，就是让学生不断地重复做同一件事，但又不让他们察觉。例如，要培养学生的人性、敏感、同情心和真诚，就要让他们经常为别人做好事，而且活动的形式不能单一。看到这里，读者可能会想：如果作者能够展示一下如何具体地制订周计划或月计划，那就太好了。我故意没有这样做。因为传授经验指的是传授思想，而借鉴经验是基于借鉴来的思想进行的个人创造。

98 怎样与集体进行教育谈话？

每一次进行教育谈话都有其目的。有时是针对所有学生，有时是为了影响整个集体，同时也对个别学生施加特殊的影响。

在拟定教育谈话的内容时，除了要考虑集体的精神生活和个别学生的思想、情感、行为，还要时刻谨记，语言是你最主要的教育手段，你正是通过语言来接触学生的理智和心灵的。语言可以是强大、尖锐、火热的，也可以是软弱无力的，这一切都取决于你与学生的谈话是否具有崇高的精神，是否能够激励他们。在树立儿童、少年、青年的信念，激发他们进行自我教育的过程中，善于鼓舞学生是最宝贵的教育经验。请记住，你对学生说的话，不仅传达了你讲述的内容，形象地说，还传达了你的一份真心。

要使教育谈话充满鼓舞的力量和激励的精神，首先要深信你所讲的内容，深信你全身心捍卫的东西。只有当你有所捍卫并为之战斗时，你的教育谈话才会显现鼓舞的力量。

例如，你在集体中发现了个别冷漠的迹象。根纳季生病了，在家里躺了两天，却没有一个人去看望他。每个人都寄希望于别人去做这件事。维克多的奶奶生病住院了，虽然医院并不远，但维克多在两周的时间里只去看望了一次。这些事情都让你感到不安。你准备进行一次教育谈话，但并不打算把这些事情讲出来。对于教育和自我教育来说，有一条极其重要的规律——道德审判（对自身行为的道德评价，实质上就是道德审判）的力量，取决于谁是审判者，是教师还是犯错的学生本人。如果犯错的学生只是单纯地听取判决，那么教师的话对他产生的影响就会大打折扣。一个人应当进行自我审视。我认为，教育谈话的技巧在于，要让犯了错的学生能够反思自己的行为，不需要教师在一旁提醒。

为此，在进行教育谈话时，还要遵守一条非常重要的原则——必须在现实生活和人与人之间的关系中，找到能够体现你想表达的思想的鲜明事例。教育谈话的力量，就在于能够让你的思想通往维克多的心灵，通往那些住得离根纳季家不远的学生的心灵。你选取的事例是否鲜明，实际上决定了你的语言是否充满鼓舞的力量和激励的精神——只有当你的语言源自美好而崇高的思想，你的真心才能够传递给别人。在进行教育谈话时，请选择一些让你感到惊讶和赞叹的事例。下面，我来举一个例子。战后不久，在我们州的一个村子里，有一位年轻拖拉机手受了重伤。他打了四年的仗都安然无恙，却在回家后开拖拉机时被地雷炸伤了。年轻的拖拉机手每天都很消沉，如果没有他的妻子——一位忠诚、勇敢的女性，一位慈爱的母亲，恐怕他再也站不起来了。失去了双腿和左臂的他，最终学会了用义肢走路，并且重新开起了拖拉机。一听到这个鲜明的事例，你就会被勇敢、坚强、不屈不挠和忠诚的品质深深打动。你要做的，就是把这份感动传达给你的学生。

教育，意味着让人进行自我思考。当你讲述那个让你惊叹的事例时，面对的是维克多、尼古拉、亚历山大和尤利娅，他们的心中不知为何已经被种下了冷漠的种子，并且已经发芽。在你面前的不是某个抽象的学生（这样的学生也是不存在的），而是活生生的维克多、尼古拉、亚历山大和尤利娅。你知道他们现在在想什么，你的话首先是说给他们听的。你应该努力让他们跟你一样，被这个充满忠诚和奉献精神的事例所震撼、鼓舞，让他们通过这个事例思索其中蕴含的思想。只有当学生体会到事例中蕴含的思想时，才会思考自我。

在谈话过程中，不要直接对学生说："你们要想想自己的生活，想想你们自己……"应当引导他们在逻辑思维中思考。只有通过自我思考，才能激发少年心中的灵感，也就是把你的灵感传递给他们。灵感是指人在思考、创造的过程中，力量和能力的高度发挥。通过理智和心灵去认识人，才是真正的创造性活动。力量和能力高度发挥的特点是，头脑清晰、思维敏捷，想法和追求源源不断。教育谈话的最终目的，是让学生对周围世界（首先是对自身）产生源源不断的想法。学生可能会忘记你讲的事例，但只要你的谈话确实有教育意义，它所留下的感情印记就永远不会消失。你越是用高尚的思想（一个人对另一个人的忠诚、同情和热忱）激励学生，就越能促使他们进行自我教育、自我反省。在某个瞬间，你与维克多的目光交汇在一起（不要刻意寻求这种目光交汇，它应当是偶然发生的），在这双你再熟悉不过的少年的眼睛里，你看到了两种感受——对自我的好奇，还带有一丝惶恐。这意味着，你的谈话进入了他的内心。此时，他开始了复杂的内心活动，他的理智和情感也开始了复杂的工作。让这位少年带着惶恐不安的心情从你这里离开吧，这正是我们需要的。让他连续几天都沉浸在你的讲述留给他的印象中，让他在你点燃的思想的强光照耀下，看清隐藏在内心深处那些不为人知的东西。

"谈话"只是一个约定俗成的说法。实际上并不存在谈话，而是学生听教师说话。但在任何情况下，都不应该跟学生说："来，你来讲一讲，你是怎样看待这个为自己心爱的人奋斗了十年的女性的？"遗憾的是，个别教师有时候会这样做。以这样的方式结束谈话，会让之前取得的成果毁于一旦。教育，并不是把教师读过或讲过的东西复述一遍。教育的技巧首先在于，要让学生产生想要变得更好的想法。为了达到这个目的，应当让他们认识自己、了解自己。

有时会出现这样的情况：某个少年（或青年）闯了祸，教师就以这件事为谈话的内容，从他错误的行为开始谈起。有一位我认识的教师美其名曰"充分发挥事实的作用"。乍看上去，这个方法很吸引人，可以痛快地斥责学生，让他们被震慑。可实际上，这种行为像什么呢？想象一下，你穿了一件满是灰尘的夹克，为了清理掉上面的灰尘，有人拿起棍子击打你的背部。好处当然是灰尘被清理掉了，但是难道会有人认可这种清理吗？最好的办法是把夹克脱下来，再好好清理上面的灰尘……教育不应该是惩罚，更不应该变成惩罚，要尽可能地讲究教育的技巧。

如果你认为与集体进行教育谈话只是为了对恶进行批判，那么这样的谈话完全没有教育意义。要知道，你是在与整个集体谈话，而恶习和缺点并不是整个集体都有。如果教师忘记了在对待人的缺点时要极其小心、谨慎，他就会经常在这个问题上犯错。更何况，我们是在与儿童、少年、青年打交道，他们都非常脆弱和敏感。不要想着一下子就能根除某种恶习，或者用一句激烈、愤怒的话就能消灭某个缺点。请记住，集体对待有缺点的人，要像常人对待落难的人一样。如果你认为，号召集体把愤怒发泄到有缺点的人身上就能达到目的，那你就错了。你要让集体对那个落难的人表示同情，而不是发泄愤怒。这是完全合乎规律的。不要想着瞬间就能挖掉疮疤，那样只会留下一个流血的伤口。教育就像一门非常精细的医学，可以治疗、治愈伤口和脓疮，但绝不赞同采取直接挖除的方法。在任何情况下，我们在跟学生进行教育谈话之后，都不应该让他们带着流血的伤口离开。这会让整个集体感到震惊，而这种震惊绝对不是你期望看到的。

与集体进行教育谈话时，要让集体像对待痛苦和不幸一样对待道德缺陷（准确地说，要这样来考虑问题）。此外，还要尽力加深学生对落难者的同情。要把这种情感带到集体中，让大家都希望看到自己的同学成为有着美好道德、摒弃了缺点的人。

99 怎样与懒惰作斗争？

把这个问题放在临近结尾的位置并非偶然。要想不出现懒惰的学生，就要把前面 98 条建议中提到的好办法一一做到。克服懒惰并不是一件容易的事，而预防懒惰更加困难。因此，将预防懒惰变成热爱劳动，要比克服懒惰后变得热爱劳动珍贵得多。所以，年轻的朋友，我们首先要弄清楚应该怎样预防懒惰。为此，要先了解懒惰的根源。

懒惰是无所事事、虚度时光的产物。在孩子很小的时候，长辈出于关爱，对他有求必应，而孩子只是一味地提要求、耍脾气，那么他就会变得懒惰。当一个人很容易得到一切，不知道什么是困难的时候，他就会变成一个懒惰的人。无忧无虑、轻松快乐的童年环境是滋生懒惰的温床，它会把一个好端端的孩子变成懒惰的人。在这种环境中，孩子会产生一种想法，认为童年永远不会结束。在这种情况下，父母通常会在某一天突然醒悟——怎么会这样？为什么我们没有注意到孩子已经长大了？昨天他还害怕天黑时去院子里，今天就已经在追女孩子了，在外面玩到半夜还不回家……懒惰，是无忧无虑的波浪上浮起的泡沫。这是一种严重的精神问题，它的根源就潜藏在冷漠的心灵中。一个人对什么事都漠不关心，就会变得懒惰。

懒惰常常伴随着自尊心的缺乏——一个懒惰的人，根本不在意别人怎么看待他。

懒惰的人通常只会浪费别人创造的财富，虽然他们拥有优越的物质条件（形象地说，就像是依附在别人身上），但并不代表他们有着丰富的精神生活。懒惰的人在精神上是匮乏的，懒惰最主要的根源就是精神空虚、兴趣贫乏。懒惰的人首先会引起他人的怜悯。顺便说一下，根治懒惰的方法之一就是让不幸变得懒惰的人能够审视自己，看到自己的不幸，并打心底认为这是一种不幸。不要忘了，我们在这里谈的是儿童的懒惰。

预防懒惰最重要的条件就是不要无所事事、虚度光阴。在人的精神生活中，不应该出现毫无作为的时期。有的成年人专门为孩子无所事事、消磨时间创造条件，还美其名曰"孩子夏日的休闲时光"，这种行为无论从哪个方面来看都是很荒唐的。休闲应该是积极的，是另一种性质的活动。应该把孩子从闷热的城市带到乡村去，让他们在那里，在田野和草地间，从事一些力所能及的活动，锻炼自己的力量。

预防懒惰的一个有力手段，就是克制欲望。要让孩子从童年时开始，就能通过切身体会懂得"不可以""应该""可以"这些概念的意义。要和家长一起努力，让孩子从小就能自食其力。

要让孩子从小就经受挫折，并用一定的体力和精神力量战胜这些挫折。体力和意志力的结合，可以培养出热爱劳动、积极上进、意志坚定的人。

如果家长把孩子视为未来的成年人，想象着孩子已经成年，并思考如果孩子将懒惰、懈怠、畏惧困难这些缺点带到青年、成年阶段，他以后该怎样在社会上生存，那么懒惰就不会进入孩子的心灵。让孩子和成年人一样有要操心的事，也是预防懒惰的一个有力手段。如果一个人在进入青春期的时候，还不能通过切身体会认识到，人生最重要的事情就是依靠自己的双手来供自己吃穿用度，那他就不可能真正养成热爱劳动的品质。

懒惰不只表现在身体上，还表现在思想上。当一个人让别人提供现成的思想，自己不付出任何努力就接受这些思想时，懒惰就会占据他的心灵。正如不假思索地享用别人创造的物质财富会让人不愿意进行体力劳动一样，如果只是一味地接受现成的思想，也会导致思想上的懒惰。要想让人努力获取知识，就要预防思想上的懒惰。

丰富精神上的需求，是预防思想懒惰的途径。只有当一个人在童年，尤其是少年阶段，产生一些精神上的需求，如追求劳动的快乐、渴望读书、与人交往、进行创造性活动，才能获得预防懒惰的免疫力。积极培养这些需求，把它们当作个人最重要的精神财富，这是教育学理论和实践中非常有意义的一个议题。

或许你会问："如果一个人已经变得懒惰了，那该怎么办呢？"比如，五年级的学生斯捷帕，他的妈妈来到学校，摊着双手无奈地说："我该怎么办？他一回到家，就把书放到一边，吃过午饭就开始玩，一直玩到晚上。"

碰到这种情况该怎么办呢？

当然是要挽救这个孩子。我们对他的母亲说："既然你已经养出了一个小懒虫，那就请下决心改造他吧！要强迫他坐下来学习两个小时，等他习惯了，就会感受到完成功课带来的快乐。不要呵斥他，也不要惩罚他，因为你是出于好意，而不是恶意。做完功课后，再让他做一两个小时的体力劳动。你早上五点起床的时候，请把他也叫醒，告诉他你要为全家准备早餐，是在劳动，他要去做功课，也是在劳动。整个过程都不要斥责孩子，更不要说他是个懒虫。从他开始五点起床并一直学习到七点的那一天起，他就不再是一个懒惰的人了，还应该表扬他的勤劳。"

用这种简单的方法改造孩子，从来没有失败过。如果说在改造的过程中存在什么阻碍的话，唯一的阻碍可能就是父母的懒惰。

我谈到在家庭中对懒惰的孩子进行改造，并不是无缘无故的。因为懒惰首先是在家庭中产生的，对它的根除也要首先在家庭中进行。如果家中没有勤劳的氛围，那么只依靠学校的努力是无法取得积极的效果的。在家长培训学校的各个分组里，我们经常研究这样一个问题：懒惰的根源在哪里？我们会用教育心理学的方法对老少两代人的行为、劳动、学习和相互关系进行分析。预防懒惰，是需要学校和家庭共同努力攻克的一个难关。

100 最后一条建议——保密……

我在这本书中提到的所有建议，作为教师的你知道即可，不必让你的学生知道。学生对教育工作过于了解，通常来说是有害无益的。这是因为，让教育的效果最大化的一个前提条件，是教育要在自然而然的氛围下进行。换句话说，学生不需要每时每刻都知道教师正在教育自己，要将教育意图隐藏在轻松友好的氛围中。

为什么学生不应该知道或感受到自己正在被教育？因为真正的教育是自我教育。教师和学生之间应该建立这样的交流——教师对青少年说的每一句话，都能激发他们内心的精神力量，促使他们的头脑和心灵进行内在的活动，从而达到自我认识和自我完善的效果。如果一个人时刻都能感觉到、知道有人在教育自己，那么他自我认识和自我完善的能力就会变弱，他就会产生这样一种想法——我应该成为一个什么样的人、应该做些什么，都是大人该考虑的问题，我只需要等待建议和指示就行了。

著名的苏联教育家安·谢·马卡连柯不止一次说过，对教师来说，非常重要的一点是，不要让学生知道他们正在接受某种专门的教育。我一生都在向这位导师学习这一点，并且始终坚信，将自己的教育意图隐藏起来，是一种非常重要的教育技巧。

年轻的朋友，请去教育孩子、爱护孩子、尊重孩子、严格要求孩子、和孩子成为朋友，请把这一切作为你精神生活的核心。